W0012504

SO

Von der Kunst,
ehrlich, authentisch
und einfach
du selbst zu sein

ALEXIS

BIN

JONES

ICH

mvgverlag

Bibliografische Information der Deutschen Nationalbibliothek:
Die Deutsche Nationalbibliothek verzeichnet diese Publikation in der Deutschen National-
bibliografie; detaillierte bibliografische Daten sind im Internet über **http://d-nb.de** abrufbar.

Für Fragen und Anregungen:
info@mvg-verlag.de

1. Auflage 2015

© 2015 by mvg Verlag, ein Imprint der Münchner Verlagsgruppe GmbH,
Nymphenburger Straße 86
D-80636 München
Tel.: 089 651285-0
Fax: 089 652096

© der Originalausgabe 2014 by Alexis Jones.
I Am That Girl © 2014 by Alexis Jones.
All Rights Reserved. Original English edition published by Evolve Publishing, Inc.

Die amerikanische Originalausgabe erschien 2014 bei Evolve Publishing unter dem Titel
I Am That Girl.

Alle Rechte, insbesondere das Recht der Vervielfältigung und Verbreitung, vorbehalten. Die Übersetzung ist in Absprache mit dem Verlag und dem Autor für nichtkommerzielle Nutzung möglich. Kein Teil des Werkes darf in irgendeiner Form (durch Fotokopie, Mikrofilm oder ein anderes
Verfahren) ohne schriftliche Genehmigung des Verlages reproduziert oder unter Verwendung
elektronischer Systeme gespeichert, verarbeitet, vervielfältigt oder verbreitet werden.

Übersetzung: Almuth Braun
Redaktion: Carina Heer
Umschlaggestaltung: Maria Wittek (in Anlehnung an AVEC.US)
Satz: EDV-Fotosatz Huber/Verlagsservice G. Pfeifer, Germering
Druck: CPI books GmbH, Leck
Printed in Germany

ISBN Print 978-3-86882-561-9
ISBN E-Book (PDF) 978-3-86415-732-5
ISBN E-Book (EPUB, Mobi) 978-3-86415-733-2

Weitere Informationen zum Verlag finden Sie unter

www.mvg-verlag.de
Beachten Sie auch unsere weiteren Verlage unter
www.muenchner-verlagsgruppe.de

Für meine Mutter, meinen Vater und Jane.
Dass ich so bin, wie ich bin, verdanke ich euch.
Danke dafür, dass ihr mir Flügel verliehen habt.
Ich liebe euch.

Und für dich, meine Liebe, die du dieses Buch liest,
und alle jungen Frauen, die ich auf dieser großartigen
Reise kennengelernt habe.
Ihr seid der Grund, warum ich tue, was ich tue.

INHALT

VORWORT

Meine liebe Freundin, meine Seelenverwandte, die Frau, die meine Sätze vollenden kann, bevor ich sie zu Ende gesprochen habe – Alexis Jones –, rief mich an, um mich etwas zu fragen. Ob ich wohl ein Vorwort für ihr Buch schreiben könne? Ich ... uh... ob ich was könnte? Was sollte ich schreiben? Wo sollte ich anfangen? Was dachte sie sich nur dabei? Angst und Selbstzweifel machten sich beinahe augenblicklich in mir breit. Ich hörte mich ins Telefon sagen: »Ich fühle mich sehr geehrt«, während mir gleichzeitig ganz schlecht wurde. Alexis machte mir einige unglaublich überzeugende Komplimente, indem sie sagte, was für ein Licht ich in ihr Leben und das all der jungen Frauen gebracht hätte, zu denen ich täglich spräche. Wie viel meine Leidenschaft und meine Sicht der Dinge ihr und meinem Publikum bedeuteten. Welch furchtlose Kriegerin ich für junge Frauen darstellte. Ich hörte ihre Worte, aber keines konnte die Panik beruhigen, die unverzüglich in mir aufstieg. Erinnert ihr euch an Bubble Boy aus dem gleichnamigen Film? Ich fühlte mich wie dieses Kind, eingesperrt in eine Plastikblase. Meine Blase bestand jedoch aus meinen innersten Ängsten und tiefsten und geheimsten Unsicherheiten. Diese riefen Dinge, wie zum Beispiel: »Ich bin live und aus der Situation heraus viel besser! Wie soll ich mich hinsetzen und etwas aufschreiben, ohne spontan von einem globalen Thema inspiriert zu sein, einem Twitter-Storm oder einer Ungerechtigkeit, die irgendwo geschieht? Ich bin ganz schlecht darin, ein leeres Blatt Papier zu füllen, ich brauche Vorgaben von außen. Ich brauche ...« Und in diesem Moment begann ich zu lachen. Erst langsam und dann merkwürdig, denn ich lachte hysterisch – ganz alleine in meinem Haus, umgeben von meinen Hunden, die mich ansahen, als würde ich verrückt.

Wollt ihr wissen, warum ich lachte? Weil ich erkannte, dass mich die ganze Situation bei meinem eigenen zentralen Problem erwischte. Der Hass junger Frauen auf junge Frauen ist eine Pandemie. In diesem Fall war es meine innere Kritikerin, die mich hasste. Die lauthals schreienden Zweifel. Die

Schamspirale des Gefühls der eigenen Unzulänglichkeit. All das kam aus mir selbst. Und ich erinnerte mich an das, was meine Freundin Jo immer sagt, wenn eine ihrer Freundinnen sich in Selbstkritik ergeht: »Hey, du sprichst hier über meine beste Freundin.« Die Reaktion junger Frauen auf diesen Satz ist ganz erstaunlich. Ja, du sagst etwas ganz und gar Negatives über meine beste Freundin. Und diese Freundin bist du selbst. Ladys, warum können wir uns selbst nicht genauso annehmen wie unsere Freundinnen? Ich weiß, dass ich mein Leben für meine besten Freundinnen geben würde. Ich würde für jede von ihnen in ein brennendes Haus laufen, mich dem fiesesten Feind entgegenstellen und mich intensiver anstrengen, als ich je für möglich gehalten hätte. Warum also nicht auch für mich selber?

Es gibt zahlreiche Theorien dafür, wie es dazu gekommen ist. Wie wir von der Gesellschaft dazu erzogen wurden, uns für uns selbst zu schämen. Wie wir zu einem imaginären Konkurrenzkampf gegeneinander aufgestachelt werden, der uns immer mehr im Griff hat, je mehr wir dieses Spiel mitspielen. Wie wir gleichzeitig völlig sexualisiert und dann wieder für unsere Sexualität verteufelt werden. Wie wir dafür kritisiert werden, dass wir zu dick, zu dünn, zu mädchenhaft und dann wieder zu herrisch sind. Wir werden viel zu oft niedergemacht. Und das schlucken wir nicht nur, wir nehmen aktiv daran teil. Aber wisst ihr was? Damit ist Schluss. *Ende.* Noch einmal ... schreit es mit mir aus euch heraus: EN-DE. Schmeißt die Brocken hin und lasst uns lieber zusammen essen gehen, was meint ihr?

Um auf den Punkt zu kommen, muss ich euch ein ganzes Stück in eurem Leben zurückführen. Weit zurück. Bis in die Uni. Ein Jahrzehnt in die Vergangenheit – ein Jahrzehnt, das, ganz nebenbei, so schnell verflogen ist, dass es sich anfühlt wie 100 Jahre. Ich studierte an der University of Southern California. Ich kam von einer unglaublich toughen Mädchenschule namens Westridge an die Uni. Ich hatte eine super Ausbildung, war behütet, sehr direkt, völlig verwirrt und bereit, alles aufzunehmen. Allerdings hatte ich festgefügte Meinungen. Studentinnenverbindungen? Bescheuert. Partygirls? Würden nie meine Freundinnen sein. Bis ich feststellte, dass eines der Mädchen aus meinem Heimatort, das ich am liebsten mochte, zu einer solchen Studentinnenverbindung gehörte und trotzdem eine Art philantropisches Wunderkind und ein akademischer Superstar war. Sie ermutigte mich, die Klischeevorstellungen abzulegen und einen Blick auf den Menschen dahinter zu werfen. Waren die Partygirls in einigen Mädchenverbindungen nur auf dem College, um das zu erreichen, was manche das »Ehefrauendiplom« nannten? Sicher. Aber was hatte das mit mir zu tun? Es gab unter ihnen auch viele brillante, motivierte, kultivierte Mädchen mit vielfältigen kulturellen Hintergründen, die sowohl ihre akademischen Studienziele als auch ein ausgefülltes Sozialleben im Blick hatten. Was war daran so falsch?

Ich war überwältigt von der Idee großer Studiengruppen und den dadurch verfügbaren Ressourcen, einschließlich des Wissens der Studenten aus höheren Jahrgängen, die jüngeren Studenten Unterstützung im Studienfach boten. Ich war auch davon überwältigt, dass sich die Studentenwohnheime wie die Schule anfühlten, von der ich kam. Große Gruppen cooler Mädchen, die auf dem Rasen des Vorgartens vor ihren jeweiligen Häusern saßen, so wie wir früher auf dem Schulhof von Westridge gesessen hatten. Und siehe da: Ich wurde ein richtiges Verbindungsmädchen. An der USC wurde ich zum ersten Mal Philanthropievorsitzende des Wohnheims meiner Studentinnenverbindung – diesen Titel hatte ich zwei Jahre lang inne – und lernte, meine Motivation für wichtige Anliegen zu kanalisieren. Dort lernte ich auch, meine Rolle als Gewinnerin eines Hochschulstipendiums wegen herausragender Leistung mit Wochenenden in Einklang zu bringen, an denen ich unsere Sportmannschaften anfeuerte, an offiziellen Veranstaltungen teilnahm und mich – weit weg vom häuslichen Sicherheitsnetz – selbst kennenlernte. Ich machte Fehler. Ich hatte unglaubliche Erfolge. Ich hatte schrecklichen Liebeskummer, brach selbst aber auch einige Herzen. Es war großartig, albern, inspirierend, chaotisch, motivierend, kindisch und oh-so-erwachsen. Das war echtes Leben, weil es nicht schwarz-weiß und statisch, sondern grau und fließend und ständig in Bewegung war. Ich lernte auch, mich von meinen festgefügten Urteilen und Meinungen zu verabschieden. Ich lernte, mich selbst zu akzeptieren, und zwar ALLE Aspekte meiner Persönlichkeit – die guten, die schlechten und die, die dazwischenlagen. Und irgendwo inmitten dieser Mischung aus Liebe und

Spaß und Erwachsenwerden an der Uni lernte ich Alexis Jones kennen. Lex war auch nicht wirklich das, was man sich gemeinhin unter einer Studentin einer amerikanischen Studentenverbindung vorstellt. Natürlich, wir sind Verbindungsschwestern. Aber wir wurden auch beste Freundinnen. An einem Ort, der den Eindruck erweckt, als könne er auch ein Hexenkessel gegenseitigen Mobbings und heimtückischer Angriffe sein, habe ich eine Freundin fürs Leben gefunden. Ich wusste damals schon, dass sie etwas Besonderes ist. Ein ganz besonders helles Licht. Und das ist sie immer noch.

Eine Zeit lang verloren wir uns aus den Augen. Als wir jeweils am anderen Ende des Landes landeten und völlig verschiedene Tageszeiten hatten, verloren wir in dem ganzen Stress den Kontakt. Alexis arbeitete daran, in der Frage weiterzukommen, über die sie ständig nachdachte: wie sie bei jungen Frauen eine Veränderung bewirken könnte. Und ich arbeitete im Rahmen meiner ersten langfristigen Fernsehserie, *One Tree Hill*, an der Verwirklichung meiner Träume. Alexis baute an der Westküste eine Bewegung auf und ich fand meine Stimme außerhalb meiner Arbeit an der Ostküste, nämlich indem ich begann, mich öffentlich für Themen einzusetzen, die von Bildung bis Umweltschutz reichen. Viele meiner Gesprächspartner waren junge Frauen. Und dann geschah etwas Aufregendes: Lex und ich wurden durch eine E-Mail einer gemeinsamen Freundin wieder zusammengebracht, die uns beiden schrieb: »Ich habe das Gefühl, ihr seid inzwischen beste Freundinnen.« Da mussten wir echt lachen, denn das stimmte. Plötzlich knüpften wir wieder an dem Punkt an, an dem wir uns aus den Augen verloren hatten, aber inzwischen waren wir erwachsene Frauen, die an den Träumen und Problemen arbeiteten, über die wir Jahre zuvor in den Stockbetten unseres Studentenzimmers nachgedacht hatten. Inzwischen lebten wir unsere Träume. Wir fühlten uns als vollständig ausgeformte Erwachsene. Und wir machten uns daran, unsere Träume gemeinsam zu verwirklichen. Das tun wir immer noch. Ich bin mehr als glücklich, dass Lex Teil meines Lebens ist. Ich glaube, das sind wir alle, Ladys.

Lex ist immer eines der Mädchen gewesen, die sich für andere einsetzen. Und sie hat den Nagel auf den Kopf getroffen, indem sie uns auf unser größtes Problem aufmerksam gemacht hat: Wir müssen füreinander und für uns selbst einstehen. Wir müssen zusammenarbeiten und dürfen uns nicht gegenseitig Konkurrenz machen. Wir müssen uns gegenseitig anspornen und unterstützen und Triumphzeichen der gegenseitigen Verbundenheit durch das World Wide Web senden und uns diese Zeichen auch persönlich geben. Wir müssen in Zeiten der Freude und der Trauer zusammenstehen. Kann sein, dass wir uns im Zeitalter der namenlosen Internetmonster befinden, die uns beschimpfen. Aber wir können dafür sorgen, dass sich Dinge ändern. Wir können zu all dem Nein sagen. Und wir können mit der Veränderung bei uns selbst anfangen. Wir können diejenigen sein, die zu Klatsch und Tratsch »nein danke« und zu Freundschaft »ja, bitte« sagen. Wenn wir anfangen, die jungen Frauen in unserer Umgebung zu loben, wenn sie in Prüfungen Supernoten erzielen, wenn sie tolle Jobs ergattern, wenn sie wunderbare Familien haben oder was auch immer, dann erheben wir sie –und ganz nebenbei auch uns selbst. Wenn wir in schweren Zeiten für andere da sind, wenn eine von uns eine Trennung verkraften muss, bei einer Prüfung durchgefallen ist, eine Chance verpasst hat, dann zeigen wir, dass junge Frauen sich gegenseitig den Rücken stärken können, anstatt sich gegenseitig das Leben schwer zu machen.

Davon handelt dieses Buch – von der Initiierung einer Bewegung, die Fremde und Freundinnen gleichermaßen einschließt. Lex macht es uns vor. Sie erinnert uns daran, dass wir unsere Rüstung ablegen und uns gegenseitig umarmen können, anstatt uns zu bekämpfen. Wir können *so* sein. Die beeindruckende Frau, die für eine andere Frau da ist, die in schweren Zeiten Unterstützung braucht. Die Frau, die so inspirierend ist, dass wir ihr alle nacheifern wollen. Die Frau, die so verletzlich und ehrlich in Bezug auf ihre Gefühle ist, dass sie uns dazu motiviert, in unser Innerstes zu blicken, um herauszufinden, wer wir wirklich sind und was wir wirklich wollen und wovor wir uns fürchten. Jede Einzelne von uns kann diese Person sein, wenn wir es nur zulassen. Denn – seien wir ehrlich – wir haben alle Angst. Wir haben alle Selbstvertrauen. Wir sind alle Kriegerinnen auf diesem Lebenspfad. Und wir sind alle gelegentlich chaotisch. Junge Frauen sind äußerst facettenreiche, komplizierte, vielschichtige und emotionale Wesen. Wer kann uns also besser verstehen als andere junge Frauen? Lasst uns die Freundinnen und Schwestern sein, die wir verdienen. Das wünsche ich mir für euch. Für alle von uns. Dass wir den Frauen, die wir kennen und die wir nicht kennen, eine gute Freundin sein können. Dass wir aufhören, andere Frauen für alles zu verurteilen. Wir sollten reine Hausfrauen genauso unterstützen und anerkennen, wie wir berufstätige Mütter anerkennen. Wir müssen den jungen Frauen, die genauso sind wie wir, und denen, die nicht unterschiedlicher sein könnten, die gleiche Unterstützung und Anerkennung bieten. Wir können so viel voneinander und von unseren unterschiedlichen Sichtweisen lernen und haben so viel Liebe zu teilen. Wir sollten uns gegenseitig das Beste wünschen, und zwar immer. Lasst es mich wiederholen. Immer, Ladys – IMMER. Schluss mit Klatsch und Tratsch, Schluss mit der Verurteilung. Und Schluss auch damit, die Frau, die uns aus dem Spiegel entgegenblickt, niederzumachen. Behandelt jede, einschließlich euch selbst, als wäre sie eure beste Freundin. Ja, mit derselben Freundlichkeit.

Im Gälischen gibt es einen Ausdruck, der diesen Wunsch wiedergibt. Er lautet *Anam Cara*. Das bedeutet »Seelenfreund«. In der keltischen Tradition ist Anam Cara ein Lehrer, ein Gefährte, ein spiritueller Führer. Mit dem Anam Cara kannst du dein Innerstes und die intimsten Dinge deines Lebens, deine Gedanken und dein Herz teilen. Diese Art der innigen Verbundenheit überschreitet alle konventionellen Vorstellungen von Freundschaft und schafft Anerkennung und eine Zugehörigkeit, die zwei Seelen auf ganz ursprüngliche und ewige Art und Weise miteinander verbindet. Was für ein Ausdruck. Was für eine Idee! Hörst du es? Eine Seelenfreundin. Lasst uns Seelenfreundinnen sein. Das verdienen wir. DU verdienst es.

Sophia Bush

EINLEITUNG

Um dieses Buch zum Abschluss zu bringen, fehlt mir nur noch die Einleitung, aber der schwarze Cursor auf meinem Computerbildschirm spielt mir ständig Streiche. Ich habe mehr Entwürfe geschrieben und wieder gelöscht, als ich zugeben möchte, und bei jedem stelle ich fest, dass ich geschrieben habe, was ich meine, das ihr hören möchtet. Das ist doch verrückt, oder? Ich habe soeben ein ganzes Buch darüber geschrieben, wie du deine innere Stimme findest und dein Selbstvertrauen nicht von der Zustimmung Dritter abhängig machst, und nun sitze ich hier und mache genau das. Aber dann wurde mir klar, dass meine Einleitung kein hochtrabendes, prätenziöses Dokument werden soll, dass dich beeindrucken oder dazu überreden soll, mein Buch zu kaufen. Das willst du auch gar nicht, stimmt's? Ich bin kein Fan von eitlem Wortgeklingel, sondern eher der unkomplizierte Typ nach dem Motto »Sag einfach, was Sache ist«. Meine Einleitung ist wie ich und das ganze Buch – einfach nur ehrlich.

Ich habe dieses Buch geschrieben, weil ich alles satthabe. Ich habe es satt, mich unzureichend, unperfekt, nach Anerkennung lechzend und chronisch selbstunsicher zu fühlen. Ich bin es leid, mich immer so zu fühlen, als würde ich ständig irgendein unsichtbares Wettrennen gegen die Zeit, andere Frauen und sogar gegen mich selber verlieren – ein Wettrennen, an dessen Beginn ich mich nicht einmal erinnern kann, das ich aber nicht mehr mitmachen will. Stattdessen habe ich beschlossen zu lernen, die zu sein, die ich bin, und zu verstehen, dass das allein mehr als genug, um nicht zu sagen außerordentlich ist. Als ich mich auf diesen Trip begab, habe ich schnell erkannt, dass ich nicht die einzige Frau bin, die nach Bestätigung von außen sucht, anstatt echtes Selbstvertrauen zu entwickeln, und nach Aufmerksamkeit lechzt anstatt nach bedingungsloser Liebe.

Vor einigen Jahren beschloss ich, ein Non-Profit-Unternehmen zu gründen, dessen einzige Mission darin besteht, andere Frauen an ihren angeborenen und unermesslichen Selbstwert zu erinnern. Ich habe dieses Vorhaben »I Am That Girl« genannt, und seitdem sind meine beste Freundin und Mitbegründerin und ich durch die Welt gereist und haben mit anderen Frauen unterschiedlichester Herkunft und breit gefächerten Erfahrungen gesprochen, ihnen zugehört und uns gegenseitig unsere Geschichte erzählt. Oft war ich schockiert und immer bewegt von dem, was ich zu hören bekam. Das Überraschendste von alldem ist, dass es auf meiner ehrgeizigen »Weltveränderungsreise« ausgerechnet *meine* Welt war, die am meisten Veränderung brauchte. Wenn eine »Lehrerin« merkt, dass sie von ihren Schülerinnen genauso viel lernt wie diese von ihr, ist das immer ein paradoxer und demütiger Augenblick. Dieses verrückte Abenteuer machte mir klar, dass wir uns alle viel ähnlicher sind, als wir glauben. Vielleicht unterscheiden sich die Dämonen in uns, unsere Herausforderungen haben unterschiedliche Namen und die Widrigkeiten, gegen die wir kämpfen, tragen unterschiedliche Masken. Aber die Tatsache, dass wir *alle* mit diesen Problemen zu tun haben, bildet das gemeinsame Band, das uns verbindet und uns menschlich macht.

Ich beschloss, dieses Buch zu schreiben, um noch mehr junge Frauen wie uns zu erreichen und ihnen mitzuteilen, was ich auf meiner Reise gelernt habe, was sich für mich bewährt hat und welche Fehler ich gemacht habe; welche Kämpfe es nicht wert sind, ausgefochten zu werden, und welche so wichtig sind, dass man dafür sein Leben geben möchte. Ich bin hier, um dir zu sagen, dass niemand von uns die ultimative Wahrheit gefunden hat. Wir befinden uns auf ewig im Prozess der ständigen Weiterentwicklung. Die leuchtenden Momente im Leben werden immer wieder von Momenten der Verletzlichkeit, Unsicherheit und Zweifel abgelöst. Je eher man damit seinen Frieden macht, desto glücklicher das eigene Leben.

Ich weiß, dass das hart ist. Vor einiger Zeit zog ich zurück nach Hause, um bei meinem Vater zu sein, der gegen den Krebs kämpfte, und während dieser äußerst belastenden Zeit erinnerte er mich an eine der tiefgehensten Lektionen des Lebens. Er sagte mir, man müsse lernen, sich selber mit all seinen Schwächen und Stärken zu akzeptieren, weil man mit ihnen ein Leben lang auskommen muss. Wenn du also einen Teil von dir entwertest und als »imperfekt« von dir abtrennen willst, indem du so tust, als gehörte diese Seite deiner Persönlichkeit nicht zu dir, dann wirst du dich nie wirklich selber kennenlernen oder lieben. Das ist mein Ziel bei diesem Buch gewesen – dir dabei zu helfen, sich von dem zu lösen, was dich bisher gebremst hat; dir dabei zu helfen, diese innere Stimme zum Schweigen zu bringen, die dir einflüstert, du würdest nicht genügen, und dabei, deine geistige Kraft und dein Handeln von dem Teil deines Ichs wegzubringen, der alles perfekt machen will, anstatt die Dinge so zu machen, dass sie *für dich richtig sind*.

Wenn du allerdings eine Anleitung zur »Selbstreparatur« suchst, dann bin ich nicht deine Frau und dies ist nicht dein Buch. Ich glaube nämlich nicht, dass du eine Reparatur brauchst. Das hier ist kein Selbsthilfebuch, in dem ich verspreche, dass deine persönlichen Regentage durch leuchtende Regenbogen und strahlenden Sonnenschein ersetzt werden, oder das dir dabei hilft, deinen Traummann, Traumkörper oder Traumjob zu bekommen. Ich werde dich nicht davon überzeugen, dass irgendetwas mit dir nicht stimmt, und dann versuchen, dir mein Patentrezept zu verkaufen, damit alles besser wird. Und selbst wenn ich einen Zauberstab hätte und all deine Probleme zum Verschwinden bringen könnte, würde ich es nicht tun. Weil ein »perfektes« Leben so ist wie ein Schwarz-Weiß-Fernseher: Es ist nicht bunt. Wir brauchen das Abenteuer, die Höhen und Tiefen, den unerwarteten Liebeskummer, die Ekstase, die Herausforderungen und das wunderbare, reibungslose Dahingleiten, wenn gerade einmal alles passt. Leben bedeutet nicht, sich die Rosinen herauszupicken und den Rest zu verschmähen, sondern zu lernen, alles anzunehmen und sich auf das Schöne, die Anmut und das Heitere zu konzentrieren, dabei aber auch die unvermeidlichen Enttäuschungen und Misserfolge zuzulassen.

Als ich mich hinsetzte, um dieses Buch zu schreiben, bat ich mehr als dreißig junge Frauen – einige davon sind meine liebsten Gefährten –, ganz ehrliche Geschichten aus ihrem persönlichen Schatz an Lebenserfahrungen beizusteuern, die ich dann in diese Seiten eingeflochten habe. Ich erhielt Geschichten über Liebe, Liebeskummer, Misserfolge und Erfolge. Ich bat sie, Geschichten über die Entdeckung ihrer Leidenschaft, ihre eigene Neuerfindung, die Ausbalancierung von Arbeit und Privatleben und das Wiederaufstehen nach einem Rückschlag zu erzählen. Anschließend schloss ich mich monatelang in mein Zimmer ein, öffnete mein Herz und ergänzte die Geschichten um meine eigenen Gedanken und Ratschläge. Dieses Buch ist, wie wir selber auch, eine unvollkommene Collage aus Tipps, gewürzt mit Weisheit, Inspiration und einigen praktischen Ratschlägen, die dich daran erinnern sollen, dass du, so wie du bist, ein toller Mensch bist; dass die Verwirklichung deiner Träume möglich ist und du die Welt und ihre Mitmenschen besser machst, wenn du ganz du selber bist und dein Licht nicht unter den Scheffel stellst. Ich hoffe, dass auf diesen Seiten Körnchen der Wahrheit deine Seele berühren und deinem Leben ein Leuchten verleihen. Dieses Buch ist eine Erinnerung daran, dass du wichtig bist, dass wichtig ist, was du denkst und was du sagst, und dass die Person, die du sein willst, unantastbar ist.

Du bist bereits *so*, meine Liebe. Alles, wonach du suchst, existiert bereits in deinem Inneren. Dich selber zu entdecken und dich daran zu erinnern, wer du eigentlich bist, ist einer der vielfältigen Wege, über die dieses Buch dir dabei hilft, das Gewicht an den Füßen abzuschütteln und endlich zu fliegen. Irgendwo entlang des Weges haben wir Frauen vergessen, wie großartig wir sind und wie wir uns gegenseitig helfen können, unser großartiges und einzigartiges Leben zu leben. Wir haben vergessen, dass wir im selben Team spielen, und stattdessen begonnen, uns gegenseitig niederzumachen. Und was noch schlimmer ist: Wir haben angefangen, uns selbst niederzumachen. Glücklicherweise ist das einfach nur eine fehlerhafte Programmierung, eine Art Virus, aber ich habe bei anderen gesehen und selbst erlebt, dass wir die Kraft besitzen, unserer Software ein Update zu verpassen.

Wenn es je einen Zeitpunkt für unsere Generation gegeben hat, um aufzustehen und die Fackel der Frauen weiterzutragen, die vor uns ihren Weg gegangen sind, um Eingefahrenes aufzurütteln und uns zu fragen »Warum nicht wir?«, dann ist er jetzt gekommen. Unsere Generation wird dafür kritisiert, die anspruchsvollste aller Zeiten zu sein. Ich denke, das ist das größte Problem, das wir überhaupt haben können, weil es bedeutet, dass wir eine Generation junger Frauen sind, die glauben, sie könnten die Welt verändern.

Doch bevor wir in größenwahnsinnige Fantasien verfallen, müssen wir demütig an Gandhis Rat denken – wir dürfen uns nicht darauf beschränken, schöne Worte zu machen, darüber zu twittern oder Kommentare auf einer der zahlreichen Social-Media-Sites einzustellen – wir müssen es sein. Dieses Buch ist mein Versuch, *so zu sein* – die Frau in dir zu inspirieren; die Frau, die das Potenzial besitzt, Magie auszuüben, Veränderung anzustoßen und die Welt zu inspirieren.

Ich habe mein Leben der Aufgabe gewidmet, dich – die junge Frau, die in diesem Augenblick dieses Buch in den Händen hält – daran zu erinnern, dass du mehr als genug bist; dass du über alle Maßen Wertschätzung verdienst und dein Wert a-n-g-e-b-o-r-e-n und u-n-e-r-m-e-s-s-l-i-c-h ist. Vergiss das nie! Zwar stehen wir vor einigen der größten Herausforderungen der Welt, aber ich glaube, dass wir auch die besten Lösungen der Welt sind. Ich bin tatsächlich davon überzeugt, dass du und ich die Geheimwaffe sind.

Es wird einen Zeitpunkt in der Geschichte geben, an dem die Welt sich an diesen Moment erinnern wird – den Moment, in dem eine ganze Generation junger Frauen aufstand, an sich selbst glaubte, tiefes Selbstvertrauen schöpfte … und die Welt nie wieder dieselbe war. Das ist unsere Chance. Nimm dir inmitten der Verrücktheit und des Durcheinanders deiner eigenen Welt also die Zeit, dieses Buch zu lesen, und gib weiter, was du gelernt hast. Kannst du dir vorstellen, wie die Welt mit einer ganzen Armee an jungen Frauen, die sich selbst und andere wahrhaft lieben, aussehen würde? Was wäre dann alles möglich? Drei Worte fallen mir dabei ein: *Los geht's.*

SO BIN ICH – MANIFEST

Ich bin genug. Ich habe genug. Ich tue genug.

Ich bin ich. Jeden Tag.

Und nicht, was andere von mir erwarten,

sondern die echte, unbearbeitete, schöne und perfekt fehlerhafteVersion.

Ich denke für mich selbst.

Ich spreche meine Wahrheit aus

Und ringe immer wieder mit den schwierigen Fragen des Lebens.

Ich träume von einer besseren Welt und versuche, sie Wirklichkeit werden zu lassen.

Meine Bestimmung treibt mich an

Und verleiht mir die Freiheit, mich zu verändern und mich weiterzuentwickeln.

Ich hauche meinen Träumen und den Träumen anderer Leben ein.

Ich glaube an Magie. Ich halte überall nach ihr Ausschau.

Ich verwandle gewöhnliche Dinge in ein Abenteuer.

Ich fantasiere, erschaffe, erfinde und verliere mich.

Ich tue Dinge, die mich inspirieren.

Ich fordere das Schicksal heraus, erhebe meine Hand, sitze am Tisch und knie mich rein.

Ich weigere mich aufzugeben.

Ich verfolge meine Leidenschaft, egal, was es kostet. Ich tue Dinge, die mich selber erschrecken.

Mein Kopf tanzt in den Wolken und meine Füße bleiben fest auf dem Boden.

Ich bin bereit, unangenehme Fragen zu stellen, etwas zu riskieren und von ganzem Herzen zu lieben.

Meine Fehler und Misserfolge machen mich stärker.

Ich bemesse meinen Wert nicht nach äußerer Anerkennung, sondern meinem Charakter.

Ich umgebe mich mit fantastischen Menschen,
vor allem solchen, die nicht immer einer Meinung mit mir sind.
Ich stelle Authentizität über Perfektion.
Ich achte die kleinen Dinge, die anderen nicht auffallen.
Mein Wert liegt in mir selber und ist unermesslich. Das rufe ich mir jeden Tag in Erinnerung.

Ich übe mich so oft wie möglich in Geduld,
bleibe verletzlich und berührbar, wenn ich mein Herz verschließen will,
und übe, mit den Dingen zu leben, die mir Unbehagen bereiten.
Ich setze Grenzen und arbeite daran, sie zu verteidigen,
und bin bereit, mich von Menschen zu lösen, die sie nicht beachten.

Ich versetze mich, so gut ich kann, in andere Menschen
Und warte so lange wie möglich mit einem Urteil.
Ich erinnere mich daran, mehr zu lachen, weniger zu drängen, oft zu verzeihen und, wo immer ich kann, Liebe zu säen.

Ich tue mein Bestes, nicht alles kontrollieren zu wollen, denn das ist vergeblich.
Ich ergebe mich, schließe die Augen und lasse mich auf die großartige und geheimnisvolle Lebensreise ein.
Meine Gefühle sind vergänglich, sie bestimmen mich nicht.
Meine Entscheidungen bestimmen mich, und ich tue mein Bestes,
gute Entscheidungen zu treffen.
Ich nähre meinen Körper mit vollwertiger Kost,
bestrafe mich aber nicht für gelegentliches Schlemmen.
Ich bewege meinen Körper jeden Tag – dehne mich, fordere ihn und bringe ihm Wertschätzung entgegen.
Ich ruhe mich aus, wenn mein Körper Ruhe braucht.

Ich nehme nicht jede Einladung an, die mir angetragen wird.
Ich übe, Nein zu sagen.
Ich bin mir selbst gegenüber freundlich und mitfühlend
Und begegne mir mit bedingungsloser Liebe.
Ich bin meine beste Freundin; ich bin stolz auf mich.

Ich teile die Lektionen, die mir das Leben erteilt, mit anderen ...
Auch die nicht so angenehmen.
Ich halte nichts zurück, weine, wenn ich mich danach fühle,
aber erkenne auch, wann ich mich einmal zusammenreißen muss.
Ich erinnere mich daran zu atmen und finde in meinen Atemzügen
die Ruhe im Chaos.
Ich schulde mir selber, bemerkenswert zu sein, also bin ich es.

TEIL I

Bereit für den Start?

Willst du ein großartiges Leben führen? Bevor du jedoch den Sprung in dein großartiges Abenteuer wagst, musst du dich auf die Reise vorbereiten. In Teil I dieses Buches sprechen wir darüber, wie wichtig es ist, dass du dich in dieser Welt der endlosen Ablenkungen erdest und in dich hineinhorchst. Wir sprechen darüber, wie du gute Angewohnheiten und eine persönliche Verfassung entwickelst, die dir eine solide Grundlage bieten, auf die du dich sowohl in Hochzeiten als auch an absoluten Tiefpunkten verlassen kannst, wenn du dich verwirrt, innerlich zerrissen oder wurzellos fühlst.

In Kapitel 1 sprechen wir darüber, wie du deine wahre Leidenschaft herausfindest und warum das der erste Schritt zu dem großartigen Leben ist, dass du dir so sehr wünschst. In Kapitel 2 stelle ich dir die gute Art des Egoismus vor und erkläre, wie du deinen Bedürfnissen auf eine Weise Vorrang einräumen kannst, die dir ermöglicht, anderen noch effektiver zu helfen, ohne deine eigenen Träume und Ziele zu vernachlässigen. Kapitel 3 handelt davon, wie du die Ausreden vermeidest, die wir alle finden und die uns bewusst oder unbewusst davon abhalten, ein wirkmächtiges Leben auf der Grundlage von Ehrlichkeit und Integrität zu führen. Und in Kapitel 4 sprechen wir über die unvermeidlichen Herausforderungen, mit denen du auf deiner Traumverwirklichungsreise konfrontiert werden wirst. Wir fragen, wie du das Leben lebst, das zu dir passt, und warum du dich mit großartigen Menschen umgeben musst, die dir auf deinem Weg Liebe, Anerkennung und Unterstützung bieten.

Im Wesentlichen handelt Teil I davon, wie du Energie und Kräfte sammelst und den Motor anwirfst, um mit voller Kraft in ein großartiges Leben zu starten. In dieser Phase findet die wichtige, harte Arbeit statt, in der du all die Dinge herausfindest, die du brauchst, um das Leben zu leben, das du dir vorstellst, und täglich dein Bestes zu geben. Setz deine Kämpfermiene auf und bereite dich auf eine turbulente Schlacht vor, denn die nächsten Kapitel sind nichts für Verzagte.

Kurzum, *es geht los.*

KAPITEL 1

SEI LEIDENSCHAFTLICH

»Jeder große Traum beginnt mit einem Träumer.
Denk immer daran, dass die Stärke, die Geduld und die
Leidenschaft, nach den Sternen zu greifen und die Welt
zu verändern, in dir selbst liegen.«
Harriet Tubman

Ich war Studienanfängerin, die an ihrem Traumcollege studierte, und lebte im sonnigen Los Angeles. Ich hatte alles, was mich die Welt zu wertschätzen gelehrt hatte, und dennoch lechzte ich nach mehr, ich konnte nicht genau sagen, wonach. Ich hörte, wie andere mit einer solchen Überzeugung über ihr Leben und ihre Leidenschaften sprachen, und ich wusste, dass ich nichts hatte, was mich mit Feuer erfüllte. Ich hatte kein Ziel, das meine Seele in Brand setzte und mich noch vor dem Weckerklingeln morgens aus dem Bett trieb, weil ich vor Ideen nur so übersprudelte. Ich wollte mich unbedingt lebendiger fühlen.

Eines Tages kam meine Zimmerkameradin (die sich leidenschaftlich für Schauspielerei interessierte) herein und schwärmte von einem neuen Theaterstück von Eve Ensler mit dem Titel *Die Vagina-Monologe*. Sie hatte das Skript und übte für das große Casting. Als sie mir sagte, das Stück handle von den Rechten der Frauen und beleuchte die Ungeheuerlichkeiten, die Frauen auf der ganzen Welt angetan werden, horchte ich auf. Ich weiß immer noch nicht genau, warum. Dieses Theaterstück war ungefähr das Letzte, woran ich normalerweise interessiert war.

Zwei Tage später sah ich auf dem Universitätsgelände die Plakate, mit denen *Die Vagina-Monologe* angekündigt wurden. Am folgenden Tag wurde ich auf dem Weg zu meiner Vorlesung zufällig der Regisseurin dieses Stücks vorgestellt. Kennt ihr diese Momente im Leben, in denen man das Gefühl hat, etwas klopft laut an die Tür und das Klopfen wird irgendwann so laut, dass man es nicht mehr überhören kann? Das war so ein Moment. Im Verlauf meiner Unterhaltung mit der Regisseurin sagte ich: »Ich habe eine Menge über Ihr Stück gehört« (eher scherzhaft, denn sie konnte nicht wissen, dass mich ihr Theaterstück geradezu verfolgte). Sie antwortete: »Oh, wie schön. Kommst du dann heute Abend zum Vorsprechen?«

Natürlich hatte ich überhaupt keine Schauspielerfahrung, daher lachte ich und erwiderte schnell: »Oh, hmmm, ... ich bin keine Schauspielerin.« Als sei sie auf diese Antwort vorbereitet gewesen, antwortete sie: »Ich habe nicht gefragt, ob du schauspielern kannst, sondern ob du zum Vorsprechen für mein Theaterstück kommst.«

Wie das Schicksal es wollte, fiel meine Abendvorlesung aus, die sich mit dem Vorsprechen überschnitten hätte, also hatte ich, technisch gesehen, Zeit, um dorthin zu gehen. Die Vorstellung, meine Komfortzone zu verlassen, verursachte mir jedoch augenblicklich Übelkeit.

Im Rückblick ist mir klar, dass der einzige Grund, warum ich schließlich vom Vorsprechen ging, darin bestand, dass ich einfach nicht den Mut hatte, ihr unverblümt »nein« ins Gesicht zu sagen. Nennt es Schüchternheit oder sozialen Druck, jedenfalls fand ich mich einige Stunden später mit einem Blatt Papier mit mehreren Monologen in einem Raum wieder und fragte mich, warum in aller Welt ein konservatives burschikoses Texasgirl an einem Vorsprechen für ein ausgeflipptes feministisches Theaterstück teilnahm, in dessen Titel das Wort »Vagina« vorkam.

Bevor ich wusste, wie mir geschah (und bevor meine Unsicherheit eine Chance hatte, mich zur Flucht durch die Hintertür zu bewegen), wurde mein Name aufgerufen. Sobald mich die Regisseurin sah, wusste ich, dass es kein Entrinnen mehr gab. Ich hatte nur wenige Momente, um einen nervösen Blick auf die Monologe zu werfen – die vergangenen fünfzehn Minuten hatte ich damit verbracht, mir einen guten Grund auszudenken, um fliehen zu können. Aber erst als ich aufstand, um nach vorne zu gehen, konnte ich hören, wie mir mein Herz schier aus der Brust hüpfen wollte. Die reine Panik.

In diesem Augenblick fragte ich mich: »Lex, was hast du dir da nur einge-brockt? Und was wirst du jetzt tun?«

Ich setzte mich vorne vor diejenigen, deren Aufgabe es war, jede meiner Gesten, meine Mimik und meine Worte kritisch unter die Lupe zu nehmen. Indem ich vor der Tatsache kapitulierte, dass es wahrscheinlich das Beste war, das Ganze schnellstmöglich hinter mich zu bringen, begann ich den Monolog vorzulesen, der den Titel trug »Meine einzige Tochter«.

Ich hatte keine Ahnung, wie man einen Monolog vorträgt, also begann ich einfach zu lesen. Ich konnte meine eigenen Worte nicht hören, und als ich fertig war, stand ich einfach auf, um zu gehen. In dem Moment hörte ich die Regisseurin sagen: »Kannst du das noch mal machen, Alexis?« Soll das ein Witz sein? Ich litt Höllenqualen. Jede Sekunde, die ich in diesem Raum verbrachte und mit den Mädchen konkurrierte, die jahrelange Schauspiel-erfahrung hatten und wussten, was sie taten, verursachte mir körperliche Schmerzen. »Aber dieses Mal stell dir beim Lesen innerlich vor, was da pas-siert«, fuhr die Regisseurin fort. »Hier spricht ein iranischer Vater, dessen einzige Tochter brutal mit Säure verätzt wurde, und beide wissen, dass das Leben, so, wie es bisher war, zu Ende ist. Du hast selber einen Vater, also stell dir vor, wie es wäre, wenn du in einer Kultur leben würdest, die nicht nur Schande über dich, sondern die gesamte Familie gebracht hat. Und nun lies den Monolog bitte noch einmal.«

Kein Druck. Ich atmete tief ein und begann erneut. Dieses Mal stellte ich mir meinen Vater vor, wie sehr er mich liebte und wie seine ganze Welt zusammenbrechen würde, wenn mir etwas Ähnliches geschehen würde. In Sekunden brach meine Stimme, während ich mein Bestes versuchte, um den Text zu Ende zu lesen. Wenige Augenblicke später sah ich auf, schreckerfüllt, weil nun Ströme von Tränen über meine Wangen liefen und ganz offensicht-lich meinen Mascara mit sich rissen.

Ich wischte die schwarzen Tränenbahnen mit dem Handrücken weg und putzte die Hände an der Jeans ab. Wenn mir jemals zuvor etwas peinlich gewesen war, dann war das nichts, verglichen mit dieser Situation, in der ich stumm dasaß, auf meine Turnschuhe starrte und wünschte, ich könnte mich in einem Erdloch verkriechen. Wenn man vier ältere Brüder hat, lernt man, dass »Heulen Weibersache ist« – eine Schwäche, die einem das schreckliche Etikett »Heulsuse« einbrachte. Ich bin das Mädchen, das niemals weint. Ich bin das Mädchen, das niemals weint, auch wenn es hinfällt oder auf dem Spielplatz von anderen gepiesackt wird.

Und schlimmer noch, es war eine unerwartete, plötzliche Heulattacke. Habt ihr so was schon mal erlebt? Wenn ein Schluchzen in dir aufsteigt und du nichts dagegen tun kannst? Die dreißig Sekunden, die ich dasaß, an meinen Fingernägeln herumfummelte und das Gefühl hatte, meine »Toughes Mädel«-Maske falle von mir ab, und nicht aufblicken wollte, fühlten sich an wie hundert Jahre. Schließlich stand ich auf und ging Richtung Tür, denn das tun Menschen, die sich schämen. Wir suchen nervös den Ausgang. Wenn man sich in einer Situation befindet, in der es keinen Sand gibt, in den man den Kopf stecken könnte, ist Flucht die beste Alternative.

Kurz vor der Tür hörte ich meinen Namen erneut: »Alexis.« Ich hielt an, schloss meine Augen und betete zu Gott, das Ganze möge endlich enden. Ohne mich umzudrehen, hörte ich: »Du bist dabei. Wir sehen uns nächsten Montag zur Probe.«

Der erste Schritt auf dem Weg zu deiner Leidenschaft

Trotz meines Lampenfiebers trat ich in dem Stück *Die Vagina-Monologe* auf, und zwar nicht nur vor fremdem Publikum, sondern auch vor meinen Eltern und meinen vier Brüdern, die alle extra mit dem Flugzeug gekommen waren, um mich auf der Bühne zu sehen. Mein Vater weinte, als ich den Monolog vortrug, den ich zur Sprechprobe vorgelesen hatte. Meine Brüder waren so ergriffen, dass sie mit bewegungslosen Mienen dasaßen.

Diese fünf Männer saßen vor mir und waren weiß wie Gespenster, als meine Worte, die ich auf der Bühne sprach, ihnen das Geschehene vor Augen führten, als wäre es die Wirklichkeit. Meine Mutter jedoch, die ähnlich berührt schien, zeigte einen kraftvollen und majestätischen Gesichtsausdruck, der ihren Stolz darüber ausdrückte, dass ich diese wichtige Geschichte auf die Bühne brachte. Sie alle konnten sehen, dass sich etwas in mir verändert hatte, dass sich in meiner Seele ein Feuer entzündet hatte und wahre Leidenschaft meine Augen zum Leuchten brachte – ein Vorschein dessen, was noch kommen würde.

Dieser Anblick, dieses Abbild meiner Leidenschaft, prägte sich mir ein. Als ich auf der Bühne stand, erkannte ich, dass meine Leidenschaft für das Geschichtenerzählen, für Unterhaltung und öffentliche Auftritte meine Bestimmung waren. Ich wusste, dass ich eine Gabe besaß, ein gottgegebenes, aber noch ungeschliffenes Talent. Ich wusste, dass ich den Rest meines Lebens damit verbringen würde, meine Stimme zu entwickeln und zu benutzen, um Menschen zu inspirieren, sie zu bilden, zu unterhalten und sie mit Liebe dazu aufzurütteln, aktiv am Leben teilzunehmen. Ich wusste nicht genau, wie ich das machen würde, aber ich wusste, dass sich mir das noch offenbaren würde.

Hinweise auf das, was deine Leidenschaft sein kann, finden sich überall. Die Abfolge der Ereignisse, die mich zur Bühne führten, begann, als ich es am wenigsten erwartet hatte, aber ich war zu dem Zeitpunkt auf der Suche nach mehr, nach etwas Bedeutsamem in meinem Leben. Und selbst als ich es fand, musste ich meinen natürlichen Instinkt, davor wegzulaufen, überwinden, um es tatsächlich zu erleben. Auch du wirst deine Leidenschaft finden, wenn du danach suchst und danach strebst, sie zu entdecken.

Du musst die Nase in den Wind halten und in die Welt hinausziehen, Dinge tun, vor denen du dich fürchtest (ob das ein Vorsprechen für ein Theaterstück ist, das Erlernen einer neuen Fertigkeit oder bei einem Abenteuer einer Freundin mitzumachen). Du musst darauf vertrauen, dass irgendetwas einschlägt, wenn du genügend Dinge ausprobierst. Und du wirst es spüren, wenn das passiert – wie eine Feuerwehrsirene, die in deinem Herzen losgeht.

In diesem Augenblick denkst du vielleicht das Gleiche, das ich oft zu hören bekomme: »Schön für dich. Du hast deine Leidenschaft gefunden. Aber ich weiß nicht, was meine Leidenschaft entfachen könnte.« Wie findest du also deine Leidenschaft? Dafür will ich dir zunächst eine einfache (und, wie meine Mutter behauptet, nicht damenhafte) Frage stellen: »Was kotzt dich an?« Und das meine ich so. Was macht dich so wütend, dass du auf eine Wand einschlagen könntest oder vor Wut anfangen könntest zu heulen? Denn in all diesen Emotionen steckt oft ein Hinweis auf das, wofür du dich begeistern kannst.

Leidenschaft ist jedoch nicht immer mit einer Ungerechtigkeit verbunden, die dich wütend macht. Für viele Menschen bedeutet die Entdeckung ihrer persönlichen Leidenschaft das, was ihnen das größte Glücksgefühl bereitet, und oft sind das Dinge, die ihnen in den Schoß fallen. In meinem Fall sind Schreiben und Sprechen meine Superkräfte, die in mir ein Leuchtfeuer entfachen, wobei es meine Entscheidung ist, wie ich sie ausübe und mit anderen teile. Ob es sich darum handelt, deine Lungen mit Luft vollzupumpen und dich um den Verstand zu singen oder deine einzigartigen Talente auf andere Art und Weise mit der Welt zu teilen, unsere Leidenschaften können die unterschiedlichsten Formen annehmen. Allerdings kannst du unmöglich deine Großartigkeit ausleben, wenn du dir nicht die Zeit nimmst, sie zu entdecken.

Man findet die eigene Leidenschaft nicht, indem man einfach eine Liste an Möglichkeiten erstellt, aus der man sich dann eine heraussucht. Wie du siehst, bin ich völlig unbeabsichtigt über meine Leidenschaft gestolpert. Ich hätte sie allerdings auch nie entdeckt, wenn ich nicht danach gesucht hätte und offen dafür gewesen wäre, neue Dinge auszuprobieren. Die Reise zur Entdeckung der eigenen Leidenschaft beginnt mit einigen simplen Veränderungen. Denk darüber nach, was dich wütend oder glücklich macht oder was du so gerne tust, dass du darüber die Zeit vergisst. Schreib Worte, Sätze oder mal Männchen auf ein Blatt Papier und sieh, was dir in die Augen springt. Das ist dein Ausgangspunkt. Das Ganze ist ein Prozess, keine einzelne Handlung. Auch Neugier oder sogar sozialer Gruppendruck könnte dich dazu bringen, etwas Neues auszuprobieren. Und wer weiß, wohin dich das bringt.

Eine der größten Lebenslektionen, die ich im Verlauf meiner demütigen Reise gelernt habe, war, dass ich genauso viel von anderen Menschen lernen konnte, wie ich ihnen zeigen konnte. Im Verlauf des Buches habe ich einige Geschichten von meinen Weisheitslehrerinnen, meinen engsten Freundinnen und liebsten Gefährten, eingestreut. Jackie ist der beste Einstieg in diese Geschichten, weil sie vielleicht die beste Entertainerin und der witzigste Mensch ist, den ich je kennengelernt habe.

JACKIE TOHN (Singer-Songwriter, Schauspielerin, Komikerin): Ich begann mit der professionellen Schauspielerei, als ich neun Jahre alt war. Nicht weil irgendjemand mich dazu antrieb, sondern weil ich es wollte. Ich musste einfach. Es gab nichts, das mein kleines, ständig auf Hochtouren laufendes und leicht ablenkbares Hirn besser beschäftigen konnte, als Singen, Tanzen und die Imitation von Stimmen und Personen. Jedem, der es hören und nicht hören wollte, lieferte ich eine kleine Show. Damals war das oft nicht so beeindruckend, aber meine Eltern schenkten mir dennoch ihre ganze Aufmerksamkeit und unterstützten mich. Als ich eines Tages genug hatte und sagte, ich wolle Malerin werden, gingen wir in der nächsten Minute in ein Geschäft für Künstlerbedarf und kauften eine Palette, Pinsel, Farben und Leinwand und setzten meinen Wunsch um.

Viele Jahre später, mit achtzehn, Liebe im Herzen und jeder Menge Unterstützung, zog ich von New York nach Kalifornien, um meinen Traum von der Unterhaltungsbranche zu verwirklichen. Los Angeles ist eine Stadt, in der jeder mit jedem konkurriert. Wenn ich bisher ein großer Fisch in einem kleinen Teich gewesen war, war ich nun ein mittelgroßer Fisch in einem riesigen Meer, angefüllt mit unzähligen angesagten, witzigen und talentierten Menschen. Dieser Ort war so heiß, dass er geradezu vibrierte.

Die Wirkung familiärer Unterstützung hat ihre Grenzen, wenn du feststellst, dass alle Rollen, für die du vorsprichst, entweder für die »merkwürdige Freundin« oder »die Schräge« sind. Die Leute vom Casting sagten üblicherweise: »Wir kennen Jackie. Sie ist keine Modelschönheit und ihre Stimme ist … hmm … besonders.« Uh, danke schön? Ich war mehr als dankbar, diese Chancen zu erhalten, aber ich bin trotzdem eine Frau. Ich blicke immer noch in den Spiegel und frage mich, warum jemand so und so aussieht und ich so aussehe, wie ich aussehe. Ich habe immer noch Tage, an denen die Tränensäcke unter meinen Augen scheinbar überdimensional sind. Aber weil ich mit einem so soliden Fundament ausgestattet bin, versuche ich dagegen anzukämpfen, dass das, was mich gelegentlich runterzieht, mich dauerhaft unten hält.

Nachdem ich vierzehn Jahre meines Lebens mit der Schauspielerei verbracht hatte, wollte ich schließlich meine andere Leidenschaft ausleben: eine Gitarre und Ukulele spielende Singer-Songwriterin zu sein, in die Top 24 zu kommen und an der achten Staffel von *American Idol* teilzunehmen. Das veränderte alles. Was für ein Traum. Dann flog ich raus. Das war eher kein Traum. Ich schaffte es nicht bis zur Tour, weil ich nicht unter die Top Ten kam, aber ich hielt meinen Kopf hoch erhoben und nutzte diese großartige Chance auf jede erdenkliche Weise.

Wenige Wochen nachdem ich aus der Show geflogen war, ging ich tatsächlich auf Tour – ganz alleine. Ich buchte sie. Ich plante sie.

Ich koordinierte sie. Ich ließ einfach nicht zu, dass der Umstand, dass ich bei der offiziellen Tour nicht dabei sein durfte, mich davon abhielt, meine eigene Tour zu veranstalten. Ich hatte Songs vorzutragen und Geschichten zu erzählen. Und die Bühne in meinem Kopf und in meinem Wohnzimmer war eindeutig nicht groß genug.

Wenn man etwas älter wird (und vielleicht ein klein wenig weiser), dann geschieht etwas und man erkennt, dass man die Dinge selber anpacken muss. Niemand wird jemals so hart für dich arbeiten wie du selbst. Sich das einzugestehen macht Angst. Aber wenn du tief in deinem Inneren spürst, dass du etwas anzubieten hast, dann lass nicht zu, dass die Selbstzweifel uns deine Zauberkraft vorenthalten.

Es war nicht leicht, aber ich habe auf meine eigenen Ratschläge gehört. Es hat insgesamt dreizehn Jahre gedauert, aber endlich schrieb, produzierte und interpretierte ich meine eigenen Songs – wenn auch nicht am Broadway – in meiner One-Woman-Show mit dem Titel *There's a Show in Here*. Das war eine der aufregendsten und selbstbestätigendsten Erfahrungen meines ganzen Lebens. Ich hab's geschafft.

So wie einige Menschen mit einem angeborenen Talent für Mathematik oder Naturwissenschaften auf die Welt kommen, bin ich dazu bestimmt, im Unterhaltungsbereich zu arbeiten. Und in meinem Inneren wohnt eine gewaltige Kraft, die nach der Bühne lechzt. Der erstaunliche Teil ist, dass alles und überall eine Bühne ist. Und ich glaube nun mal nicht daran, meine innere Kraft zu verstecken.

Und nun zeig mir deine.

Ich weiß, dass es nicht leicht ist, sich selber unangenehme Fragen zu stellen, und sich der Kritik der Öffentlichkeit zu stellen, ist auch nicht gerade ein natürlicher Impuls. Wie Jackies Geschichte zeigt, braucht man dazu Energie und Mut, um immer wieder aufzustehen, wenn man hinfällt. Es ist viel einfacher, es sich im Leben leicht zu machen, sich nie irgendwelchen Herausforderungen zu stellen und die stürmische See zu meiden. Sorry, meine Liebe, das ist aber kein Leben! Bitte verbring dein Leben nicht damit, nach dem bequemsten Weg zu suchen. Das mag zwar zunächst ein angenehmes Gefühl bereiten, aber ich verspreche dir, dass das irgendwann langweilig wird und du dich fühlst, als sei dein Leben festgefahren oder gar sinnlos.

MAGGIE HA (Kreativdirektorin): Meine Leidenschaft. Das ist auf jeden Fall etwas, das sich in meinem Leben immer wieder verändert hat. Aber irgendwie wusste ich immer, dass ich etwas Kreatives machen würde. Im Lauf der Jahre begann ich wirklich zu umgrenzen, was das für mich ist. Und dann erstellte ich eine Liste an Dingen, die ich im Leben machen wollte. Nicht nur beruflich, sondern Dinge, die ich generell im Leben tun wollte – zum Beispiel: für eine Zeitschrift arbeiten, ein Kinderbuch schreiben, in New York leben, alle Kontinente bereisen, einen Film machen, Bungee-Jumping, nie aufhören zu malen, Gitarrespielen lernen, Französisch lernen etc. Designerin zu werden war ein Berufsziel, das sich schon in der Highschool verfestigt hatte. Ich wollte im Musikgeschäft arbeiten. Also habe ich es getan. Ich wollte in der Werbung arbeiten, also tat ich auch das. Ich wollte Websites entwerfen. Und auch das habe ich getan. Immer wenn ich auf etwas stoße, das ich machen will, konzentriere ich mich auf mein Ziel und arbeite darauf hin. Aber irgendwie scheine ich immer noch mehr zu wollen.

In den letzten Jahren ist es schwieriger geworden, mein jeweiliges Ziel zu verfolgen. Das liegt zumeist daran, dass es sich ständig verändert, verschiebt und weiterentwickelt, bevor ich überhaupt dahin komme. Als ich vor Kurzem beschloss, im Essensbereich zu arbeiten, hielt mich irgendetwas davon ab, meinen Job als Designerin zu kündigen, um eine entsprechende Schule zu besuchen. Ich wollte meinen Job nicht aufgeben, denn ich liebte ihn. Also begann ich einen kulinarischen Blog als »leidenschaftliches Hobby« und setzte meine Arbeit als Designerin fort. Dann beschloss ich, dass Mode meine Leidenschaft sei. Aber was passiert dann mit dem kulinarischen Bereich? Und mit meinen anderen Leidenschaften wie Musik und Technik und all den weiteren Dingen, die ich tun möchte?

Erst vor Kurzem ging mir ein Licht auf. Ich sollte bei einer Veranstaltung für eine Designabteilung eine Rede halten. Man wollte, dass ich darüber spreche, was ich tue und wie ich mich inspiriere. Während ich die Rede schrieb, stellte ich fest, dass es mich frustrierte, all diese unterschiedlichen Leidenschaften zu haben und scheinbar keinen Weg zu finden, sie alle unter einen Hut zu bekommen. Aber muss ich das? Vielleicht soll es einfach nicht sein?

Und dann kam mir die Erleuchtung. Alles, was ich tue, ist erschaffen, kreieren. Meine Leidenschaft ist nicht so klar umrissen, wie eine Marke für eine Website zu erfinden, mit einem Gericht zu experimentieren, eine aufwendige Torte zu backen oder eine Geschichte zu erzählen, die von Bildern und Musik untermalt ist; vielmehr ist es der Prozess des Schaffens selbst. Ich bin immer so ehrgeizig und entschlossen gewesen und stellte fest, dass ich eine Zeit lang blind gewesen war. Manchmal muss man einfach nur einen Schritt zurücktreten.

Meine Leidenschaft ist es, Dinge zu kreieren und sie mit anderen Menschen zu teilen. Das gibt mir die Freude und die Lust, jeden Morgen aufzustehen. Quelle für mein Schaffen sind die vielen verschiedenen Kanälen die mich umgeben. Ich werde ständig von Dingen in meiner Umgebung überrascht, ob es sich um einen Gegenstand, ein Bild, einen Song oder einen Mensch handelt. Was ich an meiner Arbeit am meisten liebe, ist der Umstand, dass ich aus allem Inspiration beziehen kann. Das spornt meine Kreativität an.

Mein Name ist Maggie Ha. Ich bin eine sogenannte Kreativberaterin – ich wurde auch schon Designerin, »Foodie«, Geschichtenerzählerin, Techie, Marken-Girl, Modefreak und Tagträumerin genannt. Meine Leidenschaft besteht darin, Dinge zu kreieren und zu erschaffen. Daher nenne ich mich heut »Schöpferin«.

Genau wie bei Maggie ist deine Leidenschaft möglicherweise nicht so leicht auszumachen und zu benennen. Das ist in Ordnung. Es gibt keine Regel, die besagt, dass man nicht mehr als eine Leidenschaft haben kann oder die Art von Leidenschaft, die das Interesse an vielen unterschiedlichen Dingen weckt und dich zu vielen unterschiedlichen Abenteuern führt. Es ist nicht zwingend notwendig, sich ganz eng auf eine Sache zu konzentrieren, um ein sinnerfülltes und leidenschaftliches Leben zu führen. Hab keine Angst, neue Dinge auszuprobieren. Das einzig Wichtige ist, dass du Dinge tust, die dich anspornen.

Herauszufinden, wie man einen einzigartigen Beitrag zu dieser Welt leisten kann, verleiht einem das Gefühl, inspiriert, nützlich und lebendig zu sein. Das muss nicht schön verpackt sein oder für irgendjemand anderen als einen selbst Sinn ergeben. Wie oft hast du über Leute gelesen, die »alles haben« und zum dritten Mal in eine Entzugsklinik eingeliefert werden? Über die üblichen Insignien des Erfolgs zu verfügen – Ruhm, Reichtum, Schönheit – macht uns nicht automatisch glücklich oder verleiht uns Selbstwertgefühl. Unsere Aufgabe im Leben besteht nicht darin, den äußerem Anschein von Erfolg oder irgendeine Version von Erfolg anzustreben, die unsere Eltern, Freunde oder Lehrer für erstrebenswert halten. Du solltest auch nicht einfach herumsitzen und darauf warten, dass dir irgendjemand etwas ganz Tolles in den Schoß wirft. Unsere Aufgabe ist es, die Sache zu finden, die uns mit Leidenschaft erfüllt, und unser Leben damit zu verbringen, genau das zu tun. Streng dich also an, diese Sache zu entdecken und mit beiden Händen zu greifen. Wenn du das tust, wird deine Leidenschaft so hell erstrahlen und dich von innen erleuchten, dass sie geradezu ansteckend wirkt.

PAUSE! Was ist meine Leidenschaft?

Zugegeben, die eigene Leidenschaft zu finden ist nicht leicht. Das ist ein Prozess beziehungsweise so etwas wie eine Reise. Es gibt allerdings einige Dinge, die du jetzt gleich tun kannst, um einen Anfang zu machen.

Schritt 1: Schalte alles aus: dein Telefon, dein iPad, deinen Computer, die Musik, und setz dich irgendwo ganz still hin, wo du nicht gestört wirst. Deine Leidenschaft wohnt in dir, in deinem Inneren, aber oft sind wir von äußeren Dingen so abgelenkt, dass wir unser Herz kaum flüstern hören, wenn es mit dem Getöse deines viel beschäftigten Lebens um unsere Aufmerksamkeit konkurriert.

Schritt 2: Egal, ob du lieber Tagebuch führst oder einfach die Augen schließt und betest oder meditierst, verbring fünf Minuten in bewusster und völliger Stille ohne jede Unterbrechung. Das, was den meisten von uns am schwersten fällt, ist, einfach zu *sein*. Das kann sich zunächst merkwürdig anfühlen, aber in diesem kostbaren Moment gewährst du deiner Seele das Privileg, gehört zu werden und ihr wirklich zuzuhören.

Meine inspirierendsten Augenblicke, meine lebensverändernden Erleuchtungen scheinen sich stets an diesem Ort der Ruhe und Stille zu ereignen. Denk immer daran, dass die Leidenschaft in deinem Inneren wohnt. Also nimm dir die Zeit für Stille, damit deine Wahrheit zu dir sprechen kann.

Machen wir noch einmal einen kurzen Sprung zurück. Ich sagte, bevor ich an jenem schicksalhaften Tag auf die Bühne ging, sei ich auf der Suche nach meiner Leidenschaft gewesen und hätte das Gefühl gehabt, irgendetwas fehle in meinem Leben. Diese Gefühle entsprangen der einen Sache, die du unbedingt haben MUSST, bevor du auch nur die Hoffnung hegen kannst, deine Leidenschaft zu erkennen. Und das ist deine eigene und ganz persönliche Verfassung.

Was willst *du* wirklich?

Neulich starrte ich ganz gebannt auf ein altes *Cinderella*-Filmposter, das in meinem ehemaligen Kinderzimmer hing. Diese hübsche Geschichte lehrt kleine Mädchen, dass vielleicht, nur vielleicht, eine gute Fee herbeischweben wird und all unsere Träume wahr werden lässt, wenn wir lange genug warten, gut sind und artig unsere Pflichten erfüllen. Mit einer einzigen Bewegung ihres Zauberstabs (und der Unterstützung einiger singender Mäuse) verwandeln sich unsere abgetragenen Klamotten in ein prächtiges weißes Ballkleid, und in null Komma nichts sind wir mit der größten aller Belohnungen verlobt – dem Traumprinzen. Keine Anstrengung, keine Suche, nur ein bisschen Herumsitzen und Warten – und zack! Wir haben unsere Bestimmung gefunden, ohne auch nur mit dem Finger zu zucken, und verbringen den Rest unseres Lebens als Angetraute des Prinzen in einem weit entfernten Königreich.

Ja, mir ist klar, dass das eine Versuchung ist. Ein Traummann, der auf dem Silbertablett serviert wird. Check. Böse Feindinnen, die sich demütig vor einem verbeugen. Check. Und ein Prinzessinnenkrönchen, das du dir aufsetzen kannst. Check, check. Ich sage keineswegs, dass es nicht praktisch wäre, wenn ab und zu eine gute Fee auftauchen würde. Klingt nett, aber Tatsache ist, dass einem im Leben nur selten etwas auf dem Silbertablett serviert wird. Und was noch wichtiger ist: Ist dir aufgefallen, was in dieser Geschichte fehlt? *Du!*

Märchen zu lesen und zu lernen, große Träume zu haben und ein geradezu magisches Leben zu erwarten ist ein toller und wichtiger Teil der Kindheit und des Erwachsenwerdens. Aber wenn du einen Traum lebst, der nicht deiner ist, dann kann daraus schnell ein Albtraum werden. Vielleicht hätte Cinderella den Kamin lieber gegen ein schönes Apartment in der Innenstadt eingetauscht? Vielleicht war es gar nicht ihr Lebensziel, einen Fremden zu heiraten? Und vielleicht entpuppte sich der Prinz als ekliger Frosch?

In deinem Leben ist alles möglich; dieser Teil stimmt. Aber ob wir es wahrhaben wollen oder nicht, all diese Märchen, mit denen wir aufgewachsen sind, haben uns ein wenig faul gemacht. Hör auf, dir die Träume deiner Eltern, Freunde und Lehrer zu eigen zu machen, und denk lieber darüber nach, was *du* wirklich willst im Leben. Vielleicht stellst du fest, dass du seit Kindertagen denselben Traum hast – nämlich dass du Wale retten willst –, aber vielleicht bist du selbst überrascht festzustellen, dass eine ganz andere Leidenschaft in dir brodelt, für deren bewusste Wahrnehmung du dir einfach nie Zeit genommen hast.

> »Leben bedeutet wählen. Aber um eine gute Wahl treffen zu können, muss man wissen, wer man ist und wofür man steht, wo man hinwill und warum man dort hinwill.«
>
> Kofi Annan

Alles, was ich sage, ist, dass du, wenn man dich gefragt hätte, vielleicht gar niemanden hättest retten wollen, oder dass du, falls du es gewollt hättest, am liebsten dich selbst gerettet hättest. Das ist dein Leben, es sind deine Träume, es ist deine Liebesgeschichte und dein größtes Abenteuer. Was willst *du* also wirklich? Die meisten werden das gar nicht gefragt, geschweige denn, dass sie sich die Zeit nehmen würden, sich selber diese Frage zu stellen. Das ist das wahre Problem so vieler Märchen: Du hast keine Ahnung, wovor dich der Traumprimz errettet, weil du dir gar nicht die Zeit genommen hast herauszufinden, was du eigentlich willst.

Wenn du nicht weißt, was du willst, erscheinen alle Optionen als gute Wahl: ob es das College ist, ein Lebenspartner, eine Karriere oder das Essen, das du aus der Speisekarte auswählst. Bevor du die verwirrende Vielfalt an Optionen betrachtest, solltest du dich fragen, was *du* wirklich willst.

Der nächste Schritt auf dem Weg der Entdeckung deiner Leidenschaft besteht darin, darüber nachzudenken, welche Werte und Tätigkeiten dir wichtig sind. Was macht dich aus und was wirst du bei dir selber beziehungsweise den Menschen in deinem Leben nicht tolerieren? Verwende das Manifest auf S. 18-20 entweder als Inspiration oder als Vorlage, um etwas völlig anderes zu entwerfen. Das liegt ganz an dir. Nichts ist in Stein gemeißelt. Möglicherweise stellst du nach einigen Monaten des intensiven Nachdenkens einfach fest, dass du dich nur an dein Manifest halten musst. Im Verlauf der

Jahre werden sich deine Prioritäten und Bedürfnisse bestimmt verändern. Das ist großartig. Ich will darauf hinaus, dass du damit beginnen sollst, auf dich und deine innere Stimme zu hören, dir darüber klar zu werden, was dir wichtig ist, und einen persönlichen Kompass zu erstellen, der dich durch die raue See geleitet, die dich erwartet.

PAUSE! Meine persönliche Inventur

Kein Wunder, dass Cinderella den erstbesten Typen geheiratet hat, der ihr über den Weg lief. Es ist viel leichter, sich einfach mit dem zu begnügen, was sich in unmittelbarer Reichweite befindet, als sich zu überlegen, was man einfach will, und es dann zu suchen – frei nach dem Sprichwort, der Spatz in der Hand ist besser als die Taube auf dem Dach.

Halte auf deinem Lebensweg immer wieder mal ein und stell dir schonungslose Fragen, damit du herausfinden kannst, was du willst und was dich glücklich macht. Gewöhne dir an, dich selber kennenzulernen und auf dein Inneres zu hören.

Ich setze mich mehrmals im Jahr hin und mache Inventur. Ich frage mich, was ich gemacht habe, was ich gerade tue und wohin ich will. Diese Fragen, die ich möglichst schonungslos formuliere, schreibe ich in mein Tagebuch und beantworte sie so ehrlich wie möglich. Beim letzten Mal habe ich mir in etwa diese Fragen gestellt:

► Worauf bist du zuletzt besonders stolz gewesen? Worauf weniger? Was hast du aus deinem letzten Gefühl des Stolzes gelernt, und was kannst du tun, damit mehr Dinge geschehen, auf die du besonders stolz sein kannst?

► Bewerte dich in Bezug auf die folgenden Eigenschaften auf einer Skala von eins bis zehn: Demut, Selbstlosigkeit, Freundlichkeit, Mitgefühl, Geduld, Kreativität, Verzeihen und Leidenschaft. Auf welchen Gebieten musst du dich am meisten verbessern? Was kannst du unternehmen, um diese Verbesserung zu erreichen? Plane diese Handlungen in deinen Kalender ein.

► Zähle deine größten Prioritäten auf, idealerweise in der Reihenfolge ihrer Wichtigkeit.

► Wo verbringst du die meiste Zeit (ich schreibe auf, wie eine typische Woche verläuft)? Wofür gibst du das meiste Geld aus (ich drucke einen Kontoauszug über die letzten drei Monate aus)? Passen deine Prioritäten zu deinem Verhalten? (Die Orte, an denen du dich aufhältst, und die Dinge, für die du Geld ausgibst, korrelieren unmittelbar mit deinen *tatsächlichen* Prioritäten.)

► Wie fühlst du dich ganz allgemein? Körperlich, geistig, emotional, spirituell? Hast du das Gefühl, dass dir in einem dieser Bereiche etwas fehlt, dass du dich zu stark auf einen Bereich konzentrierst oder ein Bereich ernsthafte Aufmerksamkeit braucht?

► Wie lauten deine derzeitigen persönlichen und beruflichen Ziele? Schreibe die Ziele und die Schritte auf, die zu ihrer Erfüllung nötig sind, und plane sie in deinen Kalender ein.

► Was hast du zuletzt Freundliches getan? Überlege dir, was du als Nächstes tun könntest, und plane, wann.

Steuere dein eigenes Lebensschiff

Es kann gut sein, dass sich deine Eltern, als du noch ein Baby warst, nie hätten vorstellen können, dass du mal so sein würdest, wie du jetzt bist. Deine Persönlichkeit, deine Vorlieben, deine Eigentümlichkeiten und Talente und selbst dein Lächeln sind einzigartig. Und genau weil du eine einzigartige Kombination von Talenten besitzt, wird dein Schicksal einzigartig und nicht mit dem anderer Menschen vergleichbar sein. Aber wenn ich dich fragen würde, was du vom Leben willst, wäre ich nicht überrascht, wenn du mir antworten würdest, dass du keine Ahnung hast. Das ist verständlich, aber jetzt ist es an der Zeit, darüber nachzudenken.

Von Anfang an werden wir darauf gedrillt, Regeln zu befolgen, auf genau vorgeschriebene Weise zu lernen und erfolgreich zu sein und nicht zu hinterfragen, wie oder was wir lernen. Doch nur weil deine Individualität während all der Jahre ferngesteuert gewesen ist, heißt das nicht, dass du nicht das Kommando über deine eigenen Gedanken, Gefühle und dein eigenes Schicksal zurückerobern kannst. Tatsächlich wirst du feststellen (wenn es nicht schon passiert ist), dass das echte Leben, also das Leben, das du nach der Schule und deiner Berufsausbildung führst, von dir verlangt, dass du deinen eigenen Weg bestimmst und herausfindest, wie du ihn gehen willst. Das Tolle und manchmal auch Furchteinflößende daran ist, dass das ganz allein dein Leben ist und nicht das Leben irgendeines anderen Menschen.

Vielleicht warst oder bist du richtig gut in der Schule und das Chaos des richtigen Lebens ist eine gewaltige Herausforderung für dich. Oder vielleicht warst oder bist du nicht so gut in der Schule, freust dich auf die Freiheit der Welt, die draußen auf dich wartet, dir fehlt aber das Handwerkszeug, um dich in ihr zurechtzufinden. Vielleicht hast du keine Eltern, Freunde oder Mentoren gehabt, die dich unterstützt haben. Da bist du nicht alleine. Aber egal, wie die Umstände oder deine Startposition auch gewesen sind, hast du *keine* Entschuldigung, um nichts aus deinem Leben zu machen.

Egal, wie du dorthin gekommen bist, wo du dich jetzt befindest, und welche Herausforderungen du auf diesem Weg überwinden musstest oder noch überwinden musst, ich verspreche dir, dass du dein wahres Ich finden und lernen kannst, dir selber zu vertrauen. Jetzt ist der Zeitpunkt, um das Steuerrad selber in die Hand zu nehmen, unabhängig davon, welche Route du nach Meinung anderer einschlagen solltest. Im Verlauf dieses Buches werden wir über vielfältige Wege sprechen, über die du dir die innere und äußere Unterstützung besorgen kannst, die du zur Verwirklichung deiner Träume brauchst. Du wirst erfahren, wie du dir ein großartiges Team an Cheerleadern zusammenstellst, die dich immer wieder anfeuern. Du wirst lernen, wie du dich nach einer Enttäuschung wieder aufrappelst und an dich selber glaubst, selbst wenn es sonst niemand tut.

MAHSHAD VAKILI (»The Cadillac of Gypsies«): Ich bin die lebende, atmende und laufende Verkörperung des amerikanischen Traums und ich habe das Recht und die Pflicht, meinen einzigartigen Lebensweg zu gehen. Mit Mitte dreißig packten meine Eltern ihre drei Kinder und flohen aus einem kriegsverwüsteten, revolutionszerrissenen Land, mit nichts weiter als ein paar Kleidungsstücken und einer Riesenportion Mut. Zwanzig Jahre lang haben sie Blut, Schweiß und Tränen auf den Boden dieses Landes vergossen und ihr eigenes Wohlergehen geopfert, damit ihre Kinder einmal die Chance haben würden, etwas Spektakuläres zu tun und zu sein. Und hier bin ich, Rechtsanwältin und Beraterin in der Musikindustrie, Make-up-Artist, wilde Barkeeperin und kontinentale Bonvivante, eine echte Bohemienne. Einige Leute meinen, mir fehle eine klare Ausrichtung im Leben. Ich meine, ihnen fehlt es an Fantasie. Was mich antreibt? Liebe und Leidenschaft.

Schon als kleines Kind fanden die Leute, ich sei »anders« – ein Wort, das ich übrigens immer gehasst habe. Ich ziehe die Worte »merkwürdig« oder »exzentrisch« oder sogar »freakig« vor. Das klingt so viel interessanter als »anders«. Jedenfalls habe ich immer in anderer Leute Kleiderschränke gestöbert, auf der Suche nach Kostümen und theatralischen

Gewändern, und mit meinen Brüdern (oder auch mir selber) in einer Mischung aus ausländischen Akzenten gesprochen, Kunstwerke in die glänzende neue Lackierung der Nachbarautos gekratzt (das hat mir so einige Schwierigkeiten eingebracht), habe es geschafft, sieben verschiedene Instrumente »ziemlich gut« zu spielen, ohne aber je irgendeines meisterhaft zu beherrschen. Ich bin immer zu den Klängen meines eigenen Rhythmus marschiert. Zwar wusste meine Familie nicht immer, wie sie mit meinen Eigenheiten umgehen oder ob sie meine Entscheidungen gutheißen sollte, aber ich wusste immer, dass ich geliebt wurde. Gelegentlich war es die harte Liebe meines Vaters, der mir auch die dickköpfige Hartnäckigkeit und meine Vorliebe für ausschweifende Gespräche mitgegeben hat. Oder es war die wohlwollende Liebe meiner Mutter, deren gutmütig-unschuldige Freundlichkeit in mir ein Einfühlungsvermögen weckte, das ich heute mit Stolz selbst dem unausstehlichsten Autofahrer entgegenbringe (»Vielleicht hat er gerade seinen Job/seine Frau/sein Kind verloren?«, denke ich oft, wenn ich mit rüpelhaftem Fahrverhalten konfrontiert bin). Solange ich denken kann, war ich von Liebe umgeben und habe gelernt, dass sie die kostbarste Währung von allen ist, vor allem wenn man einen persönlichen Notgroschen in dieser Währung in einer unzerbrechlichen Spardose aufhebt.

Die Liebe hat mir geholfen, das Selbstvertrauen und den Mut zu entwickeln, so manche gewaltigen Risiken einzugehen, alle Früchte vom Baum zu schütteln und *richtig zu leben*. Warum soll man an einer nach objektiven Standards gemessen perfekten Ehe festhalten, wenn man eine Affäre mit einem gefährlichen Rockstar haben kann? Warum soll man die 100 000 Dollar und die dreieinhalb Jahre, die man auf einer Law School verbracht hat, dazu nutzen, Anwalt zu werden, wenn man im eigenen Hinterhof Möbel bauen kann? Wir alle stolpern und fallen gelegentlich hin. Wir alle erleben Momente, in denen wir mehr geben, als wir zurückerhalten. Wir alle trauern, empfinden Schmerzen und verlieren. Aber es gibt ein paar Lektionen, auf die ich immer wieder zurückkomme, und zwar aufgrund meines unerschütterlichen Glaubes an Liebe und Mitgefühl, die mir geholfen haben, meine Konzentration wiederzuerlangen und meiner Muse zu folgen:

Erstens darf man nie vergessen, wie völlig unoriginell das eigene Leiden ist. Ich weiß, das klingt hart, aber es ist eine großartige Art und Weise, sich daran zu erinnern, dass es anderen Menschen nicht anders geht und dass es irgendwo einen Menschen gibt, der diese Schlacht bereits gewonnen hat. In gewisser Hinsicht erlaubt mir das Eingeständnis der Banalität meiner fehlgeschlagenen Versuche und Irrtümer, meine Einzigartigkeit zu bewahren und meinem Lebenszweck und meinen Leidenschaften treu zu bleiben. Zweitens muss man den Silberstreif am Horizont suchen. Es gibt immer einen, versprochen. Aus jedem Moment unseres Lebens lässt sich eine Lektion ziehen und Freude gewinnen. Immer wenn ich das vergesse, bin ich respektlos gegenüber den ungeheuren Opfern, die meine Familie erbracht hat, um hierherzukommen, was immer »hier« im jeweiligen Augenblick auch bedeuten mag. Leiden ist der Weg des geringsten Widerstands, aber es ist so ausgelutscht. Glücklich zu sein ist die härtere Entscheidung, glaub mir. Liebe und Mitgefühl, vor allem gegenüber sich selbst, aber auch in großzügigen Mengen gegenüber anderen, macht Glücklichsein zu einer mühelosen Sache.

Du kannst natürlich auch dein Leben herumbringen, ohne jemals einen eigenen Gedanken zu haben, allerdings bleibt dir dann nichts anderes übrig, als den Traum und die Bestimmung eines anderen Menschen zu leben – die nicht von dir, sondern *für dich* bestimmt wurden. Würdest du nicht lieber ein Leben leben, wie es Mahshad beschreibt? Eines, das sie erdacht hat und bedingungslos, aber auch mit Demut und Dankbarkeit lebt? Das Problem ist, dass diese Art Leben harte Arbeit bedeutet. Viele von uns wählen aber lieber den Weg des geringsten Widerstands.

Ich beobachte das ständig. Gerade bin ich für ein Wochenende heim nach Austin geflogen, um meine Familie zu sehen. Dort habe ich einige meiner alten Freunde getroffen. Ich fragte sie sofort, was sie machten, und einer von ihnen überraschte mich wirklich, indem er sagte: »Nun ja, ich arbeite jetzt für meinen Vater, weißt du – das alte Lied, das alte Lied.«

Was?! Ist das der Typ, der einst schwor, er würde niemals angepasst sein, dessen Leben eine einzige Party war, der energiegeladen, abenteuerlustig und voller Leidenschaft war und etwas ganz Einzigartiges aus seinem Leben machen wollte? Traurigerweise hatte er schon wenige Jahre nach seinem Studienabschluss all seine Träume aufgegeben, bis auf den Traum, den sein Vater für ihn hatte. Je mehr ich ihn über seine alten Träume ausfragte, desto hilfloser zuckte er mit den Schultern und sagte: »Nun, was soll man machen? Wir müssen alle irgendwann erwachsen werden, so ist eben das Leben.«

Wenn Erwachsenwerden das bedeutet, dann bleibe ich lieber ein weiblicher Peter Pan. Denn an dieser Version der Geschichte bin ich nicht interessiert. Ich glaube, das Leben ist aufregend und wird mit der Zeit immer besser. Leben kann das sein, was wir daraus machen. Das bedeutet zwar nicht, dass du reich und berühmt werden oder die ganze Welt bereisen musst, aber wenn du meinst, erwachsen werden bedeute, Dinge zu tun, die dich langweilen, dann verkaufst du dich unter Wert. Du bist für alle in deiner Umgebung und die Welt um ein Vielfaches kostbarer, wenn du jeden Tag in dem Bewusstsein beginnst, dass du genau weißt, wer du bist, und versuchst, die beste und leuchtendste Version deiner selbst zu sein.

»Du kannst nur in einer Sache, die du liebst, wirklich Meister werden. Mach dir nicht das Geld zum Ziel, sondern verfolge Dinge, die du wirklich gerne tust, und dann machst du sie so gut, dass die Leute ihren Blick nicht von dir abwenden können.«

Maya Angelou

Bestimmung ist ein Synonym für Träumen. Und du kannst die Autorin deiner eigenen Lebensgeschichte sein. Wenn du deine Leidenschaft entdeckst, ist das so, als ergebe die ganze Welt plötzlich einen Sinn, als würden die Farben intensiver leuchten und als erwache ein Teil von dir. Und ganz ehrlich gesagt, du wirst nie wieder dieselbe sein. Wenn du nicht weißt, was du willst, ist es schwer

zu sagen, was dich mit Leidenschaft erfüllt. Und wer nie die eigene Leidenschaft entdeckt, verbringt sein Leben auf eine stumpfe und leere Art. Der
Vater einer Freundin sagte immer: »Das Leben ist keine verdammte Klei-
deranprobe.« Vielleicht war es der kurze Schock, einen Vater fluchen zu hören, aber in Kombination mit seinem wissenden Lächeln fand dieser kurze
Satz in meinem Inneren einen starken Widerhall, einfach weil er die Wahrheit sagte. Schließlich ist es *dein* Leben, und du bekommst keinen zweiten
Versuch, also ist es sehr wichtig, was du damit machst.

Was soll ich sagen? Wenn sich etwas zwischen mich und meine Leidenschaft schiebt.

Manchmal besteht die größte Hürde gar nicht darin, die eigene Leidenschaft zu entdecken, sondern sie zu leben. Wenn du auf deinem
Weg mit einem Hindernis konfrontiert bist, dann tritt einen Schritt zurück
und denk darüber nach, warum du das machen willst, was du machen
willst und wie wichtig es für dich ist. Das habe ich zum ersten Mal mit
meinen Eltern ausprobiert. Während meines Studiums wollte ich für ein
Auslandssemester nach Spanien. Das war schon immer ein Traum von
mir gewesen, aber meine Eltern wollten mich nicht unterstützen. Ich ar-
gumentierte ungefähr so:

*»Mom, ich weiß, dass du Idee nicht toll fandest, als ich zum ersten
Mal erwähnt habe, dass ich für einen Sommer nach Spanien ziehen will.
Ich spreche es aber erneut an, weil es mein Traum ist und du mich nicht
dazu erzogen hast zuzulassen, dass Hindernisse oder ein Nein mich davon abhalten, mein eigenes Leben zu bestimmen. Ich habe lange darüber
nachgedacht und kann verstehen, dass du die letzten zwanzig Jahre alles
getan hast, was in deiner Macht steht, um mich zu beschützen; dass
du mich mit deiner bedingungslosen Liebe überschüttet und dich mit
Herz und Seele um mich gekümmert hast. Ich kann mir vorstellen, wie
schrecklich der Gedanke ist zu wissen, dass ich ganz alleine auf der an-*

deren Seite der Erdkugel bin, wo du mich nicht vor jeder erdenklichen Gefahr beschützen kannst. Aber ich bin auch hier, um dir zu sagen, dass du ganze Arbeit geleistet und mich gelehrt hast, gute, weise Entscheidungen in meinem Leben zu treffen. Ich weiß, dass ich dir noch sehr jung erscheinen mag, aber glücklicherweise hast du deine Tochter dazu erzogen, große Träume zu hegen, ihre Flügel zu strecken und ein außergewöhnliches Leben zu wagen. Ich weiß, dass dieser Traum teuer und Furcht einflößend ist, aber ich weiß auch, dass ich bereit für dieses Abenteuer und sehr gut in der Lage bin, auf mich selber aufzupassen. Ins Ausland zu gehen mag dir sinnlos erscheinen, mir erscheint es aber sinnvoll. Ich erwarte nicht, dass du jede meiner Lebensentscheidungen verstehst oder gutheißt, aber ich hoffe, du kannst die Dinge unterstützen, die mir wichtig sind, und diese Sache ist mir wichtig. Ich liebe dich und würde niemals leichtsinnig mit meinem Leben umgehen oder die Jahre, die du damit verbracht hast, mich zu beschützen, aufs Spiel setzen. Meine Flügel sind stark und ich bin bereit, sie zu benutzen. Bitte denk über deine erste Antwort auf mein Vorhaben noch einmal nach. Es bedeutet wirklich eine Welt für mich.«

Du kannst es dir vorstellen. Mit Tränen in den Augen konnte sie nur Ja sagen (wenngleich mein Vater bis zum heutigen Tag nicht glücklich damit war). Die Aufgabe unserer Eltern ist es, uns zu beschützen. Manchmal wollen sie uns aber so sehr beschützen, dass sie uns am Leben hindern. Ich bezeichne den Sommer in Sevilla immer als »den Sommer, in dem ich als kleines Mädchen aufbrach und als Frau zurückkehrte«. Ich lernte die Welt kennen, schloss neue, internationale Freundschaften, hatte Liebeskummer, rappelte mich wieder auf, lachte und weinte und, ja, kehrte wohlbehalten wieder nach Hause zurück.

Du musst für die Dinge kämpfen, die dir wichtig sind. Diese Diskussion mit meiner Mutter war das erste Mal, dass ich meinen Standpunkt beharrlich verteidigte, und sie hat mich dafür respektiert. Wir müssen den Menschen in unserer Umgebung zeigen, wie sie uns behandeln sollen, und wir müssen unsere Grenzen immer neu aushandeln, vor allem in unserer Beziehung zu den Menschen, die uns am nächsten stehen. Riskiere etwas. Sei mutig. Verfolge deine Leidenschaft, und lass dich durch nichts davon abbringen.

Sein, und nicht nur tun

Im Allgemeinen lernen wir, dass unser Selbstwert und unsere Identität sich daraus ableiten, was wir tun. Ich fordere dich jedoch dazu auf, dich darauf zu konzentrieren, was du bist, und nicht, was du machst. Das ist ein kleiner, aber lebenswichtiger Unterschied. Du kannst als Rechtsanwältin arbeiten, aber bist du eine freundliche, mitfühlende Rechtsanwältin? Vielleicht arbeitest du bei der Müllabfuhr, um dir deine Brötchen zu verdienen, aber machst du deine Arbeit mit Stolz und Engagement? Am Ende deines Lebens kannst du nichts mitnehmen – weder dein schickes Auto noch deinen klingenden Titel oder dein berühmtes Gesicht. Du wirst jedoch ein Vermächtnis hinterlassen. Du kannst die Liebe hinterlassen, mit der du deine Arbeit gemacht und die du deiner Familie und deinen Freunden entgegengebracht hast. Diese Menschen werden dich im Gedächtnis bewahren. Sie werden sich daran erinnern, was du sie gelehrt hast, und auf diese Weise lebt der Eindruck, den du auf sie gemacht hast, weiter.

Es ist wirklich völlig unwichtig, welchen Job du hast oder in welchem Haus du lebst, aber das sagt sich leicht. Das sehe auch ich. Finde deine Leidenschaft, eine Sache, für die es sich zu kämpfen lohnt, und der Rest verliert an Bedeutung.

Einige Monate vor ihrem Tod hatte ich eine Unterhaltung mit meiner Großmutter. Sie war 94 Jahre alt, eine hochgewachsene Erscheinung und die Frau eines angesehenen texanischen Richters. Etwas ungewöhnlich für ihre Generation, war sie eine Frau, die entschlossen war, einen Studienabschluss zu machen. Sie war klug, hatte feste Ansichten und war dickköpfig wie ein alter Esel. Ihr zweites Kind kam schwer behindert auf die Welt, und das zu einer Zeit, da Behinderte schwer diskriminiert wurden und sich die Familien für ihre Behinderten zu schämen hatten.

Meine Großmutter ließ sich jedoch nicht unterkriegen. Sie kämpfte für die Rechte behinderter Kinder, kämpfte für eine Änderung der Gesetze, damit Behinderte die gleichen Rechte wie Nichtbehinderte erhielten, und kämpfte dafür, die Betrachtung und Behandlung Behinderter (insbesondere ihres

Sohns) durch die Gesellschaft zu verändern. Meine Großmutter erreichte diese Veränderung und ist verantwortlich für die Existenz der Austin State School, eines Orts, an dem geistig behinderte Menschen würdevoll leben können. Sie tat das jedoch nicht aus Gründen des persönlichen Prestigegewinns oder um sich ein Verdienstkreuz an die Brust zu heften, sondern weil sie fest daran glaubte, dass alle Menschen mit Respekt behandelt werden sollten. Sie tat es, weil sie davon überzeugt war, dass eine Veränderung möglich sei.

Als sie auf ihrem Bett saß, in dem sie später ihren letzten Atemzug tun sollte, hockte ich neben ihr, hielt ihre kleinen, arthritischen Hände und trug blassrosa Nagellack auf ihre Nägel auf. Sie bat mich, mich im Zimmer umzusehen. Es war hübsch – eine der schönsten Suiten in einer teuren Altersresidenz in Austin. Sie sagte: »Das ist alles, was mir gehört.« Dort standen ein Schreibtisch, ein Fernseher, eine Kommode und einige kleinere Möbelstücke. »Meine Liebe, nichts davon kann ich mitnehmen, wenn ich mich aus dieser Welt verabschiede, und niemand wird sich an mein blank geputztes Haus erinnern noch an das Auto, das ich gefahren habe, oder die öffentlichen Auszeichnungen, die ich erhalten habe. Woran sich die Menschen erinnern werden, ist, dass ich nie klein beigegeben habe. Ich habe für die Benachteiligten gekämpft, und dieser Kampf ist zwar noch nicht zu Ende, aber ich habe denen ordentlich Feuer unter dem Hintern gemacht.«

Sie hatte recht. Ich konnte nicht zu ihrer Beerdigung gehen, weil sie starb, als ich mich während meines kurzen Gastauftritts in der Realityshow *Survivor* auf einer abgelegenen Insel befand. Aber wenn mich Leute auf meine Großmutter ansprechen, erwähnen sie immer, was für eine Frau sie war, dass sie der Inbegriff der Hartnäckigkeit und der Widerstandsfähigkeit war und welche Courage sie hatte, öffentlich auf Dinge hinzuweisen, die sie als ungerecht empfand. Die Leute sprachen über ihr Mitgefühl, ihren unermüdlichen Einsatz, um die Welt ein kleines bisschen besser zurückzulassen, und ihre Fähigkeit, sich niemals unterkriegen zu lassen.

Obwohl ich meine Leidenschaft für das Geschichtenerzählen, für den Unterhaltungsbereich und die Frauenbewegung entdeckt hatte, lockten mich so viele Verführungen, dass ich leicht von meinem Weg hätte abkommen können. Ob es andere Berufe waren, die mehr Geld, Sicherheit, Prestige oder einfach einen leichteren Weg versprachen, ich musste mich bewusst dafür entscheiden, meine Leidenschaft nicht aufzugeben. Es ist nicht leicht, von einer Leidenschaft getrieben zu werden. Das erschöpft und bisweilen fühlt es sich hoffnungslos an. Es gibt Tage, an denen ich mich frage, warum ich nicht den leichten Weg gewählt habe, warum ich mich so abstrampele, um etwas in der Welt zu bewirken, während andere einfach jeden Tag ein- und ausstempeln und am Ende des Monats ein Gehalt kassieren.

Es ist natürlich einfach, sich auszuklinken. Es ist leicht, einfach das zu tun, was einem gesagt wird, nicht mehr und nicht weniger, niemals zu wütend oder zu traurig zu sein, sich niemals enttäuscht oder verraten zu fühlen. Fernsteuerung ist perfekt, um sich dumpf zu fühlen, anstatt die Schmerzen der Niederlage, der Ungerechtigkeit oder der Enttäuschung zu empfinden. Aber diese Dumpfheit bringt dich auch um die Chance, eine immense Freude und die Erfüllung zu empfinden, die aus dem Wissen entsteht, dass du im Leben eines anderen Menschen etwas verändert hast.

Die Menschen werden dich und deine Träume verurteilen. Sie werden dir sagen, du seist verrückt, und sie werden versuchen, dich davon zu überzeugen, dass Mittelmäßigkeit die

> *»Ich persönlich glaube, dass es nie zu spät oder – in meinem Fall – zu früh ist, um zu sein, was man sein will. Es gibt keine vorgeschriebenen Zeiten; hör auf, wann immer du willst. Du kannnst dich verändern oder bleiben, wie du bist, dafür gibt es keine Regeln. Wir können das Beste oder das Schlechteste daraus machen. Ich hoffe, du machst das Beste daraus. Und ich hoffe, du siehst Dinge, die dich aufrütteln. Ich hoffe, du empfindest Dinge, die du noch nie zuvor empfunden hast. Ich hoffe, du lernst Menschen kennen, die eine andere Sichtweise haben als du. Ich hoffe, du lebst ein Leben, auf das du stolz bist. Falls du feststellst, dass du das nicht bist, hoffe ich, dass du die Kraft besitzt, noch einmal neu anzufangen.«*
>
> F. Scott Fitzgerald

schlauere Wahl ist. Denn es macht es auch für sie leichter, wenn du denselben Ammenmärchen aufsitzt wie sie: dass niemand wirklich etwas im Leben bewirken kann und dass das Leben einfach »erwachsen werden« bedeutet, anstatt auf ein selbstbestimmtes, glückliches Leben hinzuarbeiten. Wenn du ein Leben leben willst, das von Leidenschaft getrieben ist, wenn du wirklich etwas bewirken und für etwas kämpfen willst, das größer ist als du selbst, und anderen beweisen willst, dass eine einzige Person sehr wohl etwas bewirken kann, dann steht dir eine der härtesten Schlachten bevor, die du jemals austragen wirst. Doch es lohnt sich.

E.E. Cummings sagte einmal: »Niemand anderes als man selbst zu sein, in einer Welt, die Tag und Nacht ihr Bestes tut, um aus dir eine x-beliebige Person zu machen, bedeutet, die schwerste Schlacht zu schlagen, die ein Mensch je schlagen kann – und niemals aufzuhören zu kämpfen.« Er hatte recht. Was willst du also? Für was willst du in diesem Leben kämpfen? Wenn du das nicht weißt, helfe ich dir gerne, deine Leidenschaft zu entdecken.

Es ist wichtig auszublenden, was alle anderen denken – deine Freunde, deine Eltern, Lehrer, Kollegen und all die Fremden, die ebenfalls eine Meinung haben. Man kann sich leicht in dem Spiel verlieren, für alle anderen zu leben, nur nicht für sich selbst. Es ist leicht, sich vom Lärm verwirren, ablenken, alles komplizierter machen zu lassen. Ein Teil des Prozesses, herauszufinden, was du willst, ist, so lange in Stille zu verharren, bist du deine eigenen Gedanken hörst. Ich habe festgestellt, dass man nur in diesen stillen Momenten in der Lage ist, für sich selber zu denken. Wenn du den Mut hast, die Welt um dich herum zum Schweigen zu bringen, dann kannst du damit beginnen, dich zu fragen: »Für welche Sache lohnt es sich, jeden Morgen aufzustehen?« Das ist die wichtigste Frage, die du dir jemals selber stellen kannst, und wenn du dir nicht die Zeit nimmst, sie zu beantworten, wirst du dein ganzes Leben lang die Leere spüren und versuchen, sie mit allem Möglichen zu füllen, nur nicht mit dem, was du wirklich brauchst. Die Entdeckung der eigenen Leidenschaft ist eine Reise, und für manche ist es eine lebenslange Reise. Ich möchte dich nur daran erinnern, dass diese Leidenschaft in dir schlummert. Das verspreche ich dir. Du wirst sie finden, wenn du lernst, in dich hineinzuhorchen.

Manchmal hat es den Anschein, als wähle die Leidenschaft uns aus und nicht umgekehrt. Hätte meine Großmutter keinen behinderten Sohn gehabt, wäre der Kampf für die Rechte von Behinderten vielleicht nie ihr Thema gewesen. Hätte ich nicht an der Sprechprobe für das Theaterstück teilgenommen, hätte ich meine Leidenschaft vielleicht nie entdeckt. Aber ich weiß, dass wir beide eine Entscheidung treffen mussten, als wir diese Chancen vor uns liegen sahen. Wir konnten sie ergreifen, unsere Rüstung anlegen und den Rest unseres Lebens damit verbringen, für etwas zu kämpfen, an das wir glaubten. So wie wir alle einen Pfad verfolgen können, den jemand anderes für uns ausgewählt hat, hätten meine Großmutter und ich auch Scheuklappen anlegen und diese Herausforderungen ignorieren und uns weiterhin fernsteuern lassen können. Sie hätte eine graziöse Hausherrin und Ehefrau sein können, und ich hätte einen Job annehmen können, der mir viel Geld und regelmäßige Arbeitszeiten gebracht hätte. Ich kann nicht sagen, dass wir mit einem anderen Leben nicht auch hätten glücklich sein können. Aber ich weiß ganz sicher, dass ich das, was ich in ihren letzten Tagen in ihren Augen gesehen hatte, auch für mein Leben will. Und egal, welche Art Leben du führst, ich wünsche dir, dass du deine eigenen Entscheidungen triffst.

Es ist gut und richtig, loszulassen und sich dem Leben hinzugeben

Bei einigen von uns ruft die Bestimmung laut und deutlich, bei anderen ist sie eher ein leises Flüstern. Wie dem auch sei, wir sind alle zu etwas Besonderem berufen. Hab keine Angst, dass du nur eine einzige Chance hast, die du möglicherweise verpasst, wenn du nicht genau aufpasst. Türen zu deinem Traum gibt es überall, und wenn du bereit bist, wirst du sie sehen. Wenn du aber darauf wartest, dass jemand anderes deinen Traum für dich findet oder ihn dir auf dem Silbertablett präsentiert, dann viel Erfolg beim Warten.

Ich bin mir sicher, du hast gehört, wie deine Freunde ihre Partner als »das, was ich am wenigsten zu finden erwartete; das, wonach ich am wenigstens gesucht habe« beschreiben. Den Satz »Du findest die Liebe, wenn du es am wenigsten erwartest« hört man nicht ohne Grund so häufig: Er trifft zu. Das Gleiche gilt für die Entdeckung deiner Leidenschaft. Es mag widersprüchlich erscheinen, aber während ich dich dazu anspornE, das Kommando über dein Leben zu übernehmen, sage ich dir auch, dass es andererseits ebenso wichtig ist, sich dem zu ergeben, was das Leben für dich vorgesehen hat. Zu beidem in der Lage zu sein ist etwas, was mir in vielen Teilen meines Lebens immer noch Schwierigkeiten bereitet. Darüber werde ich an späterer Stelle noch sprechen. Wenn du dich selbst sehr gut kennst und weißt, was du willst, ist das eine große Hilfe. Dieselbe Fähigkeit, die dir ermöglicht, deine Leidenschaft zu entdecken, macht es dir auch leichter, einfach loszulassen und diese Leidenschaft auf dich zu kommen zu lassen. Wenn du dein bestmögliches Leben lebst und diese Reise genießt, kannst du ruhig ab und zu das Steuerrad loslassen und dich von der Welt dorthin tragen lassen, wo es ihr gefällt.

Die Leidenschaft, die ich im College entdeckte, kam völlig unerwartet, aber genau das ist der beste Teil der Entdeckung einer Sache, die dich innerlich aufrüttelt. Plötzlich spielte ich in einem Theaterstück mit. Das führte dazu, dass ich in den Medien arbeiten wollte, und das führte mich schließlich zu meiner Laufbahn als öffentliche Rednerin, die überall auf der Welt Vorträge hält. Das befremdete Erstaunen, das ich empfand, als ich meine Leidenschaft entdeckte, dauerte nicht lange, weil mich nichts jemals so bewegt hat wie der Einsatz von Medien und das Geschichtenerzählen mit dem Ziel, Menschen zu inspirieren und eine nachhaltige Wirkung zu erzielen.

Ich verspreche dir, dass dich dein Herz nicht in die Irre führen wird. Höre darauf, glaube an dich selbst und vertraue dir. Akzeptiere, dass dir etwas Großartiges bevorsteht. Und dann musst du so mutig sein, die Herausforderungen anzunehmen, die vor dir liegen, um deine Leidenschaft zu entdecken (unabhängig davon, ob es die ist, die du erwartet hast, oder nicht) und deine Bestimmung zu akzeptieren.

KAPITEL 2

DU BIST DAS WICHTIGSTE

»Mach keine faulen Kompromisse.
Du bist alles, was du hast.«
Janis Joplin

Schon als kleinen Kindern im Sandkasten wird uns beigebracht, mit anderen zu teilen. Zuerst lernen wir, dass, wenn wir unser neues Spielzeug mit unseren kleinen Spielkameraden teilen, Mom und Dad uns nach dem Abendessen mit einem Eis belohnen. Einige Jahre später merken wir, dass wir Freunde gewinnen, in der Schule beliebt sind und vielleicht sogar mehr Aufmerksamkeit von unseren Lehrern erhalten, wenn wir wissen, wie man teilt beziehungsweise »nett« ist und »schön zusammen spielt«. Zwar stecken hinter der Idee, Kindern das Teilen beizubringen, bestimmt lobenswerte Motive, aber als Erwachsene treiben wir es damit gelegentlich zu weit, zulasten unserer eigenen Interessen. Wir Frauen scheinen besonders anfällig für die Aufforderung zum Teilen zu sein, denn wir neigen dazu, unsere Bedürfnisse hintanzustellen und uns krummzulegen, um einem Kollegen bei der Fertigstellung eines Berichts zu helfen oder die Aufgaben einer Klassenkameradin zu übernehmen, die ihren Teil einer Gruppenarbeit nicht gemacht hat. Wenn wir das reflexartig tun und uns nur darauf konzentrieren, unsere Zeit und unsere Ressourcen zu teilen, ohne unsere eigenen Bedürfnisse zu berücksichtigen, schadet das unserer Gesundheit und unserer Zufriedenheit.

Sicher, Selbstlosigkeit fühlt sich oft gut an, und es *ist* auch gut, den Menschen in deinem Leben zu helfen. Aber hast du mehr als einmal Ja zu etwas gesagt und es dann hinterher bereut? Warst du jemals aggressiv gegenüber einer Person, der du zu helfen bereit warst, und wütend, dass sie dich »dazu gebracht« hat, deine Pläne zu ändern? Vielleicht denkst du daran, was du alles zu tun hast, aber beschließt dann, dass es einfacher ist, auf das Fitness-studio zu verzichten oder den Restaurantbesuch mit einer alten Freundin abzusagen, als deinen Chef oder Partner zu enttäuschen. Wenn die Selbstlo-sigkeit zu einem Automatismus wird, sodass du instinktiv immer zuerst an andere denkst, dann hast du das Gefühl dafür verloren, wer du bist und was du brauchst.

In meiner ersten langen Beziehung, als ich wie viele junge Mädchen un-sterblich verliebt und mein Freund der Mittelpunkt meines Lebens war, be-kam ich einen regelrechten Nervenzusammenbruch, als mir mein Freund eröffnete, er würde den Sommer durch Europa reisen. Nicht nur, dass ich ihn mehrere Monate nicht sehen und ihn vermissen würde, ich stellte mir natürlich außerdem all die schönen jungen Frauen vor, die er mit Sicherheit kennenlernen, die exotischen Weine, die er jeden Abend probieren würde, und die tollen Abenteuer, die ihn erwarteten – und von all dem würde ich ausgeschlossen sein.

Ich werde niemals die Frage vergessen, die er mir an diesem Tag stell-te. Inmitten meiner Panik regte sie mich nur noch mehr auf, aber rückbli-ckend hatte sie einen dramatischen Effekt auf den Rest meines Lebens. Er fragte mich: »Lex, was macht dich glücklich?« Damals hatte ich nicht den Mut, ehrlich zu sein, weil meine Antwort gelautet hätte: »Du« und ich mich augenblicklich dafür geschämt hätte, dass es nichts weiter gab als ihn. Ich erkannte, dass ich außerhalb der Beziehung mit ihm und der Verwirklichung seiner Träume kein eigenes Leben hatte. Nach dem College wollte er die Welt bereisen und snowboarden, und ich stellte mir vor, wie ich ihn begleiten und nebenher in einem Café arbeiten würde. Ich gründete mein Leben und mei-ne Zukunft auf seine Träume und verlor meine eigenen aufkeimenden Inte-ressen aus dem Auge. Jener Moment zwang mich zu erkennen, dass ich mir nie die Zeit genommen hatte, meine eigenen Leidenschaften zu entdecken und zu verfolgen. Ich erkannte, dass ich in meinem Bemühen, zu gefallen, selbstlos und eine gute Freundin zu sein, keine Ahnung hatte, wer Alexis Jones ohne diesen Typen war. Ich hatte mich selbst verloren, meine Stimme leise gestellt und mich ganz auf meinen Freund konzentriert. Traurigerweise war die Person, die mir aus dem Spiegel entgegensah, ein eindimensionaler, unsicherer Klammeraffe, der auf Kommando aus dem Fenster gesprungen wäre, wenn mein Freund es gewollt hätte.

Tatsache war, dass mein Freund mit siebzehn der Fixstern in meinem Universum war und ich erst erkannte, wie sehr ich und meine Identität von ihm abhängig waren, als er beschloss, alleine auf Reisen zu gehen. Daher hätte die Vorstellung, dass er durch Europa reiste (was natürlich eine unglaubliche Chance war), nicht bedrohlicher sein können. Ich war nicht nur eifersüchtig, weil er seine Leidenschaft ohne mich verfolgen wollte, sondern das Ganze stand mir wie eine große Mahnung dafür vor Augen, dass ich keine eigene Leidenschaft besaß.

Okay, ich will mal nicht so hart mit mir selber ins Gericht gehen. Wenn man jung und bis über beide Ohren verliebt ist und wenn es überdies auch noch die erste längere Beziehung ist, dann ist es schwer vorstellbar, nicht ständig mit dem geliebten Menschen zusammen zu sein. Seit unseren Kindertagen hören wir die Botschaft laut und deutlich, es sei romantisch, sich zu verlieren, vor allem wenn es aus Liebe geschieht. Und zugegeben, das ist in Ordnung! Es ist irgendwie witzig, die Prinzessinnenrolle zu spielen … zumindest eine Zeit lang. Was man uns nicht beibringt, ist, dass wir darüber unser eigenes Leuchten und unser Gefühl für uns selbst verlieren. Meine Freundin Julie erfuhr das auf schmerzhafte Weise, als sie entdeckte, wie viel sie auf dem Beziehungsaltar geopfert hatte.

JULIE SHANNAN (Non-Profit-Beraterin): Wenn das Leben mit deinem Freund nicht besser ist als ohne ihn, dann ist es Zeit, Auf Wiedersehen zu sagen. Es lohnt sich nicht, sich selber zu verlieren, um einen »Beziehungsstatus« zu erhalten. Ich habe das auf die schmerzhafte Tour am eigenen Leib erfahren.

Diesen Rat hatte ich mein Leben lang befolgt, bis ich mit Anfang zwanzig meine Studienliebe heiratete. Ich liebte alles an ihm und war so glücklich, »jemanden« zu haben. Das Leben scheint für Paare gemacht, und endlich hatte ich einen Partner. Nach unserer Heirat begann ich allmählich, mich selbst zu verlieren. Nicht absichtlich, und mir fiel es damals nicht einmal auf, aber Schritt für Schritt opferte ich meine eigenen Wünsche, um die Person zu sein, die – wie ich glaubte – seinen Erwartungen an eine Ehefrau entsprach. Er bat mich gar nicht darum, vielmehr war ich es, die keine Ahnung hatte, was mich wirklich glücklich machte. Ich nahm mir auch nicht die Zeit, um herauszufinden, dass man ein viel besserer Beziehungspartner ist, wenn man persönliche Zufriedenheit empfindet.

Allmählich gab ich meine eigenen Wünsche und Bedürfnisse für die Dinge auf, von denen ich glaubte, dass er sie wollte. Ich wollte es jedem recht machen, einschließlich meinem Mann, und dabei verlor ich mich langsam selbst. Diese schleichende Veränderung vollzog sich jedoch nicht lautlos. Ich erkenne inzwischen, dass ich einen inneren Kampf zwischen den Rufen meines eigenen Lebens und meiner Vorstellung von einer »perfekten« Partnerin führte. Ich wollte so sehr, dass er mich über alles liebte, dass ich meinen persönlichen Stil, meinen Einrichtungsstil und schließlich sogar einen Teil meiner kontaktfreudigen Persönlichkeit aufgab. Ich fühlte mich elend, wusste aber nicht, warum.

Wahrscheinlich ist es keine Überraschung, dass diese Ehe nicht hielt. Was ich allerdings am wenigsten erwartet hatte, war, dass die Trennung ein Segen sein würde. Der Verlust der Beziehung war für mich eine Katastrophe, aber irgendwie fand ich mich durch diesen Verlust selber wieder – meine innere Stimme, meine Träume. Ich fand heraus, dass ich eine gute Dekorateurin bin. Ich bin eine hervorragende Köchin und eine sehr gute Geschäftsfrau. Ich gewann mein Selbstvertrauen und mein Zugehörigkeitsgefühl zurück und fühlte mich in meiner Haut wieder wohl, und das ist viel wichtiger, als Teil eines Paares zu sein. Wenn man voller Selbstvertrauen und mit sich selbst zufrieden ist und sich in seiner Haut wohlfühlt, ist man auch ein besserer Partner. Außerdem lernte ich, dass der Versuch, jemanden oder sich selbst zu ändern und an eine Vorstellung von Perfektion anzupassen, ein unfehlbares Rezept für eine unglückliche Beziehung ist. Niemand ist vollkommen, aber das Letzte, was die Welt braucht, ist zwei Klone. Unsere individuelle Sichtweise, unser Stil und unsere Leidenschaft machen uns zu einzigartigen Menschen, und unsere Einzigartigkeit macht uns zu idealen Kandidaten für unsere persönliche Bestimmung. Diese Bestimmung, die jeder hat, hinterlässt irgendwie einen Eindruck auf die Welt und macht sie damit zu einem besseren Ort.

Habe keine Angst, du selbst zu sein, und zwar die beste Version deiner selbst. Und fürchte dich nicht davor, diesen Weg alleine zu gehen. Denn ob du einen Partner hast oder nicht, so oder so musst du deinen eigenen Weg gehen und bist für deine Wirkung auf die Welt selbst verantwortlich. Deine Einzigartigkeit ist ein Geschenk, und du wirst jemanden finden, der es gerne annimmt, anstatt zu versuchen, dich zu ändern. Verändere dich nicht, damit sich jemand in dich verliebt oder dich weiterhin liebt. *Wahre* Liebe bedeutet, dass dein Partner deine einzigartige Persönlichkeit liebt und schätzt und dich anspornt, deinen individuellen Lebensweg zu verfolgen.

Ein gesunder Egoismus

Ich bin ewig dafür dankbar, einen Freund gehabt zu haben, der mir unwissentlich eine der wichtigsten Lektionen meines Lebens erteilt hat: Er lehrte mich den Wert eines gesunden Egoismus. Ich lernte, dass ich auf keinen anderen Menschen eingehen kann, wenn ich nicht zuerst auf mich selbst eingehe. In einer Beziehung ist das nicht immer leicht, doch wir laufen ebenso Gefahr, uns an unseren Job, unsere Familie und Freunde zu verlieren.

Fang also damit an, egoistisch zu sein. Es ist verführerisch, den Tag damit zu beginnen, den E-Mail-Eingang und dein Handy auf Nachrichten von deinem Chef, deinen ehemaligen Klassenkameraden, Freunden und Familienmitgliedern zu prüfen. Das ist eine weitere Methode, andere voranzustellen, sich reaktiv zu verhalten und die Bedürfnisse der Absender über die eigenen zu stellen. Die wahre Frage lautet: Weißt du, was *du* brauchst, um Energie aufzutanken, wenn du morgens aufwachst? Wenn nicht, finde es heraus! Ob es Sport, ein gesundes Frühstück oder die Vorbereitung eines großartigen Lunchpakets, Meditation, Tagebuchschreiben, eine Unterhaltung mit einer Freundin, ein Spaziergang oder etwas anderes ist, das dich geistig und psychisch gesund hält, tue es. Deine eigenen Bedürfnisse zuerst zu befriedigen trägt dazu bei, dein Fundament zu legen beziehungsweise zu stärken. Es wird dich daran erinnern, wer deine oberste Priorität ist (du!), und dich mit Energie aufladen. Das ist viel besser, als in Panik ins Büro zu hetzen, um zu sehen, wer dich wohl braucht oder was du noch nicht erledigt hast. Wenn du nicht lernst, auf positive Weise egoistisch zu sein, dann ist es eine Frage der Zeit, dass du ausbrennst. Niemand wird dich glücklich machen oder dir ein erfülltes Leben bescheren. Wenn du darauf wartest, dass jemand das für dich tut, ist das eine Beziehung, die zum Scheitern verurteilt ist. Das können dein Freund, deine Freundin oder sogar eine Schwester oder ein Bruder, deine Eltern oder ein Mentor sein, auf den du dich verlässt. Aber wenn du nicht den Mut und die Kraft aufbringst, dich um dich selber zu kümmern, dann wirst du zum Anhängsel eines anderen Menschen, und das ist gefährlich für dich und für die Beziehung.

Ich bereue keinen Tag, den ich mit meiner ersten Liebe oder meinen weiteren Verflossenen verbracht habe. Sie waren alle perfekte Probefahrten, »Liebesversuchskaninchen« sozusagen. In jeder Beziehung machte ich viele Fehler, lernte aber auch sehr viel, und hoffentlich hat uns die Beziehung beide besser und stärker gemacht. Besonders dankbar bin ich für die Erkenntnis, dass ich mich selber finden muss – eine Erkenntnis, die ich im Verlauf meiner verrückten Beziehungsreise gewonnen habe. Was meine erste Beziehung angeht, war es schrecklich, etwas aufzugeben, das mich so viele Jahre ausgemacht hatte. Es war Furcht einflößend, bei – wie ich es empfand – null wieder anzufangen. Aber auf diese Weise habe ich herausgefunden, wer ich wirklich bin. Ich bin so stolz auf das, was ich heute bin, trotz der Wunden und Verletzungen, die ich auf dem Schlachtfeld der Liebe erlitten habe.

Ob es sich um deine Leidenschaft, deine berufliche Laufbahn, die Art, wie du deine Eier morgens zubereitet haben möchtest (denk an Julia Roberts in *Die Braut, die sich nicht traut*), oder die Art Mensch handelt, mit der du gerne eine Beziehung haben möchtest, man kann leicht in die Falle tappen, eine Rolle zu spielen, die jemand anderem auf den Leib geschneidert wurde. Wenn du das tust, erzeugst du eine falsche Version deiner selbst. Warte nicht bis zur Midlife-Crisis, um aufzuwachen und das Leben zu beginnen, von dem du immer geträumt hast. Mach es jetzt. Gewöhne dir an, auf deine eigenen veränderlichen Bedürfnisse und Wünsche zu hören, und lerne, sie zu befriedigen.

Beginne damit, jeden Tag oder jede Woche ein wenig Zeit dafür einzuräumen, genau das zu tun, was du willst, und zwar alleine. Wir sprechen immer davon, mehr echte Freizeit mit Freunden und Familie zu verbringen, um sich mal wieder auszutauschen und sich gegenseitig auf den neuesten Stand zu bringen, oder einfach nur, um zusammenzusein und gemeinsam etwas Neues zu erleben. Nun, das Gleiche gilt für deine Beziehung zu dir selbst. Auch wenn du wirklich tolle Freunde hast, mit denen du gerne jeden Tag zusammen bist, nimm dir Zeit für dich selbst; Zeit, die du ganz alleine verbringst. Und wenn du mit jemandem ausgehst, dann vergiss die Rendezvous mit dir selber nicht. Das mag albern klingen, aber es ist überaus wichtig, dass du dich zuerst um dich selbst kümmerst, und Zeit für sich selbst zu reservieren ist eine großartige Methode. Unternimm einfach eine Fahrt ins Blaue und dreh die Musik auf volle Lautstärke. Sieh dir einen Film an, den du schon immer sehen wolltest. Setz dich in dein Lieblingscafé und beobachte einfach die Leute, die ein und aus gehen. Oder lege dich einfach aufs Bett und lass deine Gedanken wandern, stöbere durch alte Fotoalben und lasse deiner Kreativität freien Lauf. Wenn dich die Inspiration packt, beginne zu schreiben oder fange deine Gedanken auf andere Weise ein, die dir gefällt.

> »Macht kann nur ergriffen, aber nicht gegeben werden. Der Prozess der ›Machtergreifung‹ ist an sich schon eine Ermächtigung.«
>
> Gloria Steinem

Als ich vor Kurzem zu Hause war, bat mich ein Typ, mit dem ich aufgewachsen war und dem ich viele Jahre lang immer wieder begegnete, mit ihm auszugehen. Das versprach, ein vergnüglicher Abend zu werden, aber ich hatte gerade für eine Woche Besuch gehabt und war ein wenig erschöpft. Anstatt seinem Vorschlag zu folgen, sagte ich ihm, ich sei leider beschäftigt, da ich bereits mit mir selbst verabredet sei. Er lachte und klang ein wenig verwirrt, also erklärte ich ihm, ich bräuchte einen Abend für mich selbst, würde mir Essen nach Hause bestellen, ein Bad nehmen, einen Film ansehen oder vielleicht ein Buch lesen. Ich fügte hinzu, ich hätte große Lust, mit ihm auszugehen, aber ich bräuchte einfach einen Abend, um meine Batterien aufzuladen. Anfangs fürchtete ich, diese Art von Grenzsetzung würde ihn verschrecken, allerdings reagierte er völlig anders. Ich vergesse nie, wie er sagte: »Das ist doch super. Ich finde es toll, dass du dir eine Auszeit für dich selber nimmst.«

Vielleicht tust du das schon. Das ist großartig! Vielleicht steht dir etwas anderes im Weg – du weißt genau, was du brauchst, und fühlst ganz intensiv, wie du es dir beschaffen kannst, aber irgendwie scheinst du es nicht umsetzen zu können. Die gute Nachricht ist, dass das schon die halbe Miete ist. Sich selber an erste Stelle zu setzen erfordert Mut und ein Selbstvertrauen, das wir nicht immer aufbringen. Und deine Außenwahrnehmung? Verbringst du viel Zeit und Energie damit, danach zu streben, das (auch unterstellte) Perfektionsbild eines anderen Menschen zu erfüllen, anstatt dich auf deine einzigartigen Bedürfnisse zu konzentrieren? Ich bin in die Falle des Perfekt-sein-Wollens für meine Exfreunde und Schulfreunde getappt. Und während ich versuchte, das zu werden, was ich für *perfekt* hielt, hörte ich auf, die Person zu sein, zu der sie sich ursprünglich hingezogen gefühlt hatten. Es brauchte eine Weile und mehrere zerbrochene Beziehungen, bis ich in der Lage war, mich aus dieser selbst verordneten Zwangsjacke zu befreien. Ich schloss einen Pakt mit mir selbst, nämlich dass ich mich nie mehr in einer Beziehung verlieren oder meine eigenen Gedanken und Gefühle ignorieren würde. Nimm das Selbstversprechen, dass du dir jeden einzelnen Tag deines Lebens selber treu bleibst, in dein persönliches Manifest auf.

Zu lernen, auf sich selbst zu hören, und zu wissen, was man braucht und wann man es braucht, ist der erste Schritt, um einen gesunden Egoismus zu entwickeln. Ihn zu verteidigen ist der nächste Schritt. Sage den Freunden deiner Eltern (ohne Schuldgefühle oder die ständige Wiederholung des Bedauerns), dass du an einem Abend, an dem du total erschöpft bist, leider nicht babysitten kannst. Teile deinem Chef in ruhigem Ton mit, dass du den Bericht nicht in vierundzwanzig Stunden erledigen kannst, ihn aber gerne in zweiundsiebzig Stunden abgibst. Das Ziel all dieser Übungen ist zu lernen, auf sich selbst achtzugeben, sich erreichbare Ziele zu setzen, realistische Erwartungen zu haben und Grenzen zu setzen, die du selber respektierst und von denen du erwartest, dass sie auch von den Menschen in deinem Leben respektiert werden.

Aber was soll ich sagen ...

... wenn meine Freundin mit mir ausgehen will, ich aber zu müde bin?

Freundin: Hey, ich gehe heute Abend in die Stadt und brauche weibliche Verstärkung. Du musst einfach mitgehen!

Du: Würde ich wahnsinnig gerne, und das klingt nach einem unterhaltsamen Abend, aber ich bin einfach tot und brauche einen Abend für mich, einfach zum Ausspannen. Tut mir leid, dass es heute nicht klappt, nächste Woche gehe ich gerne mit.

... wenn mein Partner unerwartet geplant hat, dass wir zu einer Sportveranstaltung, einem Konzert, ins Theater oder essen gehen.

Partner: Süße, ich habe ganz vergessen, dich zu fragen, aber ich habe XY gesagt, dass wir mit ihnen zum Footballspiel gehen. Können wir uns dort um 19 Uhr treffen?

Du: Mein Schatz, ich habe für heute mit keiner Verabredung gerechnet, und ehrlich gesagt, hatte ich geplant, zu Hause zu bleiben, mir etwas zu kochen und meine Lieblingssendung im Fernsehen anzusehen. Ich liebe dich, aber heute Abend bleibe ich einfach zu Hause. Bitte sage XY, dass ich mich aber sehr auf unser nächstes Treffen freue.

... wenn mein Chef mich um etwas bittet und ich Angst habe, Nein zu sagen.

Chef: Ich brauche diesen Bericht bis morgen Abend.

Du: Damit der Bericht die Qualität hat, die der Integrität und dem Ruf unseres Unternehmens entsprechen, braucht es mindestens zwei Tage. Ich mache meinen Job leidenschaftlich gerne, und ich weiß, dass eine durchgearbeitete Nacht, die nötig wäre, um das Dokument bis morgen Abend fertigzustellen, mich für den Rest der Woche außer Gefecht setzen würde. Ich möchte weder meine Gesundheit noch meine Produktivität oder meinen Arbeitsstandard gefährden. In zwei Tagen kann ich einen phänomenalen Bericht erstellen, von dem ich weiß, dass er Sie wirklich beeindrucken wird. Sind Sie damit einverstanden?

Wenn du deine Bedürfnisse hintanstellst, bist du wie eine vertrocknete Primel, die sich Sorgen darum macht, ob sie den anderen Pflanzen auch genug Schatten bietet. Wenn die Primel nicht genügend Wasser bekommt, verwelkt sie und stirbt, und dann kann sie sowieso niemandem mehr Schatten spenden. Ich war die Königin unter den Jasagerinnen und muss jeden Tag üben, Nein zu sagen. Denn wenn ich mich so zerreiße, dass ich mich irgendwann in einem Loch verkrieche und eine Woche lang krank bin, dann hat niemand etwas davon. Pflege deine Seele, verschaffe dir ausreichend Erholung, und schütze dich emotional vor Menschen, die dich auspressen. Wähle sorgfältig aus, wen du an dich heranlässt, und lerne, Nein zu sagen. »Nein, ich kann heute Abend nicht mit dir auf die Party gehen, aber danke für die Einladung.« »Nein, ich kann leider nicht als Aufsichtsratsmitglied in Ihrer Non-Profit-Gesellschaft tätig werden, wenngleich ich mich von diesem Angebot sehr geschmeichelt fühle, und ich werde das Unternehmen auch weiterhin unterstützen.« »Nein, ich bin nicht daran interessiert, mir dir auszugehen, aber vielen Dank, dass du mich gefragt hast.« Nein, nein, nein. Du hast alles Recht der Welt, Nein zu sagen, und es wird dich zu einer besseren Frau machen.

GINA RUDAN: (Autorin, Vordenkerin und Präsidentin von Genuine Insights Inc.): Meine Damen, hier die witzige Wahrheit: Zeitmanagement ist ein irreführendes Konzept. Wohlmeinende Frauen geben jedes Jahr viele Milliarden Dollar aus, weil sie denken, sie würden nicht genug aus ihrem Tag machen, und nehmen viel auf sich (unter anderem hohe Ausgaben), um ihr Leben besser zu organisieren, produktiver zu sein und das

Geheimnis zu lüften, wie sie es schaffen, jeden Punkt auf ihrer täglichen To-do-Liste abzuhaken.

Denk an die Routinen und Muster eines typischen Tags. Bist du der Typ A, der jeden Tag mit einem Angriffsplan beginnt und mit jeder abgehakten Aufgabe ein Gefühl der Befriedigung empfindet? Gleicht dein Tagesplan einer sorgfältig geplanten Militäraktion, bei der auf jedes einzelne Ziel mit viel Strategie und cleverer Taktik hingearbeitet wird, die garantieren, dass du alle erreichst? Oder gehst du den Tag entspannter an? Ein bisschen hier, ein wenig dort, aber ohne, dass du am Ende der 24 Stunden viel vorzuweisen hättest? So unterschiedlich diese beiden Ansätze auch sein mögen, sie haben einen Irrtum gemeinsam: Sie gehen davon aus, dass Zeit ein Werkzeug ist, das wir schwingen können wie eine Axt.

Ich weiß das, weil ich diesen Irrtum auch begangen habe. Ich war jemand, der jede abgehakte Aufgabe auf meinen unzähligen To-do-LListen gefeiert und geglaubt hat, das seien wichtige Dinge, die ich jeden Tag tun müsste, wenn ich es nur schaffen würde, mich und meine Zeit effizient zu managen. In meiner Vorstellung bewies das Abhaken von erledigten Aufgaben meinen Marktwert; je mehr ich erledigte, desto mehr war ich für meine Kollegen, Vorgesetzten, Freunde und Familienangehörige wert.

Ist dir klar, dass das weder eine realistische noch humane Art ist, Zeit zu betrachten? Der Versuch, Zeit zu »managen«, damit du deine Leistung steigern kannst, geht völlig am eigentlichen Wesen der Zeit vorbei. Es ist die Zeit selbst, die einen Wert besitzt, nicht die Millionen von Aufgaben und Pflichten, die wir in einem bestimmten Zeitrahmen meinen erfüllen zu müssen. Zeit ist kostbar, unsere persönliche Zeit ist begrenzt und die einzig wirklich wichtige Ressource, die deine Genialität unterstützt. *Manage* sie nicht, sondern *nutze* sie.

Zeit ist wichtig

Anstatt zu versuchen, deine Zeit zu managen, indem du dich auf Leistung und Ergebnisse fokussierst, denk darüber nach, wie du deine Zeit zur Pflege und Nährung deiner Genialität nutzen möchtest. Im Englischen sagt man, »Zeit *ausgeben*« (*spend time*) – denk einen Moment über den Akt des Ausgebens nach. Du triffst die Wahl, etwas zu erwerben, das für dich einen Wert besitzt. Du nimmst das Portemonnaie aus der Tasche, zählst sorgfältig dein sauer verdientes Geld ab und überreichst es, wofür du im Gegenzug das erworbene Gut erhältst. Zeit auf diese Weise zu betrachten verändert die Dinge, oder nicht? Und dies als innere Entscheidung und nicht als äußeren Druck zu betrachten macht es zu einer größeren Herausforderung, stimmt's?

Irgendwie haben wir die schlechte Angewohnheit entwickelt, der Zeit, die wir managen (Arbeitsstunden), mehr Wert beizumessen als der Zeit, die wir als *Frei*-zeit »ausgeben« (Abende, Urlaub, Sonntagmorgen). Tatsache ist, dass jede Minute des Tages – die Wachzeit genauso wie die schlafend verbrachte Zeit – frei und wertvoll, streng optional und eine stets verfügbare Währung ist. Und hier das eigentliche Problem: Zeitmanagement ist ein organisationstechnisches Vorhaben. Zeit ausgeben oder verbringen ist Ausdruck deines Lebenszwecks.

Warum, glaubst du, kannst du im Urlaub so gut deine Batterien wiederaufladen und dich deinem wahren Ich näherbringen? Weil du alles, was du im Urlaub machst, der Befriedigung deiner Leidenschaften, deiner körperlichen Bedürfnisse und intellektuellen Neugier dient. Im Urlaub bist du viel eher bereit »Warum eigentlich nicht?« zu sagen und eine neue Aktivität oder ein fremdes Essen auszuprobieren oder eine Stunde mit Dingen zu verbringen, für die du zu Hause nie Zeit aufwenden würdest. Du bist entspannter und offener und fühlst dich wagemutiger. (Paragliding? Mit einem Helikopter über einen Vulkankrater fliegen? Tangounterricht nehmen? Warum eigentlich nicht?) Und alles fühlt sich wie eine kleine Belohnung an, die du dir selbst gönnst. Das liegt daran, dass du zu 100 Prozent auf »Aufnahme« geschaltet hast. Im Urlaub geht es nur um Selbstpflege, Genuss und Auftanken. Du lenkst deine Energie nach innen, suchst nach Wohlbefinden, Einkehr und Freude und bewusster Ruhe. Du setzt dich neuen Bildern, Klängen und Erfahrungen aus, die dich fordern und bereichern. Anschließend kehrst du frisch und erholt nach Hause zurück; du hast dich und deinen Horizont in jeder Hinsicht erweitert.

Zu Hause in deinem zeiteffizient gemanagten Leben schaltest du auf »Geben«. Du richtest deine Energie auf die Dinge, die du glaubst, erreichen oder erledigen zu müssen, und das verbraucht deine Ressourcen, anstatt sie zu steigern. Routine verdrängt die Bereicherung. Dein Terminkalender zwingt dich zurück zu Arbeit, Aufgaben und Pflichten. Und auf deinen To-do-Listen finden sich keine Punkte wie »Abenteuer suchen« oder »Fahrradtour im Dämmerlicht«. Verstehst du jetzt, warum Genies auf solche Listen verzichten?

Vor einigen Jahren wurde mir klar, dass ich eine Sklavin des ergebnisorientierten Lebensstils geworden war, und traf die bewusste Entscheidung, meine Tage in erster Linie rund um die Dinge zu planen, die ich gerne tue, und auf die Aufnahme von Inhalten zu achten und sie zur vorrangigen Kraft in meinem Leben zu machen. Ich verpflichtete mich bewusst auf die Nutzung meiner natürlichen Ressourcen, um diesen Wandel zu vollziehen, und das Ergebnis war dramatischer, als ich es mir je vorgestellt hätte. Und hier die Lektionen, die ich auf diesem Weg gelernt habe:

Nähre zuerst deine Talente

Kennst du den Moment, wenn du in einem Flugzeug sitzt und die Flugbegleiterin kurz vor dem Start die Sicherheitsbestimmungen erklärt? Ich liebe den Teil, in dem sie erklärt, wie du deine eigene Sauerstoffmaske aufsetzt, bevor du jemand anderem dabei hilfst. Aus dem Blickwinkel eines Notfalls ist das nachvollziehbar, weil du einem Kind, das Hilfe beim Aufsetzen seiner Maske Hilfe braucht, nicht wirklich zur Seite stehen kannst, wenn du selber nach Luft schnappst. Das Gleiche gilt für deine Talente. Deine vorrangige Verpflichtung – dir gegenüber, deinen Kollegen und deinen Freunden und deiner Familie gegenüber – ist, dich zuerst um deine eigenen Bedürfnisse zu kümmern, damit du für andere nützlich und wertvoll sein kannst.

Ganz praktisch gesehen, besteht der beste Weg, das zu erreichen, darin, dich zuerst um die Entwicklung deiner eigenen Talente zu kümmern. Das bedeutet, Zeit auf deine eigene Entwicklung und dein eigenes Wachstum zu verwenden, bevor du irgendetwas anderes machst. In anderen Worten, du greifst nicht zuerst nach deinem Smartphone oder tauchst in deine E-Mails ein, bevor du dich nicht auf dich selbst konzentriert hast. Stattdessen stehst du eine Stunde früher auf, und zwar mit der ausdrücklichen Absicht, diese Zeit in deine Talente zu investieren, deine Neugier anzuregen, deinen Intellekt oder deine Kreativität zu fördern, indem du einen kurzen Spaziergang um den Block machst und deine Lungen mit der frischen Luft eines neuen Tages füllst, inspirierende Musik hörst, über Farben oder Licht oder irgendetwas anderes nachdenkst, das dich interessiert und das nicht zu den »anstehenden Aufgaben« gehört.

Das dient nicht nur dazu, dich dazu anzuspornen, deine Energie und deine besten Ressourcen früh am Tag zu nutzen, wenn sie noch unverbraucht sind, anstatt zu einem späteren Zeitpunkt des Tages, wenn sie bereits erschöpft sind. Dieses Vorgehen wird dazu führen, dass du neue Energie schöpfst und neue Ressourcen erzeugst, die dich durch den Tag bringen. Anstatt erschöpft und ausgelaugt zu sein, wenn du dich nach der Arbeit deiner Familie und deinen Freunden widmest, läuft dein Motor mit der zusätzlichen Energie, die du schon morgens erzeugt hast und die dazu führt, dass das Ende des Tages genauso schön und voller Energie ist wie der Anfang. Ein weiterer Trick, um das zu erreichen, besteht darin, sorgfältig bei der Erledigung der Transaktionen zu sein, die anstehen, nachdem du Zeit in dich selber investiert hast. Die Beantwortung von E-Mails, Rückrufe, Nebenprojekte und alles, was in die Kategorie fällt, die ich als beruflichen und privaten »Verwaltungskram« bezeichne, sollte zu einem späteren Zeitpunkt des Tages stattfinden. Diesen Wandel zu vollziehen mutet radikal an und du wirst vielleicht Probleme haben, ihn gegenüber deinen Kollegen und deinem Chef zu rechtfertigen, aber glaub mir: Wenn du diese Veränderung deines Tagesablaufs einmal vollziehst, werden sich alle darauf einstellen. Du wirst erheblich produktiver sein und die Qualität deiner Arbeit wird steigen. Die Menschen werden darum betteln, in die Arbeit zu gehen und mit dem »neuen Du« umzugehen, und werden nicht einmal bemerken, dass der Preis für dieses Privileg darin besteht, dass du ihre doofen E-Mails erst nach 15 Uhr beantwortest.

Das sind Entscheidungen, Leute! Jeder Tag besteht aus Dutzenden aufregender Entscheidungen, die die meisten von uns einfach nicht treffen. Oder, um genau zu sein: Wir treffen Entscheidungen, aber leider oft diejenigen, die uns und unseren Talenten abträglich sind. Dinge, die gelesen, gesehen, gehört, getan und ausprobiert werden wollen, liegen vor uns, und sie werden deine Genialität steigern.

Mein Vorschlag hat ein beinahe genauso dramatisches transformatives Potenzial wie das Morgenritual, dich zunächst um dich selber zu kümmern. Tue jeden Tag eine Sache, die eine bewusste Anstrengung darstellt, dich dem Außergewöhnlichen statt dem Gewöhnlichen auszusetzen, dem Profunden statt dem Banalen, dem Atemberaubenden statt dem Nervtötenden. Das ist so leicht, und die Belohnung dieser kleinen Anstrengung ist monumental.

Junge Frauen wie Gina pflegen zuerst ihr eigenes Ich und setzen zuerst ihre eigene Sauerstoffmaske auf, bevor sie versuchen, anderen zu helfen. Bevor du also morgens auch nur irgendetwas in Angriff nimmst, denk daran, dass deine Zeit kostbar ist – so wie du selbst auch. Also beginne, danach zu leben. Deine Zeit ist wichtig, deine Energien sind begrenzt und deine Aufmerksamkeit ist kostbar. Daher überlege dir gut, auf was und auf wen du sie verwendest. Du bist die Einzige, die diese Art Erwartungen festlegen und Menschen zeigen kann, wie sie dich behandeln sollen. Sei egoistisch und ich verspreche dir, dass alle davon profitieren werden.

Wenn man sich zu stark auf seine Leidenschaft fixiert – eine Geschichte zur Warnung

Wenn du dich jeden Tag zuerst um alle anderen kümmerst, bevor du dich um dich selbst kümmerst, kannst du leicht deine eigenen Bedürfnisse aus den Augen verlieren. Allerdings ist es auch überraschend einfach, sich selber zum Opfer der eigenen Leidenschaft, des Berufs und der Erwartungen der Gesellschaft zu machen. Mein Erfolg kam auf Kosten meiner persönlichen Zufriedenheit, meiner Beziehung zu den Menschen, die mir nahestehen, und letztlich auf Kosten meiner Gesundheit.

Ich war an meiner Wunschuniversität angenommmen worden und stellte fest, dass ich aufgrund der schwindelerregend hohen Studiengebühren gezwungen war, das zweijährige Graduiertenstudium in einem Jahr durchzuziehen, weil ich es mir sonst nicht hätte leisten können. Dann überzeugte ich die Mutter einer Freundin davon, mich in ihrer Garage wohnen zu lassen, um meine monatlichen Fixkosten zu senken, und suchte mir einen Job beim Fernsehkanal FOX Sports, um meine Rechnungen zu bezahlen. Ich denke mit bittersüßen Gefühlen an dieses Jahr zurück, das gleichzeitig eines der besten als auch eines der schwierigsten Jahre meines Lebens gewesen ist.

Um jeden neuen Monstertag bewältigen zu können, entwickelte ich einen strengen Tagesplan, dem zufolge ich um 4 Uhr morgens aufstand, meine Mahlzeiten für den Tag einpackte, drei unterschiedliche Garnituren Klamotten ins Auto warf und dann ins Fitnessstudio fuhr. Nach dem Training zog ich mich für die Arbeit um, frühstückte im Auto, während ich zu FOX in der Innenstadt von Los Angeles fuhr. Dort absolvierte ich einen vollen Arbeitstag, mampfte in meiner durchgearbeiteten Mittagspause nebenher ein Sandwich (sehr viel mehr konnte ich mir nicht leisten), um um 17 Uhr auf die Toilette zu eilen, mich zum dritten Mal umzuziehen und anschließend zur Uni zu fahren. Nach den Vorlesungen, die von 18 bis 22 Uhr dauerten, kam ich gegen 22.30 Uhr zu Hause an, machte meine Hausaufgaben bis 2

Uhr morgens und wachte anschließend nach nur zwei Stunden Schlaf wieder auf, um wieder von Neuem zu beginnen. Brutal.

Um den Stress zu bewältigen und (in guten Nächten) mit zwei bis drei Stunden Schlaf auszukommen, schlief ich ab Freitagabend 24 Stunden durch und verbrachte dann den gesamten Sonntag damit, Hausaufgaben zu machen und mich auf die folgende Woche vorzubereiten. So traurig, wie das von außen gewirkt haben mochte, war es ein wahnsinnig beeindruckender Lebensstil. Von allen Seiten wurden mir Lob und Bewunderung für meine, wie die Leute meinten, unglaubliche Leistung zuteil, aber keinem fiel auf, welchen Tribut diese Anstrengung von meinem Körper, meinem Geist und meiner Seele forderte.

Ich erinnere mich daran, dass ich am Steuer einschlief, Mahlzeiten ausließ, weil ich »keine Zeit« zum Essen hatte, und ganze Unterrichtsstunden vergaß, weil ich aufgrund des chronischen Schlafdefizits ein richtiggehender Zombie war. Ich wurde zum Einsiedler, sah meine Freunde wochenlang nicht und rief gelegentlich nicht einmal meine Familie zurück, weil ich dafür keine Lücke in meinem Zeitplan fand. Ich war so darum besorgt, die Fassade der Perfektion und der Zielerreichung zu wahren, dass ich vergaß, mich um mich selber zu kümmern und den Menschen, die mir im Leben wirklich wichtig waren, wenigstens ein bisschen Zeit einzuräumen.

Innerhalb von zwei Monaten wurde ich wegen chronischer Erschöpfung ins Krankenhaus eingeliefert. Es begann mit einer mörderischen Migräne, von der Art, dass dir bunte Kreise vor den Augen schwirren, du kaum atmen kannst und glaubst, du müsstest dich übergeben, während du dir gleichzeitig am liebsten den Kopf abreißen würdest. Mir wurde ein Medikament gespritzt und dann schickte man mich wieder nach Hause. Das Schlimmste war, dass ich, während ich, vor Schmerzen wimmernd, im Krankenhaus saß, immer daran denken musste, wie »ungelegen« das kam und wie sehr mich dieser Schwächeanfall in meinem Zeitplan zurückwerfen würde.

Offensichtlich hatte ich die Lektion noch nicht gelernt. Die zweite Chance dazu bot sich mir, als ich einen Monat später erneut eingeliefert wurde. Ich litt unter den gleichen Symptomen, nur dass ich dieses Mal hohes Fieber hatte. Derselbe Arzt, der bei meinem ersten Krankenhausbesuch Schicht hatte, behandelte mich auch dieses Mal, sah aber wesentlich besorgter aus. Das Fieber machte mich zur idealen Zielgruppe für bakterielle Meningitis, also bekam ich eine Lumbalpunktion und wurde über Nacht zur Beobachtung dortbehalten. Einige Tage später verließ ich das Krankenhaus, groggy, vollgepumpt mit Medikamenten, aber immer noch eifrig bestrebt, mein Studium fortzusetzen und mich bei meinen Professoren und Kollegen angemessen zu entschuldigen. Immer noch im Produktivitätsfieber, fragte ich mich, wie ich bloß all die verlorene Zeit wieder aufholen sollte, sah aber nicht ein, dass mein »Leistungsbedürfnis« einen außerordentlichen Preis hatte. Ich war in weniger als zwei Monaten zweimal im Krankenhaus gelandet und konnte immer noch nicht auf die Bremse treten und auf meinen Körper hören, der um eine Pause flehte.

Ich werde nie den ungläubigen Gesichtsausdruck des Arztes vergessen, als ich zum dritten Mal in der Notaufnahme erschien. Trotz seiner Warnungen hatte ich das hohe Tempo beibehalten, um nicht zu sagen, dass ich sogar noch zusätzlich Gas gegeben hatte, um die verlorene Zeit aufzuholen. Die Ärzte konnten nicht genau feststellen, was nicht mit mir stimmte, also führten sie alle erdenklichen Tests durch und alle waren positiv: Ich testete positiv auf Bronchitis, positiv auf Lungenentzündung, positiv auf Pfeiffer-Drüsenfieber. Ich hatte Kopfschmerzen, die mich fast lähmten, und hohes Fieber. Ich verbrachte fast eine Woche im Krankenhaus, und wie ich später erfuhr, war der Freund, der mich ins Krankenhaus gebracht hatte, nach seinen Worten von einem Krankenhausmitarbeiter gebeten worden, »sich von dir zu verabschieden«. Ich war so krank, dass die Ärzte nicht sicher waren, ob sich mein Körper erholen und ich *überleben* würde. Wie bitte?! Gott sein Dank kam es anders, und nachdem ich praktisch eine ganze Woche durchgeschlafen hatte, worum mein Körper anscheinend gebettelt hatte, dämmerte es mir endlich.

Einige Tage später kam der Arzt herein und setzte sich an mein Bett. Er fragte: »Was muss noch passieren, Alexis?« Er hatte mich bereits zweimal gewarnt, dass ich immer kränker werden würde, wenn ich meinen Lebensstil nicht änderte. Dieses Mal sagte er, mein Körper würde anfangen, systematisch den Betrieb einzustellen, weil ich keine Ruhe gab. »Du bist nicht Superwoman, Alexis. Niemand erwartet das von dir. Als Arzt muss ich dich warnen, dass du dir dein eigenes Grab schaufelst, wenn du dein Tempo nicht drosselst. Unsere Körper sind zerbrechlich, das Leben ist kostbar, und du, meine Liebe, nimmst es einfach für selbstverständlich.«

Diese eindrucksvollen Worte vergesse ich nie. Ich schien in jenem Jahr doch so überaus erfolgreich zu sein. Ich arbeitete bei einem prestigeträchtigen Fernsehsender, hatte mit 22 Jahren meinen Master-Abschluss gemacht, unterhielt einen legendären Sport-Blog über das USC Footballteam namens insideusc.com und plante sogar, an einem Triathlon teilzunehmen. In den Augen der Welt war ich perfekt. Aber die Wahrheit ist, dass es mich fast das Leben kostete. Was ist daran so beeindruckend? Wie der Mann hinter dem dicken Samtvorhang in *Der Zauberer von Oz* war ich nicht länger in der Lage, diese Fassade aufrechtzuerhalten.

Ich hatte keinen gesunden Egoismus. Mein Egoismus war schlecht und schädlich. Die Art von Egoismus, mit dem ich mein Leben riskierte, um andere Menschen zu beeindrucken. Nicht ein einziges Mal hatte ich darüber nachgedacht, wie sich die Erreichung meiner völlig unangemessenen und gefährlichen Ziele auf die mir nahestehenden Menschen ausgewirkt hätte, falls mir an jenem Tag im Krankenhaus tatsächlich etwas zugestoßen wäre. Natürlich ist das ein extremer Fall, aber im Kleinen tun wir jeden Tag das Gleiche. Ich möchte nicht, dass du Entscheidungen triffst, die auf Kosten deiner körperlichen oder geistigen Gesundheit oder deiner Lebenszufriedenheit gehen.

REBEKAH ILIFF (Autorin und Unternehmerin): *Perfektion ist:* du, so wie du bist, mit all deinen Fehlern, Fehlschlägen, Sommersprossen an den unmöglichsten Stellen und Überzeugungen, die einfach nicht so funktionieren, wie du gedacht hast. *Perfektion ist nicht:* die Vorstellungen und

Wahrnehmungen, die andere von dir haben und die für einen Menschen so eindeutig unerreichbar sind, dass es schon fast lächerlich ist.

Ich erinnere mich, dass ich vor mehr als zehn Jahren bei einem Ballettcasting irgendwo an der Westküste mit einer Reihe von anderen Mädchen, die auch darauf hofften, auserwählt zu werden, vor einer Spiegelflucht stand. Wer auch immer die Macht hatte, uns zu »berufen«, würde in uns etwas Besonderes sehen. Während wir nervös und angespannt darauf warteten, dass unsere Nummer aufgerufen wurde – einige wurden in den Warteraum geschickt, um auf die Schicksalsentscheidung zu warten, andere dagegen sollten eine weitere Runde an Pirouetten drehen –, hatte ich einen Augenblick der Erleuchtung, der heute noch so gut wie jede große Entscheidung bestimmt, die ich im Leben treffe.

Folgende Gedanken gingen mir durch den Kopf: »Ich bin es leid zu warten. Ich arbeite hart, ich weiß, dass ich gut bin, warum muss ich darauf warten, dass jemand anderes mir das sagt oder eine Entscheidung für mich trifft? Was mache ich hier? Ich verdiene etwas Besseres. Nein. Ich verdiene das Beste.«

Dann wurde ich wütend und dachte, »Das hier ist Sch...e.« Und das war's. Die Beleidigungen, die ständige Krittelei, die unaufhörliche Notwendigkeit, perfekt zu sein, schienen plötzlich so unattraktiv. Was einst eine Form des schönen und ästhetischen Ausdrucks meiner Seele gewesen war, war durch eine Kultur, die meinen wahren Wert nicht erkannte, ruiniert worden.

Ich war sauer. Ich bin mir nicht sicher, auf was genau, aber alles, was ich wusste, war, dass ich keine Lust mehr hatte, eine Rolle zu spielen, die nicht zu mir passte. Irgendwo, fast aus dem Nichts, kam ein Feuer, das sich unaufhaltsam auszubreiten schien. Ich war mir nicht sicher, welche Richtung es nehmen oder bis wohin es sich ausbreiten würde, aber ich wusste, es zu ignorieren würde den Verrat an einem universellen Plan für mich bedeuten, der sich nicht darum drehte, auf Zehenspitzen nach dem Taktstock anderer zu tanzen. Der Keim des Zweifels, der dich nach einem Leben voller Kritik plagt, ist nicht leicht zu ersticken. Ich musste die »Erleuchtungslektion« mehrere Male wiederholen – von der Entscheidung, die ich schließlich traf, einen Studienabschluss zu machen, bis zur Auflösung einer langjährigen Beziehung, die für mich letztlich nicht funktionierte. Immer wieder machte mich die Erkenntnis demütig, welch heimtückische Wirkung Selbstzweifel haben können, wenn sie nicht durch rigorose Selbstreflexion und Introspektion kontrolliert werden. Darüber hinaus musste ich mich von meiner bisherigen Vorstellung von Perfektion verabschieden und akzeptieren, dass Perfektion ein aberwitziges Ziel ist, das dich vereinsamen lässt, dich erschöpft und auslaugt.

Geliebt zu werden bedeutet, gehasst zu werden. Gut zu sein bedeutet, schlecht zu sein. Verstehst du? Egoistisch zu sein bedeutet, selbstlos zu sein, weil mit jeder Entscheidung, die wir treffen, jemand anderes die Dinge vielleicht anders betrachtet oder macht. Perfektion ist eben genau das: eine individuelle Wahrnehmung. Und es ist unsere Aufgabe zu entscheiden, welcher Vorstellung von Perfektion wir folgen wollen – unserer eigenen oder der Vorstellung anderer Leute.

Verwirkliche deine Träume, und träume in so großen Dimensionen, wie du es verdienst. Verfolge deine eigene Vorstellung von Perfektion und reserviere ein gewisses Maß an Liebe, Vertrauen und Mitgefühl für alles, was du tust, und jeden Menschen, den du kennenlernst. Der Rest ergibt sich von alleine.

Ich kann nicht sagen, dass ich eine perfekte Work-Life-Balance habe (wenn es so was überhaupt gibt), aber ich habe gelernt, dass, wenn ich mir selber nicht Priorität einräume und dafür sorge, dass meine Bedürfnisse erfüllt werden, ich auch für niemand anderes eine große Hilfe bin. Wie Rebekahs Geschichte deutlich macht, tappt man leicht in die Falle, andere beeindrucken zu wollen und danach zu lechzen, dass sie einem sagen, man sei erfolgreich, talentiert, wertvoll und was weiß ich noch alles. Ohne es zu wissen, verbringst du vielleicht sehr viel Zeit und Energie damit, die Fassade aufrechtzuerhalten, indem du mehr schulterst, als du eigentlich bewältigen kannst, und versuchst, es allen recht zu machen. Da mag zwar für den Moment befriedigend sein, aber langfristig geht die Anpassung an die Vorstellung anderer Menschen auf deine Kosten, und dieser Preis ist einfach zu hoch. Ich weiß, dass du viel mehr wert bist.

Vier Schritte zu einem gesunden Egoismus

Sich zur Angewohnheit zu machen, alleine zu sein und das eigene Zentrum zu finden, ist keine esoterische Idee, die ich von meiner Lieblings-Yogalehrerin aufgeschnappt habe (wenngleich sie hier zustimmt). Es ist bewiesen, dass die Zeit, die man mit sich selbst verbringt, positive Auswirkungen auf bestimmte andere Lebensbereiche hat. Leon Neyfakh berichtete im *Boston Globe*: »Immer mehr Forschungsergebnisse weisen darauf hin, dass Zeit, die man alleine verbringt, gut für uns sein kann – vorausgesetzt, man nutzt sie richtig ... und dass selbst die geselligsten Menschen regelmäßig Zeit alleine verbringen sollten, wenn sie eine vollständig entwickelte Persönlichkeit und die Fähigkeit zur Konzentration und zu kreativem Denken besitzen wollen.« Die Forschungsergebnisse deuten sogar darauf hin, dass »Zeit allein« gut für unser Sozialleben ist, weil »wir die Zeit, die wir in Gesellschaft anderer Menschen verbringen, viel besser ausschöpfen, wenn wir uns daneben ausreichend Zeit für uns alleine nehmen«.

Begriffen? Sich in einem sowieso schon hektischen Leben persönliche Freiräume zu schaffen kann allerdings sehr schwierg, wenn nicht sogar unmöglich erscheinen. Im Verlauf der Jahre habe ich festgestellt, dass die Konzentration auf einen gesunden Egoismus in vier zentralen Lebensbereichen dazu beiträgt, dass ich meine Bedürfnisse im Blick behalte und die übrige Zeit meines Lebens inspiriert und energiegeladen bleibe. Wenn ich die folgenden Punkte täglich beachte, dann profitieren alle davon:

1. Morgendliches Tagebuchschreiben oder Meditation
2. Fitnessstudio oder eine andere Form der körperlichen Betätigung
3. Gesunde Mahlzeiten
4. Zeit einräumen für die wichtigsten Menschen in meinem Leben

Die Kraft des Tagebuchs

Jeden Morgen verwende ich einige Zeit auf ein Gebet oder eine Meditation. Ich habe ein Tagebuch, das neben meinem Bett liegt, und ich beginne jeden Tag damit, dass ich mich auf mich selber besinne. Das ist der wichtigste Schlüssel zu meiner geistigen Gesundheit. Manchmal lasse ich einfach Luft ab, manchmal schreibe ich mir selber einen Liebesbrief (es ist so wichtig, die Dinge anzuerkennen, auf die man stolz ist), und manchmal schreibe ich meine Hoffnungen, Träume oder irgendetwas anderes auf, das mir in den Sinn kommt. Wie auch immer, es ist meine Zeit für mich, jeden Morgen, nur und ganz alleine für mich, die ich damit verbringe, einfach dazusitzen, nachzudenken und zu schreiben.

Ich merke, dass der physische Akt des Aufschreibens meiner Gefühle mir dabei hilft, Ideen, Träume und Vorlieben freizusetzen, die irgendwo in meinem Hinterkopf schlummern. Woher weißt du, dass du dich und deine Seele pflegst, wenn du dich nicht auf dich besinnst und nachsiehst, wie es dir geht? Außerdem hat das Aufschreiben guter, schlechter und hässlicher Dinge etwas Schönes, weil dein Tagebuch einerseits eine Art Zeitkapsel wird, die festhält, was dich zu einem bestimmten Zeitpunkt bewegt hat, und zugleich eine Methode, um deine Entwicklung zu messen. Oft blättere ich zurück zu Einträgen, die ich einige Monate zuvor gemacht habe, und lache über das, was zu dem Zeitpunkt, als es passierte, ein Riesenproblem zu sein schien. Ein Tagebuch kann dir ein aufschlussreiches Bild über dich selbst vermitteln.

>>*Deine Worte sind die Bausteine der Träume, die du verwirklichen willst. Deine Worte sind die größte Kraft, die du besitzt. Welche Worte du wählst und wie du sie gebrauchst, entscheiden, welches Leben du lebst.*<<

Sonia Choquette

Der Schlüssel zur Verwandlung einer Strategie in eine regelmäßige Gewohnheit, die deine Gedanken bündelt und fokussiert, liegt darin herauszufinden, was sich für dich am meisten bewährt, und das in eine tägliche Routine zu verwandeln. Wenn Schreiben nicht deine Sache ist, versuche es mit Meditation oder Gebeten. Ich habe oft zu viel Energie, um lange stillsitzen zu können; das Schreiben ist für mich eine Art schriftliche Meditation. Doch egal, für welche Strategie du dich entscheidest, finde etwas, das sich für dich gut anfühlt, weil es diese kostbaren Minuten am Tag sind, die dir in deinem Alltag Klarheit und Frieden verschaffen.

Neben den täglichen Tagebucheinträgen blicke ich jeden Morgen in den Spiegel, sehe mir direkt in die Augen, bevor ich aus dem Haus gehe, und sage zu mir: »Alexis, heute kümmere ich mich ganz besonders gut um dich. Du bist in guten Händen und ich liebe dich.« Und dann widme ich mich weiter meinem normalen Tagesablauf. Ich weiß, das klingt vielleicht komisch oder fühlt sich beim ersten Mal merkwürdig an, ein lautes Selbstgespräch zu führen oder sich selbst Liebesbriefe zu schreiben, aber die Wirkung dieser Selbstbestätigung lässt sich nicht leugnen. Wenn deine Eltern oder dein Partner dir sagen, wie wichtig du ihm oder ihnen bist, wie besonders du für andere bist, oder wenn sie dich anfeuern und sagen: »Zeig's ihnen«, fühlst du dich dann nicht besser, angespornt und geliebt? Nun, du musst nicht darauf warten, dass dich andere motivieren oder dir ein Sternchen in dein Fleißheftchen kleben. Dein eigener bester Freund zu werden erfordert die Bereitschaft, die Beziehung, die du zu dir selber hast, zu pflegen und an ihr zu arbeiten, so wie du auch die wichtigen Beziehungen zu anderen Menschen pflegst. Ob du an einem stressigen Tag fünf Minuten oder fünfundvierzig Minuten mit deinen eigenen Gedanken verbringst, du musst dir selber klarmachen, dass du diese Zeit wert bist.

Meine Freundin Noa brauchte viele Jahre, um die positiven Effekte eines gemächlicheren Lebenstempos zu entdecken, sodass sie auf die Bedürfnisse ihres Körpers und ihrer Seele hören konnte. Als sie lernte, wie sie das zu einer täglichen Angewohnheit machen konnte, lösten sich zahlreiche der Dämonen, mit denen sie zuvor gekämpft hatte, in Luft auf.

NOA TISHBY (Schauspielerin, Produzentin, Aktivistin): Als ich gebeten wurde, meine persönlichen Erfahrungen aufzuschreiben und jungen Frauen Ratschläge zu erteilen, wusste ich, dass ich über das Thema Körpergewicht schreiben wollte. Dieses Thema liegt mir besonders am Herzen, und es ist möglicherweise eines der drei wichtigsten Themen, mit denen sich junge Frauen neben ihrer Karriere und der Liebe heutzutage beschäftigen. Los geht's also.

Ich war ein optisch durchschnittliches Baby, ein durchschnittliches Kind. Nicht hässlich, aber auf jeden Fall auch keines dieser Mädchen, die immer wieder hören, wie hübsch sie sind. Ich trug einen Igelschnitt, Shorts und Sandalen. Ich kletterte auf Bäume und wurde meist für einen Jungen gehalten. Irgendwann, so in der fünften Klasse, geschah etwas. Ich wuchs. Meine Haare wurden immer länger. Mein Vater heiratete zum zweiten Mal, eine sehr reizende Frau, die mich zum Einkaufen mitnahm und mich in schicke Kleider steckte. Plötzlich veränderten sich die Leute um mich herum. Ich für meinen Teil war immer noch dieselbe, aber die Leute betrachteten mich mit anderen Augen. Plötzlich war ich irgendwie hübsch. Ich fing an zu schauspielern, bekam ein Traumstipendium und wurde für kleinere Rollen und Werbespots gebucht. Das Leben war großartig … bis die Pubertät einsetzte.

Ich war als Kind immer sportlich, schwamm, machte Gymnastik und dachte nie über mein Gewicht nach. Mit der Pubertät kamen die Hormone und mit den Hormonen zusätzliche Pfunde. Irgendwie blieben sie an mir kleben, und mit fünfzehn war ich ein molliger Teenager. Hübsch, aber mollig. Das Entertainmentgeschäft ist besonders grausam, wenn es um das Gewicht geht, und ich bekam Sätze zu hören wie: »Du bist so hübsch, wenn du nur ein paar Kilos abnehmen könntest.« Immer und immer und iiiiimmer wieder bekam ich das zu hören. Als ich sechzehn war, spielte ich in einem Musical mit, umgeben von spindeldürren Tänzerinnen. Je größer der Druck, dem ich mich ausgesetzt fühlte, desto mehr wollte ich essen. Mit siebzehn begann ich, mir den Finger in den Hals zu stecken – erst stopfte ich Unmengen von Essen in mich hinein und dann ging ich auf die Toilette und übergab mich. Das Musical wurde ein Riesenerfolg und ich wurde in meinem Heimatland Israel so etwas wie ein Star. Ich trat in Talkshows auf und zierte die Titelblätter von Zeitschriften, und wo immer ich auftauchte, kreischten die Fans. Aber ich hasste mich.

Bei allem, was ich tat, fragte ich mich: »Sehe ich dick aus?« Die Jahre vergingen und ich wurde immer erfolgreicher. Ich spielte die Hauptrolle in einer überaus beliebten Fernsehserie, die zur besten Sendezeit ausgestrahlt wurde, ich war ein echter Star in Israel – und fühlte mich einfach nur jämmerlich. Ich erschien stets extrem selbstbewusst und trat furchtbar aggressiv und laut auf, um das Gefühl von Ohnmacht zu kompensieren. Ich meine, wie schwer kann es sein, ein paar Kilos abzunehmen? Nun, es war schwer. Für mich war es damals unmöglich.

Mit Mitte bis Ende zwanzig änderte ich mein Leben und meine Karriere radikal. Ich zog in die USA und begann einen langen und erschöpfenden Prozess der Selbstfindung und des Selbstverständnisses, machte Therapien und studierte alles von Kabbalah bis zu Programmen der persönlichen Weiterentwicklung der Organisation Landmark Worldwide, in der Absicht, mich selbst zu verstehen und die Kräfte zu verstehen, die mich antreiben. Im Zuge dieser beeindruckenden Selbstfindung ploppte auch das Problem meiner eigenen Körperwahrnehmung auf. Das war überaus befreiend.

Ich erkannte, dass mich nicht die überschüssigen Pfunde in ein Gefühl der Ohnmacht versetzten, sondern die Unterhaltung, die in meinem Kopf über diese Pfunde stattfand. Ich hörte ganz aufmerksam auf meine Gedanken. Und die waren ziemlich abwertend. Sie klangen etwa so: »Du siehst furchtbar aus! Du bist schwach! Du wirst es nie schaffen! Alle verurteilen dich!« Wir sind immer so gemein zu uns selbst. Wir würden nie zulassen, dass eine andere Person so mit uns spricht, wie wir mit uns selbst umgehen, wenn uns niemand zuhört!

Im Verlauf dieses Prozesses begann ich ganz sanft und allmählich meine geistige Aufmerksamkeit zu verlagern. Ich dachte nicht mehr über Gewicht oder Essen nach, sondern konzentrierte mich darauf, diese Stimmen in meinem Kopf zum Verstummen zu bringen. Ich beschloss, diese kräftezehrenden Sätze, die ich im Geiste an die Themen Gewicht und Essen gekoppelt hatte, aus meinen Gedanken zu verscheuchen.

Es bedurfte bewusster mentaler Disziplin, um meine Denkweise zu verändern, aber wenn man etwas unbedingt erreichen will, dann schafft man es auch. Als Ergebnis passierten einige Dinge. Erstens begann ich auf meinen Körper zu hören anstatt auf die Stimmen in meinem Kopf. Was will ich wirklich? Was braucht mein Körper gerade? Ist mir wirklich nach Schokolade, oder fürchte ich mich vor etwas, esse ich aus Panik oder Langeweile? Ich erkannte, dass mein Körper sehr klar zu mir spricht, wenn ich auf ihn höre. Manchmal braucht er einen Salat und manchmal einen Keks. Aber er braucht eigentlich nur *einen* Keks und nicht die ganze Schachtel. Und schließlich überwand ich auch die Bulimie. Ich brauchte sie nicht mehr.

Das Zweite, das ich herausfand, war, dass ich eben bin, wie ich bin. Ich bin gesund, ich treibe Sport und ernähre mich vernünftig, und nur darauf kommt es an. Ich bin keine Kleidergröße 34 und werde es auch nie sein. Ich bin von Haus aus kurvenreich, und weißt du was? Manche finden das sogar sexy.

Ich habe etwas ganz Wichtiges erkannt. Niemand kann eine bessere Version von Noa Tishby sein als ich. Niemand. Ich bin vielleicht nicht jedermanns Sache und ich eigne mich bestimmt nicht als Bikinimodell, aber sch… drauf. So bin ich eben.

Und du bist eben, wie du bist.

Anstatt also zu versuchen, in irgendeine Schablone zu passen – Kleidergröße, Farbe, Freund oder Beruf –, finde lieber heraus, wer du bist und was deine wahre Stimme in dieser Welt ist. Es ist nicht sinnvoll zu versuchen, jemand zu sein, der man nicht ist. Es gibt einen Grund dafür, dass du so bist, wie du bist, und es ist deine Aufgabe herauszufinden, wie er lautet, weil niemand – und ich meine wirklich niemand – eine bessere Version deiner selbst sein kann als du.

Und wenn den Leuten nicht gefällt, was sie sehen, dann sollen sie doch woanders hingucken.

Fit for fun

Ich bin mit viel Sport aufgewachsen, daher ist Sport schon immer ein fester Bestandteil meines Lebens gewesen und kein Punkt auf meiner To-do-Liste, den ich abhaken muss. Wenn ich mehr als zwei oder drei Tage ohne jede Körperbewegung bin, dann gerät mein Körper aus dem Takt und mein Geist gleich hinterher. Ich fühle mich besser, habe mehr Energie und Disziplin in anderen Lebensbereichen, wenn ich meinen Sport wichtig nehme.

Sobald ich nicht trainiere und nach einer Tüte Chips greife, weiß ich, dass ich aus der Balance geraten bin. Das ist mein Signal, dass »Mama gestresst ist«, weil ich aufgehört habe, mich um mich selbst zu kümmern. Mein Tag ist dann am besten, wenn ich morgens früh aufwache, Tagebucheinträge mache und ins Fitnessstudio gehe. Wenn du darüber stöhnst, wie hart sportliche Betätigung ist, oder wenn du meinst, Sport sei einfach »nicht deine Sache«, dann aufgepasst: Wenn sportliche Betätigung einfach wäre, würden wir alle mit einem Waschbrettbauch und marathonähnlicher Ausdauer durch die Gegend laufen. Amen?! Dein bestmögliches Leben zu leben erfordert häufige und intensive körperliche Aktivität. Da führt kein Weg drum herum. Und sich die Bewegung zu verschaffen, die du brauchst, erfordert Engagement und Disziplin, vor allem an den Morgen, an denen du am liebsten auf den Wecker hauen und weiterschlafen würdest.

Sich gut zu fühlen setzt beträchtliche Anstrengung voraus. Hör nicht auf Leute, die dir einen billigen, schnellen und leichten Weg anbieten, fit zu werden. Sie belügen dich. Nur damit du es weißt: 98 Prozent der »Diäten« funktionieren nicht. Es gibt keine bequeme Abkürzung zu Fitness und Gesundheit. Es gibt aber Möglichkeiten, mehr Spaß am Sport zu haben. Dazu braucht es nur ein wenig Kreativität.

Wenn du die Ausrede »Ich hasse Sport« verwendest, um körperliche Anstrengung zu vermeiden, bedeutet das nur, dass du dir nicht die Zeit genommen hast herauszufinden, welche körperlichen Aktivitäten dir Sapß machen. Ob du ins Fitnessstudio gehst, einem Sportverein beitrittst oder Yoga, Pilates oder irgenwelche anderen Kurse vorziehst, es gibt so viele Dinge, die man tun kann, um den Herzschlag zu beschleunigen und das Gehirn zur Ruhe zu bringen. An manchen Tagen, wenn ich mich wirklich gestresst und unter Zeitdruck fühle, ziehe ich mir die Turnschuhe an, nehme mein Mobiltelefon und rufe Leute zurück, während ich um den Block jogge. Es ist unglaublich, wie leicht ich mehr als eine Stunde laufen und gleichzeitig Arbeit erledigen kann. Egal, was du dir selbst einredest, du hast immer die Zeit, körperlich aktiv zu sein. Der Trick ist, Sport an vorderste Stelle zu setzen und ihn fest in deinen Terminkalender einzuplanen.

Der Nutzen daraus ist überwältigend. Sport soll natürlich nicht die einzige Quelle deines Selbstvertrauens sein, aber wenn du dich fit fühlst, fühlst du dich in jeder Hinsicht besser, einschließlich deiner äußeren Erscheinung. Und diese Art Selbstvertrauen kann zumindest dazu führen, dass dein Tag schon mal richtig beginnt. Gut auszusehen kann ein toller Motivator sein. Das gilt aber auch für die Vorteile, die man nicht sofort sieht. Regelmäßige sportliche Betätigung verbessert deine Ausdauer, gibt dir mehr Energie und mehr Kraft. Und wenn dein Herz schneller schlägt, wird dein Gehirn besser mit Sauerstoff versorgt, und das lässt das ganze System besser arbeiten.

Ein fitter Körper sagt auch viel darüber aus, wer du bist und was dir wichtig ist. Er macht das Unsichtbare sichtbar, deine Arbeitsmoral, Entschlossenheit, Widerstandskraft, Engagement und Selbstdisziplin. Natürlich gibt es medizinische Gründe, die unzählige Menschen davon abhalten, so fit zu sein, wie sie gerne wären, aber bei einer durchschnittlichen gesunden Person verrät der Körper viel über die Selbstwahrnehmung und das Gefühl für den eigenen Körper. Wenn du dich pflegst und dich unabhängig und selbstbestimmt fühlst, möchtest du dich gut ernähren, Sport treiben und toll aussehen. Das Gegenteil trifft auch zu. Wenn du nicht auf dich achtest, keine guten Entscheidungen triffst und dich nicht um dich kümmerst, dann spricht das Bände über dein Selbstwertgefühl. Du verdienst, die beste Version deiner selbst zu sein. Doch die bist du nicht, wenn du deinen Tank mit dem falschen Treibstoff füllst und deinem Körper nicht die Bewegung verschaffst, die er braucht.

Wenn du Sport nicht an vorderste Stelle setzt, kann dich die kleinste Sache aus der Bahn werfen. Eine meiner Freundinnen erzählte mir, sie habe immer einen gesunden Snack zur Hand, wenn sie Hunger bekomme – ob es eine ins Kino geschmuggelte Tüte Weintrauben, eine Handvoll roher Mandeln in der Handtasche oder die Proteinriegel im Handschuhfach ihres Autos sind. Außerdem habe sie immer eine Sporttasche im Kofferraum, so könne sie sich nie herausreden, sie habe ihre Sachen nicht dabei. Ich habe mir daran ein Beispiel genommen und habe nun auch immer eine Garnitur Sportklamotten im Kofferraum, genauer gesagt: einen Badeanzug, eine Badekappe und eine Schwimmbrille, Fahrradschuhe, Wanderstiefel, einen Sport-BH, Shorts, ein Tanktop, eine Yogamatte, Tennisschuhe, einen Volleyball und sogar einen Baseballschläger und einen Fanghandschuh. Meine Philosophie lautet, dass körperliche Aktivität mein tägliches Abenteuer ist, daher bin ich stets darauf vorbereitet, meinen Körper zu fordern. Ich tue mein Bestes, um mein Bestes geben zu können, weil ich entschlossen bin, mich gut um mich selbst zu kümmern.

Es ist wichtig, dass du deinen eigenen Rhythmus findest und die Tricks herausfindest, die sich für dich bewähren. Doch egal, für welche Aktivität du dich entscheidest, plane jeden Tag eine bestimmte Zeit für körperliche Betätigung ein, die deinen Körper fordert und deine Glieder bewegt. Kämpf gegen die Verführung an, den Wecker auszustellen, und entscheide dich dafür, dir selbst Gesundheit zu schenken – jeden Tag.

Gute Ernährung

Gute Ernährung geht Hand in Hand mit Sport. Früher war das eines meiner größten Problemfelder – das ist es, glaube ich, für die meisten Frauen. Meine wahre Liebe (und gleichzeitig mein größtes Verderben) waren Süßigkeiten. Ich hätte mich ohne Weiteres von Schokoladenkeksen ernähren können. Als ich an der Realityshow *Survivor* teilnahm, war eine meiner Belohnungen, in 60 Sekunden so viel Schokoladenkuchen zu essen, wie körperlich möglich ist. Ich dachte, ich wäre gestorben und sei im siebten Himmel gelandet, allerdings nur, bis mir so schlecht wurde wie einer Zehnjährigen, die zu Halloween zu viele Bonbons gegessen hat.

Unglücklicherweise gelang es mir nicht, Schokolade (oder andere Süßigkeiten) in Maßen zu essen. Ich stopfte sie in mich hineine, wenn ich müde, gelangweilt, hungrig, satt, gestresst, in Feierlaune, deprimiert, traurig, glücklich, niedergeschlagen oder wütend war, wenn ich Geburtstag hatte oder andere Geburtstag hatten, an allen Feiertagen, an einem x-beliebigen Dienstag- oder Sonntagabend. Einige bezeichnen das als emotionale Esslust. Ich nannte es leben! Du verstehst schon. Ich konnte tausend Erklärungen und Rechtfertigungen finden, um eine halbe Tafel auf einmal zu verschlingen oder ein Stück Schokotorte mit zwei Kugeln Vanilleeis.

Das Problem ist, dass im Allgemeinen irgendetwas anderes nicht mit mir stimmt, wenn ich zu Schokolade greife. Wenn ich gestresst bin, gehe ich zum Kühlschrank oder zum Küchenschrank und lasse mich gehen. Ich besitze Selbstbeherrschung, wenn ich zentriert und fokussiert, voller Selbstvertrauen und Energie bin. Aber wenn ich enttäuscht, überwältigt oder irritiert bin und das Gefühl habe, die Wellen schlagen über mir zusammen, dann greife ich zur größten Ablenkung aller Zeiten: Reese's Erdnussbutter-Cups.

Ich habe gelernt, dass ich in diesem Punkt besonders hart an mir arbeiten muss. Mein Lieblingsgericht ist Pizza. Ich bin eine Tex-Mex-Connaisseurin und nur wenige Dinge machen mich so glücklich wie ein Burger, ein Milchshake und Pommes. Aber wenn ich dieses Zeug ständig essen würde, wäre ich eine dumpfe, lethargische und ungesunde Version meiner selbst und unfähig, die Energie aufzubringen, um meinen Träumen nachzujagen.

Natürlich gibt es in meiner Ernährung auch Raum für gelegentliche Schlemmereien. Meistens treffe ich jedoch gesunde Ernährungsentscheidungen, weil ich entschlossen bin, mich gut um meinen Körper zu kümmern. Der Grund, warum Eltern ihre Kinder nicht jeden Tag Halloween-Süßigkeiten essen lassen, lautet, dass sie gesunde Kinder haben wollen. Also versuche ich, so fürsorglich und beschützend zu mir selber zu sein wie eine Mutter zu ihrem Kind. Ich verdiene, mich gesund zu ernähren und meinen Körper mit qualitativ hochwertigem Treibstoff zu versorgen.

Es sind die kleine Siege im Leben, die das Selbstvertrauen stärken. Jedes Mal, wenn ich beschließe, gesund zu essen, zeige ich Wertschätzung gegenüber mir selbst. Durch meine Handlungen zeige ich mir selber, dass ich es wert bin, gut versorgt zu werden, und dass ich auch so handle, wenn man mir die Wahl lässt. Wenn ich in Versuchung gerate, sage ich mir: »Nichts schmeckt besser, als sich fit zu fühlen.« Das ist ein kleines Mantra, das ich von Tony Robbins gelernt habe. Im Geiste sehe ich mich als starke, schlanke Frau mit endloser Ausdauer und plötzlich bin ich bereit, die Entscheidung zu treffen, die auf diese Vision hinarbeitet, anstatt die einer jungen Frau, die auf dem Sofa abhängt, Fast Food in sich hineinstopft und so schlapp ist wie ein welkes Salatblatt. Es hilft auch, wenn ich mir einen gesunden Körper und Lebensstil vorstelle, bevor ich ins Restaurant gehe, in dem ich unbedingt Chicago Pizza bestellen will, weil die sofortige Bedürfnisbefriedigung einfach zu verführerisch ist. Stattdessen beschließe ich im Voraus, dass ich einen Spinatsalat mit viel Gemüse bestellen und eine Ecke Pizza (nicht acht) vom Teller meines Bruders stehlen werde. Ich kann mich entspannen und die Gesellschaft meiner Begleiter genießen, anstatt mich darauf zu konzentrieren, gegen meinen Heißhunger anzukämpfen.

Außerdem befestige ich im ganzen Haus Klebezettel mit meinen Zielen, denn wenn ich hungrig und gestresst bin, brauche ich all diese Erinnerungen, um nicht in eine Keksdose zu fallen. Eine weitere Sache, die ich gelernt habe, ist, dass ich manchmal gar nicht hungrig bin, wenn ich glaube, es zu sein, sondern eher durstig. Ich habe in einem Gesundheitsmagazin gelesen, dass der Körper eine ähnliche Botschaft aussendet, wenn er mehr Wasser braucht, die wir aber oft als Hunger interpretieren. Ich habe diesen Hinweis überprüft, als ich an der Realityshow *Survivor* teilnahm, und es stimmte. Mein Körper reagiert auf Durst genauso wie auf Hunger. Wenn ich mich heute ein wenig hungrig fühle, dann fülle ich mich mit einem Kanister Wasser ab und oft ist es genau das, was mein Körper braucht.

Zeit für meine Lieben

Der vierte Schlüssel zu einem gesunden Leben besteht darin, Zeit für die wichtigsten Menschen zu schaffen. Oft stelle ich fest, dass ich ein paar Mußestunden mit einer Freundin oder einem Verwandten brauche, wenn ich unausgeglichen oder schlecht gelaunt bin. Nichts lenkt meine Gedanken so ab und hilft mir so, Stress abzubauen, wie mit einem meiner liebsten Menschen auf dem Sofa zu sitzen. Irgendetwas an dem vertraulichen Austausch mit einem anderen Menschen hilft mir, mein Leben besser zu verstehen, und umgekehrt bin ich auch für andere da.

Erst vor Kurzem habe ich die Lektion gelernt, dass Qualität wichtiger ist als Quantität, und das hat meine Beziehungen drastisch verändert. Nicht dass ich keine Zeit für Bekanntschaften habe, aber inzwischen nehme ich mir ganz bewusst Zeit für die wichtigsten Menschen in meinem Leben. Ich werde nie vergessen, wie meine Großmutter sagte: »Am Ende eines sehr langen Lebens hast du alles, was du dir wünschen kannst, wenn du deine Familie und eine Handvoll guter Freunde hast.« Das habe ich mir wirklich zu Herzen genommen. Ich achte nun bewusster darauf, wo ich meine Zeit verbringe und mit wem, weil ich Beziehungen unterhalten möchte, die das, was ich bin und wer ich sein möchte, stärken, aufbauen und unterstützen.

Anstatt also in einer großen Abendrunde mit allen ein bisschen zu plaudern (obwohl das nach wie vor Spaß macht), versuche ich, Zweiertreffen für ein intensives Vier-Augen-Gespräch beim Kaffee, Mittagessen oder einer anderen Gelegenheit einzuplanen. Die Intimität dieses Austauschs macht unsere Gespräche authentischer und uns selbst verletzlicher. Das macht meine Beziehungen nicht nur stärker und enger, sondern ich selbst werde dadurch auch zu einem besseren und erfüllteren Menschen, weil meine Beziehungen und unser Austausch an Tiefe gewinnen.

PAUSE! Eine kleine Besinnung darauf, sich selbst zu lieben

Ich weiß, dass wir alle unsere merkwürdigen Ticks haben, die uns dabei helfen, die Herausforderungen des Lebens zu bewältigen und den oft unerträglichen Stress abzumildern, dem wir regelmäßig ausgesetzt sind.

Wie erwähnt, hatte ich die Neigung, Essen in mich hineinzustopfen, wenn ich mich nicht mit meinen Gefühlen auseinandersetzen wollte. Was auch immer du für fragwürdige Strategien hast: Wenn du feststellst, dass du darauf zurückgreifst, dann mach folgende Schritte, um diesen Zyklus zu durchbrechen:

Schritt 1: Bevor du irgendetwas tun kannst, um dieses Verhalten zu ändern, musst du natürlich erkennen, dass du – ganz wertfrei – dich auf eine bestimmte Art und Weise verhältst. Ob es Nägelkauen ist, hemmungsloses Essen, das eine (oder auch vier) Extraglas Wein, Rauchen, Pillenschlucken, das gedankenlose Anstellen des Fernsehers oder womit du dich auch immer betäubst, nimm dir eine Minute, um dir bewusst zu machen, was du tust, und sage dir in aller Ruhe: »Du machst es.« Für mich war es immer: »Lex, du tust es schon wieder. Du bist dabei, eine große Schachtel Donuts zu öffnen, und ich weiß, dass du alle nacheinander verschlingen wirst.« (Wobei du »Donuts« natürlich durch dein persönliches »Betäubungsmittel« ersetzt).

Schritt 2: Das klingt supereinfach, ist es aber nicht. Nachdem du erkannt hast, welcher Versuchung du gerade nachgeben willst, schließ die Augen, atme mehrmals tief durch und bleibe einige Minuten still sitzen. Das wird dich erden und dir Kraft und Haltung geben. Die Vorteile der tiefen Atmung sind seit Jahrzehnten dokumentiert; die intensive Sauerstoffzufuhr (die die Körperzellen brauchen), verleiht deinem Körper einen Energieschub, macht den Kopf frei, entspannt deine Muskeln und gibt dir die Chance, dich auf dich selber zu besinnen.

Schritt 3: Sobald du dich in einem Zustand der Ruhe, des Friedens und der inneren Akzeptanz befindest, kannst du eine klügere, mitfühlendere Entscheidung treffen. Du stellst das gierige Monster in deinem Inneren ab (oder beschwichtigst es zumindest) und gibst dir selbst die Chance, eine liebevolle, durchdachte und respektvolle Entscheidung zu treffen, die in deinem besten Interesse ist.

Wenn ich atme, die Augen schließe und meinen Körper im Stillen frage, was er wirklich will, antwortet er selten: »Jetzt, wo ich darüber nachdenke, füll dich bitte bis zur Halskrause mit einer Schachtel Donuts mit Zuckerguss ab und ignoriere auch weiterhin die Tatsache, dass dir ganz elend zumute ist, weil dein Vater schwer krank ist. Denn es ist viel leichter, sich auf das Schuldgefühl zu konzentrieren, dass du deinem Heißhunger auf Junkfood nachgegeben hast, als der Tatsache ins Auge zu sehen, dass dein Vater gegen seine Krebserkrankung kämpft und das ganz schrecklich ist. Also *bitte*, Schwester, iss einfach!«

Wenn ich dagegen ehrlich, präsent und empathisch bin und wirklich auf mich selbst höre, dann antwortet mein Körper auf die Frage nach der Schachtel Donuts ungefähr so: »Natürlich will ich nicht die Kalorien einer ganzen Woche an einem einzigen Abend zu mir nehmen und hinterher Bauchschmerzen haben, ohne dass sich mein wahres Problem gelöst hätte. Eigentlich will ich mir die Augen ausweinen, anerkennen, dass ich ein tief erschrockenes kleines Mädchen bin, und mit jemandem über meine Angst sprechen, der Mensch, den ich in diesem Leben am innigsten liebe, könnte seine lebensbedrohliche Krankheit womöglich nicht besiegen. Ich möchte, dass du (ich) meinen Unsicherheiten und meiner Angst Gehör schenkst, wer sich um mich kümmern wird, wenn mein Vater nicht mehr da ist. Ja, ich bin hungrig, aber nicht nach Nahrung, sondern ich lechze danach, gehört zu werden und meine Gefühle mitteilen zu können, ohne sie zu betäuben oder herunterzuschlucken und so zu tun, als ginge es mir gut, denn es geht mir *nicht* gut. Ich bin dabei durchzudrehen!«

Liebe als Allererstes
dich selbst

Letzten Sommer zog ich zurück nach Hause, um bei meiner Familie zu sein, als mein Vater Krebs hatte. Das Letzte, woran ich in diesem Augenblick dachte, war, mich zu verlieben. Aber anscheinend stimmt es: »Du verliebst dich genau dann, wenn du es am wenigsten erwartest.« Eines Abends traf ich zufällig einen alten Freund aus der Schule und wenige Wochen später waren wir bereits auf dem besten Weg zu einer ernsthaften Beziehung. Ich war völlig von den Socken, hin und weg, und »wusste gar nicht, dass Liebe so sein kann«. Zwar könnte ich zehn Seiten darüber, über ihn und unsere Beziehung schreiben, aber ich erspare dir die kitschigen Details und komme direkt zu einer wichtigen Erkenntnis. Kurz nachdem wir uns gefunden hatten und einen ganzen Sommer völlig unzertrennlich waren, musste mein Freund beruflich bedingt nach Europa. Da er dort ein professioneller Basketballspieler war, war das an sich keine Überraschung, aber an dem Tag, an dem er abflog, hatte ich das Gefühl, jemand bohre ein Loch in mein Herz. Ich hatte mit ihm zweieinhalb Monate jede wache Minute verbracht, und auf einmal stahl mir ein Stahlvogel meinen besten Freund, der küssen konnte, wie mich noch nie jemand geküsst hat. Also tat ich, was alle Mädchen tun: Ich weinte mir die Augen aus, weil ich ihn bereits fürchterlich vermisste und wusste, dass die sechs Wochen Trennung einfach brutal sein würden.

Doch dann versiegten die Tränen und ich verharrte in wunderbarer Stille – von der Art, wie man sie nur empfindet, wenn man ganz alleine ist. In dem Moment erkannte ich, dass ich schon lange nicht mehr ganz alleine mit meinen Gedanken gewesen war und ich das eigentlich vermisst hatte. Ich wusste auch, dass alles gut werden würde, weil die Entfernung unsere Bindung aneinander eher noch stärken würde. Und ich hatte recht. Als wir uns wieder unseren jeweiligen Leidenschaften widmeten und die Zeit hatten, uns wieder als Individuen zu betrachten und uns um unsere individuellen Bedürfnisse zu kümmern, hatten wir uns unglaublich viel mitzuteilen und unsere täglichen Skype-Sessions waren aufregend und voller neuer Einsichten und Details über andere wichtige Beziehungen in unserem jeweiligen Leben und unsere neuesten Erkenntnisse.

Das war die erste Beziehung, die ich je hatte, in der ich entschlossen war, mich selbst daneben nicht zu vergessen, weil wir das beide verdienten. Wenn du also das große Glück hast, einen ganz besonderen Menschen kennenzulernen, deinen Seelenverwandten, dann denk daran, immer im Blick zu behalten, dich gleichzeitig auch in dich selbst zu verlieben und eine Beziehung zu dir selbst zu pflegen, die dir ein unerschütterliches Selbstvertrauen und ein ausgeprägtes Selbstwertgefühl gibt. Niemand will für dein Glück verantwortlich sein, außerdem kann das niemand so gut wie du selber.

Ich weiß nicht, welches Rezept du verfolgst, um dich um dich selbst zu kümmern, und ich weiß auch nicht, welche Dinge du brauchst, um die beste Version deiner selbst zu sein. Das Wichtige ist, dass es sie gibt und du sie tust. Es liegt an dir, dich ihnen jeden Tag zu widmen.

Vor Kurzem sprach ich mit einer Frau, die in ihrem Beruf unglaublich erfolgreich ist. Sie hält auf der ganzen Welt Vorträge und berichtete mir, sie habe ihrem Mann einmal eine lange Geschichte über eine Reise erzählt, die sie kurz zuvor gemacht hatte, als er sie plötzlich unterbrach (praktisch die einzige Möglichkeit, zu Wort zu kommen) und sagte: »Liebes, ich hoffe, dass ich irgendwann einmal lerne, dich zu lieben ...« (Dann machte er eine lange Pause, um in ihre schönen Augen zu blicken, wobei ihr in diesem emotionalen Moment das Herz schmolz.) Er zog diesen Augenblick dramatisch lange hin und fuhr dann fort: »Wirklich, ich hoffe, dass ich dich eines Tages fast genauso sehr lieben kann, wie du dich selber liebst.« Sie war über dieses unerwartete Liebesbekenntnis überrascht und beide fingen an zu lachen. Ihre fantastische und wahre Antwort lautete: »Mein Schatz, es ist in deinem besten Interesse, dass ich mich so sehr liebe, wie ich es tue.«

Und das kann ich nur bestätigen. Es ist in jedermanns bestem Interesse, dass du dich selbst liebst. Denn wenn wir gesund, glücklich, vibrierend vor Energie, wenn wir fit sind und in uns ruhen, haben wir anderen in unserer Umgebung etwas anzubieten, aber auch nur dann. Wenn wir randvoll angefüllt sind mit bedingungsloser Liebe zu uns selbst, dann können wir auch andere lieben, unterstützen, inspirieren und uns auf andere Menschen in unserem Leben konzentrieren. Wenn deine Batterien aber leer sind (oder ausgelaufen am Wegesrand liegen), wie willst du dann anderen Starthilfe geben? Das geht nicht.

Es gibt nichts Schöneres als eine Frau voller Selbstvertrauen, die weiß, was sie will. Es gibt nichts Schöneres als eine Frau, die von Leidenschaft getrieben ist, einen gesunden Egoismus pflegt und sich um sich selber kümmert und davon überzeugt ist, dass sie es wert ist.

Du bist es wert, dich selbst an erste Stelle zu setzen, dich zu lieben, dich mit Komplimenten zu überhäufen, dich zu belohnen, weil du so großartig bist, in deinem Terminkalender für die Dinge Platz zu machen, die du liebst und die dich glücklich machen, egal, wie groß oder klein sie sind. Beginne damit, eine Liste deiner Glücklichmacher zu erstellen. Ich habe meine vor einigen Monaten geschrieben. Derzeit stehen auf meiner Top-Ten-Liste (ungeordnet):

1. Meine beste Freundin fährt uns über den Sunset Boulevard an den Strand. Dabei hören wir laut Musik, ich singe aus vollem Hals mit, die Fenster sind heruntergekurbelt, ich strecke meine Hand aus und spiele mit dem Wind.
2. In der Hängematte liegen. Egal, wo, egal, wann.
3. TANZEN!
4. Zeit mit meiner Familie zu verbringen macht mir mehr Freude als alles andere.
5. Superheldenfilme ansehen. Jeden einzelnen.
6. Mit meinen besten Freundinnen auf dem Sofa hocken und bis tief in die Nacht herumalbern.
7. Um die Welt reisen. Egal, wohin. In ein neues Land, eine neue Stadt, mit einer neuen Sprache, neuen Gerüchen und Klängen, neuem Essen und Farben und unverwechselbaren Moden.
8. Blumen ohne Grund. Wenn ich nach Hause oder ins Büro komme, und da stehen Blumen, dann bringt mich das die ganze Woche zum Lächeln.

9. Andere zum Lächeln bringen (vor allem Fremde). Ich bezeichne mich als »Launenretterin« und will das auch sein. Ich liebe es, jemandem den Tag zu verschönern!

10. Ein gutes Buch lesen, gefolgt von einer Siesta.

11. Jeder benötigt anderen Treibstoff für seinen Motor, also schreibe deine Liste und sorge dafür, dass du genau das bekommst, was du brauchst. Das Schöne daran ist, dass du dich umso besser um andere kümmern kannst, je besser du lernst, dich um dich selber zu kümmern. Und die anderen wissen wiederum, wie sie sich um dich kümmern können.

Vor Kurzem lernte ich eine Lebensberaterin kennen, die mir sagte: »Zwischen dir und anderen herrscht eine symbiotische Beziehung, weil die Art und Weise, wie du dich selbst behandelst, ein Training dafür ist, wie du andere Menschen behandelst. Und umgekehrt.« Ich geriet innerlich in Panik, als ich das hörte, weil ich mit mir selbst immer sehr kritisch bin und das nicht auf auch mit anderen sein möchte. Außerdem lenkte mich das auf die Frage, wie viel Einfühlungsvermögen und Mitgefühl ich anderen entgegenbringe. Wenn die Art und Weise, wie ich andere behandle, darauf hinweist, wie viel Mitgefühl ich mir selber entgegenbringe, dann könnte ich so viel wie möglich gebrauchen.

Dankbar zu sein und sich selbst gut zu behandeln kann gelegentlich merkwürdig sein. Vor Kurzem vergaß ich nach einer Trainingseinheit im Fitnessstudio, dass ich noch meine Kopfhörer trug, und sagte laut zu mir selbst: »Danke, Alexis, dass du mich heute ins Fitnessstudio genötigt hast.« Kichernd antwortete ich: »Aber gerne.« Das trug mir einige schräge Blicke der anderen Studiobesucher ein. Aber das ist in Ordnung. Dieses kurze Selbstgespräch führte unter anderem zu einer interessanten Unterhaltung mit zwei Frauen, die anfingen zu lachen und mich fragten, mit wem ich spräche. Ich sagte, ich spräche mit mir selbst, und erzählte ihnen, ich arbeitete daran, besser mit mir umzugehen, und wolle mich bei mir selber bedanken, weil ich an diesem Tag eigentlich keine Lust gehabt hätte, ins Studio zu gehen, mich dann aber doch noch aus dem Bett gequält hätte. Ich fühlte mich deshalb großartig und war dankbar, dass ich etwas getan hatte, das mir bewies, dass ich nach meinen eigenen Worten lebte. Die beiden Frauen waren von unserer Unterhaltung sehr inspiriert und sagten, sie müssten auch besser mit sich umgehen, und wollten üben, sich selber anzuspornen. Es ist schon beeindruckend, dass wir in Momenten, in denen wir selbst am meisten Ansporn brauchen, andere Menschen in unserer Nähe inspirieren können.

Schreib deine Liste. Genieße, ganz du selbst zu sein. Vereinbare ein Rendezvous mit dir selbst. Du hast ein Leben und eine Chance, deine einzigartigen Träume zu leben, also konzentriere dich auf dich selbst und pass mal auf, wie viele Menschen davon profitieren werden.

KAPITEL 3

MACH ERNST

»Echte Integrität bedeutet, das Richtige zu tun und
gleichzeitig zu wissen, dass niemand erfahren wird,
ob du es getan hast oder nicht.«
Oprah Winfrey

Warum, warum, warum ist es so leicht, alles bis zur letzten Minute vor sich herzuschieben, vor allem die Dinge, die am wichtigsten sind? Ich habe nie verstanden, wie ich schon in so jungen Jahren die Kunst des Aufschiebens so gut beherrschen konnte. Wenn du auch nur halbwegs so geartet bist wie ich, dann kommt es dir vermutlich auch so vor, als würdest du die unwichtigsten Dinge immer umgehend und effizient erledigen, aber die Dinge, die wirklich wichtig sind, auf morgen verschieben. Glücklicherweise sind wir damit nicht alleine, das steht fest. Das ist zwar tröstlich, aber es heißt nicht, dass wir unser Verhalten deswegen nicht ändern sollten. Hochleistung, die unter Druck erbracht wird, ist eine Sache und Nachlässigkeit eine andere. Wenn du feststellst, dass du chronisch unpünktlich bist, wichtige Angelegenheiten wochen- oder sogar monatelang ignorierst oder wichtigen Menschen in deinem Leben nicht antwortest, dann steht möglicherweise mehr als nur deine Zurechnungsfähigkeit auf dem Spiel. Wenn du deine Versprechen nicht einhältst oder deine Verpflichtungen nicht erfüllst, sind auch deine Integrität als Freundin, Partnerin oder Kollegin gefährdet. Warum tun wir das? Was ist so schwierig daran, Wichtiges zügig zu erledigen? Und welchen Tribut zahlen wir dafür im Hinblick auf unsere Beziehungen, unseren Ruf und unser Leben insgesamt?

ARA KATZ (Designerin, Geschichtenerzählerin, Direktorin, Unternehmerin): Ich habe bereits zwei Abgabetermine verstreichen lassen, um
diese sechshundert Worte für Alexis zu schreiben. Und paradoxerwei-
se soll ich ausgerechnet über das Thema »Sich der Situation stellen«
schreiben. Ich habe mich eine Heuchlerin geheißen und überlegt, ob ich
Alexis um ein anderes Thema bitte. Aber dann wurde mir klar, was für
eine großartige Gelegenheit das ist – ein echtes Geschenk. Also habe ich
eine Sitzung abgesagt und mich in mein Büro eingeschlossen, um diese
Botschaft zu schreiben, die sich nicht nur an euch, sondern auch an mich
selbst richtet.

Oft schiebe ich Dinge auf, die ich wirklich tun will. Aber irgendwie
schaffe ich es nicht. Ich drücke mich einfach. Wenn es jedoch eine berufliche Aufgabe ist, erledige ich sie immer frühzeitig und mit größter
Sorgfalt. Im ganzen letzten Jahr habe ich darüber nachgedacht, woran
das liegt, und ich denke immer noch darüber nach. Dabei ist mir klar
geworden, dass »sich der Situation stellen« nicht immer bedeutet, dass
man macht, was man versprochen hat, oder immer eine Veranstaltung
besucht, um eine Freundin zu unterstützen, oder immer für jemanden
da ist, der gerade ein Problem hat, wie man es an und für sich gerne tun
würde. Manchmal hat es auch damit zu tun, was man tut, wenn man sein
Wort eben nicht gehalten hat; wie man einer Freundin sagt, »Ich habe es
einfach nicht rechtzeitig fertiggestellt. Ich weiß nicht, warum, aber ich
arbeite daran«, oder fünfzehn Minuten vor einer Veranstaltung eine Textnachricht sendet: »Hey, es tut mir echt leid, aber ich kann heute einfach
nicht. Dabei habe ich mich wirklich darauf gefreut.« »Sich einer Sache
stellen« ist für mich Bewusstsein und Akzeptanz; Bewusstsein für das,
was ich bin und wie ich sein will, und die Akzeptanz, dass ich nicht immer
alles richtig mache. Und das ist in Ordnung.

Umgib dich mit einfühlsamen, verständnisvollen Menschen, damit
du weicher landest, wenn du mal etwas nicht richtig machst. Und vielleicht ist das ja eine Gelegenheit, um einem anderen Menschen näherzu-

kommen. Und was ist mit den Menschen, die dieses Verständnis, dieses Einfühlungsvermögen und Bewusstsein nicht haben? Was ist mit den Menschen, die du gerade erst kennenlernst, dem Typen, mit dem du gerade erst etwas angefangen hast, oder dem Chef, für den du erst seit Kurzem arbeitest? Was bedeutet »sich stellen« in diesem Zusammenhang?

Einer der besten Wege, das zu verstehen, besteht darin, einer Freundin zuzuhören, die eine Nachricht oder eine E-Mail von einem Mann laut vorliest, mit dem sie etwas hat. Anschließend sagt sie vielleicht: »Kannst du glauben, dass er derart harsch zu mir ist?« oder »Kannst du glauben, dass er einfach nicht darauf zurückgeschrieben hat?« Was dieser Typ macht, ist ein Geschenk. Er zeigt dir, wie er sich den Dingen stellt. Wir wollen, dass er alles richtig macht und die richtigen Dinge sagt. Wir wollen, dass er sofort zurücktextet. Wir wollen Flirtnachrichten. Wir wollen, dass er Pläne macht, weil das bedeutet, dass er Zeit mit uns verbringen will. Wow, da soll eine kleine Nachricht aber sehr viel aussagen. Und welche Macht verleiht man dadurch jemandem, der vielleicht einfach nur *eine stressige Arbeitswoche hat, ein familiäres Problem lösen muss oder* – das sage ich wirklich ungern – *einfach hat nicht auf dich steht.* Wie auch immer, er teilt dir (ohne es zu sagen) mit: »Hey, das kannst du von mir hier und jetzt erwarten, und so stelle ich mich in diesem Moment der Situation.« Und dann hast du die Macht zu entscheiden, ob das für dich in Ordnung ist. Und am Ende kommt es darauf an, wie du dich dir selbst stellst.

Sobald ich das akzeptiert hatte, nämlich dass »sich der Situation stellen« sich nicht darauf beschränkt, was Menschen tun oder nicht tun, sondern *wie* sie es tun, begann ich zu entscheiden, was gut für mich ist. Ich lernte, wie mir das dabei helfen konnte, meine Erwartungen anzupassen, und umgekehrt, weniger enttäuscht zu sein und mehr Akzeptanz und Verständnis zu zeigen. Außerdem habe ich erfahren, wie viel glücklicher und zufriedener ich bin und um wie viel näher ich mich anderen fühle.

Ara lernt, sich ihre Grenzen einzugestehen. Was sie an ihrem wahnsinnig stressigen Arbeitstag nicht schafft oder auf ihrer persönlichen To-do-Liste nicht abhaken kann, muss nicht der Maßstab für ihre Zufriedenheit sein. Diese Erwartung, alles schaffen zu müssen, ist Mitursache dafür, dass wir Dinge aufschieben. Wir können uns einfach nicht der Situation stellen zu wissen, dass wir versagt haben, also ignorieren wir das Ganze. Nun, wir alle wissen, was als Nächstes passiert. Es macht die Dinge nur noch schlimmer und verhindert, dass wir auf unserem Weg vorankommen. Die Wahrheit ist, dass unsere Ausreden und Rechtfertigungen für unsere Versäumnisse – sei es ein Rückruf, die Beantwortung einer E-Mail, die Konfrontation mit einer bestimmten Person, das Training im Fitnessstudio, das Abschicken der Be-werbung, das Vorsprechen für eine Rolle, einem lieben Freund zu beichten, dass du dich in ihn verliebt hast, oder was auch immer du in den letzten Ta-gen, Wochen oder Jahren vor dir hergeschoben hast – uns an dem Punkt ge-fangen halten, an dem wir stehen, und so verhindern, dass wir unsere Ziele erreichen. Das ist so, als säßen wir im Auto, weigerten uns aber, an unseren Zielort zu fahren. In diesem Fall hindert unsere Passivität uns daran, unser Potenzial auszuschöpfen, und das ist der sehr reale und hohe Preis für das Aufschieben wichtiger Dinge.

Wir alle haben Ausreden und die sind so unterschiedlich und vielfältig wie wir selbst. Was ist es, das du tun wolltest, aber nicht getan hast? Wir alle haben die eine Sache, die wir immer wieder aufschieben – eine verpasste Chance, die uns verfolgt. Reue ist das Schlimmste, aber es ist wichtig, weni-ger auf die Dinge zu starren, die man im Leben nicht gemacht hat, und sich mehr darauf zu konzentrieren, *warum* man sie nicht gemacht hat.

Die »Aufschieberitis« ist üblicherweise eines von vielen Symptomen eines tiefer liegenden Problems. Vielleicht glaubst du tief in deinem Inne-ren nicht daran, dass du deine Träume, Hoffnungen und Wünsche wert bist. Du musst sie als echte Möglichkeit empfinden, bevor du dir vorstellen kannst, sie in die Tat umzusetzen. Und vielleicht hast du, ohne es zu merken, auf die Stimme in deinem Kopf gehört, die dich entmutigt und dir einredet, dass du es sowieso nicht schaffst, weil du nicht gut, klug, erfahren oder hübsch genug bist. Das reicht aus, um jede erdenkliche Ausrede zu rechtfertigen.

Ausreden zu erfinden, anstatt dir und deinen Träume oberste Priorität einzuräumen und sie aktiv zu verfolgen, führt nur zu Reue und einem Leben in Mittelmäßigkeit. Das verdienst du nicht; das verdient niemand. Um das zu beenden, musst du dich intensiv anstrengen und herausfinden, was du eigentlich willst. Zwing dich dazu, alle Ausreden zu ignorieren, die dir in den Sinn kommen, und die Wahrheit zu akzeptieren, nämlich dass du in deinem Leben das Sagen hast und dein Lebensabenteuer nur so aufregend ist, wie du es dir vorstellen kannst. Wenn du aufhörst, dir selber die Dinge auszureden, die du wirklich willst, wirst du die leuchtendste Version deiner selbst sein und deine eigene Leistung wird dir ein Gefühl geben, mit dem kein Lob von außen mithalten kann.

PAUSE! Bist du eine Ausredenkünstlerin?

Wie oft redest du dich raus? In dem Moment, in dem wir beschließen, dass wir etwas nicht tun wollen, kommt uns eine tröstliche Auswahl an Ausreden in den Sinn, die lauter nachvollziebare Gründe enthalten, aus denen es uns einfach nicht möglich war, an der Veranstaltung X teilzunehmen, oder warum wir vergessen haben, Y zu tun. Folge den nachstehenden Schritten und schau dir die Erfahrungen an, die ich bei der Beobachtung meines eigenen Verhaltens gemacht habe.

Schritt eins: Schreibe eine Woche lang alle Ausreden auf, die dir einfallen, und nimm dir anschließend Zeit, die am häufigsten genannten genau anzusehen und dir die wahren Ursachen zu überlegen. Ich habe das vor Kurzem gemacht; immer wenn ich eine Ausrede hatte, eine bestimmte Sache zu tun oder nicht zu tun, schrieb ich sie auf und notierte daneben einige Details über das, was ich zu jenem Zeitpunkte gerade machte. Am Ende der Woche kam Folgendes dabei heraus:

- Ich bin müde: Meistens verwende ich diese Ausrede, wenn ich keine Lust auf Sport habe oder mich aus einer Verabredung oder Verpflichtung nach der Arbeit stehlen will. Dann rede ich mir ein, es sei besser, mir etwas mehr Ruhe zu gönnen, als mich noch mehr »aufzureiben«.
- Ich habe nicht alle Informationen, die ich brauche: Wenn man die Schuld für eine unvollendete Aufgabe auf andere schiebt, kann man sich von Schuldgefühlen freimachen.
- Ich mache es morgen: Das war meine Generalausrede für alle Arten an großen und kleinen Aufgaben, auf die ich einfach keine Lust hatte.
- Ich habe keine Zeit: Ähnlich wie Nummer drei schien ich sie zu verwenden, wenn mir ein Projekt oder eine Aufgabe zu anstrengend war. Ich glaube, ich fühlte mich eingeschüchtert und wollte nicht zugeben, dass ich dabei Hilfe brauchte, oder vermeiden, eine lächerliche Figur abzugeben, falls ich es falsch machte.
- Ich bin einfach zu gestresst: Meine persönliche Lieblingsausrede. Ich habe mich dabei ertappt, dass ich sie am Tag häufiger sage, als ich zugeben möchte. Ich verwendete sie, um mich von einer Aufgabe oder einer Veranstaltung zu befreien, ohne direkt Nein sagen zu müssen.

Das ist die Liste, aber ich kann dir sagen, es war erniedrigend zu sehen, wie oft ich Ausreden erfand (und gelegentlich ziemlich pathetische), um Menschen und unangenehme Gespräche zu vermeiden und mich vor Verantwortung zu drücken.

Schritt zwei: Verschreibe dir eine Ausredenabstinenz. In der folgenden Woche verbot ich mir, irgendeine dieser zehn Ausreden zu benutzen, wann immer ich etwas tun, Verantwortung übernehmen oder an irgendeiner Veranstaltung teilnehmen sollte, vor der ich mich drücken wollte. Ich sage dir, ich bin noch nie so produktiv gewesen! Probier's aus!

Die vier Schritte, um ernst zu machen

Wie jede Veränderung ist mit der Verwirklichung deiner Träume ernst zu machen und die Erledigung der Dinge, die auf dem Weg dorthin nötig sind, ein Prozess. Er beginnt damit, dass du tust, was wir in den ersten beiden Kapiteln dieses Buches besprochen haben: Finde deine Leidenschaft und beginne damit, deinen grundlegenden Bedürfnissen Vorrang vor allem anderen einzuräumen. Als Nächstes musst du die folgenden vier Dinge tun: Lege deine vergangenen Niederlagen ad acta und befeuere damit deinen Ehrgeiz. Vertrau darauf, dass du deine Träume sehr wohl erreichen kannst. Sei aufrichtig, was deine Zeit und deine kostbaren persönlichen Ressourcen angeht, und verabschiede dich von deinem Bedürfnis nach Anerkennung von außen.

Wie wichtig es ist, eine unerschütterliche Willenskraft zu entwickeln, um die vor einem liegenden Aufgaben zu meistern, wurde mir vor Kurzem klar, als ich vor einer der mühseligsten, anstrengendsten und dennoch wichtigsten Aufgaben meiner Karriere stand: dem Antrag auf Erteilung des Non-Profit-Status für meine Organisation »I Am That Girl«. Für alle, die nicht mit der Non-Profit-Welt vertraut sind: Ein solcher Antrag bedeutet eine geradezu obszöne Menge an Papierkram und Bürokratie. Wir sprechen hier über eine lächerlich langatmige Bewerbung, die in Schriftgröße 10 und in Juristenjargon erstellt werden muss, der sich liest wie eine Fremdsprache, dazu Satzungen, Gesellschaftsverträge, Belege für alles und jedes und, und, und. Monatelang starrte mich diese Bewerbung von meinem Esstisch aus an. Jeden Morgens sagte ich: »Mensch, ich muss das fertig machen« und jeden Nachmittag erfand ich eine kreative Ausrede, warum »morgen« ein viel besserer Tag dafür sein würde. Natürlich kam dieses »morgen« nie und meine Anspannung steigerte sich ins Unerträgliche.

Nach sechs Monaten oberflächlicher Versuche, ein Buch so dick wie die Bibel zu lesen, um zu lernen, wie ich ein Non-Profit-Profi werde, wachte ich schließlich eines Morgens auf und beschloss einfach, das endlich hinter mich zu bringen. Passenderweise ließ sich mein Bruder, ein frischgebackener Jurist, leicht mit Frühstück im Bett bestechen, mir zu helfen. Und so saß ich Tag für Tag unzählige Stunden über dem Papierwust und kippte einen Espresso nach dem nächsten hinunter, damit mir nicht die Augen zufielen. Eine Woche später (und mit der fleißigen Hilfe meines tollen Bruders!) hielt ich einen beeindruckend dicken, gebundenen und fertigen Stapel Papier in den Händen, der nur noch versandt werden musste.

War das brutal? Absolut. Es war zeitaufwendig, eine echte Geduldsprobe, schwer zu durchdringen, mühselig und langweilig, frustrierend und anstrengend. Aber es musste gemacht werden; ein wichtiger Schritt hin zu meinem langfristigen Ziel der Umsetzung meiner Vision für meine Organisation. Nicht nur, dass diese über Monate unerledigte Aufgabe mich ungemein gestresst hatte, das lange Aufschieben beeinträchtigte auf vielfältige Weise die Entfaltung meiner Träume. Der Umstand, dass diese Aufgabe unerledigt war, verhinderte nämlich auch Fortschritte in anderen Bereichen der Organisation, und das bremste den gesamten Fortschritt und gefährdete unsere Ergebnisse.

Am Ende stellte ich fest, dass ich mich, obwohl dieser bürokratische Papierkram schwierig und zeitaufwendig war, durch die harte Arbeit in meinem Selbstbewusstsein gestärkt fühlte. Zudem war ich wunderbar erleichtert und stolz, als es endlich vollbracht war. Ich versuche immer, mich an dieses Gefühl zu erinnern, wenn ich mich dabei erwische, dass ich mich vor einer schwierigen Aufgabe drücken oder aus einer unangenehmen Situation stehlen will. Mir Rechenschaft abzuliefern und mich auf mich selbst zu besinnen hilft mir bei der Klärung, was ich wirklich will, und verleiht mir die Kraft, um die vorliegende Aufgabe zu bewältigen. Bevor ich mich noch einmal in eine ähnliche Situation begebe, denke ich nun an die folgenden Schritte, um willensstark zu sein und zu bleiben.

Verwandele negative Erfahrungen aus der Vergangenheit in positive Energie

Ich werde nie den Moment vergessen, als ich diesen Anruf bekam. Ich war zwanzig und arbeitete in einem Ferienlager. Eines Nachmittags hörte ich meinen Anrufbeantworter ab. Es waren 16 Nachrichten gespeichert. Sie stammten allesamt von meiner Mutter, und mit jeder Nachricht, die sie hinterlassen hatte, konnte ich hören, wie die Panik und Dringlichkeit in ihrer Stimme zunahmen. Immer wieder sagte sie: »Bitte ruf mich zurück, sobald du diese Nachricht abhörst.« Ich hängte augenblicklich den Hörer des Münztelefons auf (es gab kein Handynetz im Ferienlager) und rief meine Mutter an.

Sie nahm sofort ab, und obwohl ich das Gefühl hatte, es sei etwas passiert, begann ich, meine neuesten Anekdoten aus dem Camp zu erzählen, so als wäre dieses Telefonat ein Anruf wie jeder andere. Ich erzählte ihr vom Streit über das Essen vom Abend zuvor und den neuesten Vertrauensberater des Lagers, auf den ich stand. Nach einigen Minuten unterbrach sie mich schließlich: »Alexis, ich muss dir etwas sagen.« Die Pause, die sie anschließend einlegte, fühlte sich wie eine Ewigkeit an. Das war eine dieser Pausen, in denen dein Bauch eine Blitzbotschaft an dein Gehirn sendet und ihm mitteilt, dass irgendetwas Ernstes passiert ist.

Ihre folgenden Worte veränderten mein Leben für immer. »Liebling, Ashleigh hatte einen schweren Unfall.« Ashleigh war eine meiner engsten Schulfreundinnen. Ich hatte sie gerade erst eine Woche zuvor gesehen – wir hatten über ihren großen Umzug zurück nach Austin gesprochen und Erinnerungen an unsere Pyjamapartys in der siebten Klasse ausgetauscht.

Ich fühlte, wie mir mein Herz in die Hose rutschte, und begann zu stammeln: »Okay, okay, alles wird gut. Ich muss nur meinem Chef sagen, dass wir einen Notfall in der Familie haben, und dann kann ich direkt ins Krankenhaus fahren ...« Meine Mutter unterbrach mich. »Nein, Liebes. Was ich sagen wollte ... Sie hat den Unfall nicht überlebt. Ashleigh ist tot.« Die letzten drei Worte trafen mich direkt ins Herz. Ich ließ den Hörer fallen. Mein

Magen verkrampfte sich und mein Kopf dröhnte vor innerem Widerstand, weil er es einfach nicht wahrhaben wollte. Ich ließ den Hörer einfach hängen und verließ die Telefonkabine wie ein Zombie.

Einige Teilnehmer am Ferienlager kamen mit breitem Grinsen auf mich zu und baten mich, mit ihnen schwimmen zu gehen, aber ich sah sie nicht einmal an und antwortete auch nicht. Ich ging einfach weiter, informierte roboterhaft meinen Chef, dass es in meiner Familie einen Unglücksfall gegeben habe und ich abreisen müsse. Ohne seine Antwort abzuwarten, verließ ich das Büro, stieg ins Auto und fuhr vier Stunden lang nach Hause. Als ich ankam, ging ich ins Haus, an meiner Mutter vorbei in mein Zimmer und schloss die Tür. An die folgende Woche kann ich mich kaum erinnern. Mein Zimmer verließ ich nicht. Ich zog auch meine Kleidung aus dem Sommerlager nicht aus und aß kaum etwas. Noch nie war ich so wütend gewesen. Noch nie hatte ich am eigenen Leib erfahren, wie ungerecht das Leben sein kann. Es fühlte sich an, als hätten die drei kurzen Worte »Ashleigh ist tot« alles Glück und jeden Enthusiasmus aus mir gesogen. Ich wollte nur noch schlafen, weil Ashleigh irgendwo in meinem Traumzustand noch lebte. Ich wusste, dass der einzige Weg, um mit der Situation fertig zu werden, darin bestand, dass ich buchstäblich die Augen schloss und die tragische Realität gegen meine Träume eintauschte.

Am sechsten Tag, nachdem ich sämtliche Anrufe ignoriert hatte und zu wütend und gleichzeitig innerlich zu gelähmt war, um am Begräbnis teilzunehmen, kam meine Mutter herein und setzte sich auf die Bettkante. Zweifellos war sie besorgt. Obwohl ich einfach ins Leere starrte, sagte sie: »Es ist nicht gerecht, Alexis. Es ist nicht gerecht, dass sie sterben musste und du noch lebst. Du kannst natürlich in deinem Leben den Pausenknopf drücken, dich auf unbestimmte Zeit in einem dunklen Raum verkriechen und die Welt wird es verstehen, weil du gerade eine deiner besten Freundinnen verloren hast. Aber damit ist dir nicht gedient und ihr auch nicht. Dies ist weder das erste noch wird es das letzte Mal sein, dass du eine Ausrede hast, um nicht am Leben teilzunehmen. Tu das aber nicht. Die Welt braucht dich und auch Ashleigh braucht dich, weil ihre Hoffnungen und Träume nun neben deinen weiterleben und du sie mitnimmst. Du kannst nun zwei Leben leben, eines für dich und eines für sie.« Dann stand meine Mutter auf, verließ das Zimmer und schloss leise die Tür hinter sich.

Weder fuhr in dieser Nacht ein Blitz auf die Erde hinunter noch gab es einen lauten Donnerschlag, keine Stimme Gottes oder Engel, die mich besuchten. Aber am nächsten Morgen wachte ich auf und stand auf, schälte mich aus der Kleidung, die ich seit meiner Ankunft nicht gewechselt hatte, duschte mich, zog frische Sachen an und ging zum Frühstück hinunter. Meine Familie umarmte mich, lächelte unbeholfen und sagte: »Schön, dass du wieder bei uns bist.«

Dieser Tag war ein Wendepunkt für mich, wenngleich ich nicht sofort wieder die alte zufriedene, glückliche Alexis war. Es dauerte Monate, bis ich mich wieder freuen konnte, und bis heute, das heißt auch noch Jahre später, denke ich ständig an Ashleigh. Alte Fotos von uns lassen mir immer noch die Tränen aufsteigen und es ist schwierig, über die Erinnerungen zu sprechen, ohne zu weinen. Ich vermisse sie so sehr. Doch trotz der Schmerzen habe ich die Gewissheit, dass sie mich nie verlassen hat; sie hat niemanden von uns verlassen, und ich weigere mich, ihren Tod als Ausrede gelten zu lassen, um nicht zu leben. Das kann kein Grund sein, um ein Dämmerleben zu führen. Ashleigh hätte genau das Gegenteil gewollt. Sie hätte gewollt, dass ich mehr aus meinem Leben mache und heller strahle, weil ich das Privileg hatte, sie – wenn auch nur für kurze Zeit – in meinem Leben zu haben. Ashleigh ist nun mein leuchtender Stern, eine Erinnerung an das Strahlen, das es in dieser Welt geben kann, und ein Grund, mich stark zu fühlen; nicht wütend, weil es nicht lange genug gedauert hat, sondern gesegnet, weil ich ihr Leuchten erleben durfte. Ashleigh ist der Wind in meinen Segeln und meine unsichtbare Vertraute, wenn ich ins Straucheln gerate, wenn ich zweifle oder mich frage, ob ich gut genug bin. Sie ist mein Schutzengel, der mich viele Jahre mit seiner Anwesenheit gesegnet hat und nun über mich wacht.

Wir alle haben unsere Geschichten, unser Päckchen zu schleppen, eine Person, die uns tief verletzt hat. All die Herausforderungen des Lebens, mit denen du auf deinem Lebensweg konfrontiert wirst, die gebrochenen Herzen und die Dinge, die dich davon abhalten könnten, dein Leben zu leben. Nutze sie als Brennholz für das Feuer deiner Leidenschaft. All diese Dinge, in die du dich verbeißt, diese ständigen Erinnerungen daran, dass das Leben ungerecht ist, machen dein Leben nicht besser und helfen dir auch nicht, deine Träume zu verwirklichen. Möglicherweise lenken sie dich ab und entziehen dir so viel Energie, dass sie dich daran hindern, deine Leidenschaft zu entdecken oder auszuleben. Was immer du dazu verwendest, um anderen oder der Welt die Schuld zu geben, wer auch immer dich betrogen, enttäuscht, im Stich gelassen, verlassen, belogen oder dir den Kopf verdreht hat, du kannst die Vergangenheit nicht ausradieren, aber ich bitte dich, einen Weg zu finden, um weiterzumachen und diesen Menschen zu vergeben, vor allem weil du es bist, die Vergebung braucht.

Einfach mit seinem Leben weiterzumachen oder denjenigen zu vergeben, die dich verletzt haben, wertet nicht ab, was du durchgemacht hast, und macht es auch nicht besser. Du hast allen Grund, wütend oder entmutigt zu sein. Aber lass diese Gefühle nicht die Oberhand gewinnen und dein Leben bestimmen. Die Vergangenheit ist vergangen, und du bist die Einzige, die Verantwortung dafür trägt, welche Erinnerungen du mit dir herumträgst und welche du als überflüssigen Ballast über Bord wirfst. Nur die Vergebung, meine Liebe, die behältst du. Wenn du dich in der Vergangenheit verbeißt, ist das so, als würdest du versuchen, durch Beton zu waten. Befreie dich. Und das kannst nur du selber. Ich weiß, das sagt sich so leicht, ist aber ungefähr das Schwierigste, was man tun kann. Aber die Vergebung, die du anderen gewährst, ist in Wahrheit ein Geschenk an dich selbst.

Ich habe viele Jahre damit verbracht, einen Groll auf vergangene Beziehungen zu hegen, und damit meine ich Jahre meines Lebens, in denen sich immer wieder bestimmte Szenen vor meinem geistigen Auge abgespielt haben, in denen ich recht hatte und andere die Bösen waren. Eines Tages dämmerte mir, dass das nichts mit den anderen zu tun hatte, sondern nur mit mir. Dieser Augenblick bot mir die Möglichkeit, mich selber für meinen Stolz und meine Selbstgerechtigkeit um Vergebung zu bitten. Menschen treten in unser Leben, um uns Dinge zu lehren, uns dabei zu helfen zu wachsen und uns zu fordern. Mein Groll löste sich augenblicklich in Wohlgefallen auf, als ich mir demütig meine Fehler und mein eigenes Fehlverhalten eingestand. Anderen vergangene Ungerechtigkeiten zu vergeben wurde zu einer leichten Übung, sobald ich bereit war, meine eigenen Fehler zu erkennen und mir zu vergeben. Meine Belohnung für diese Lebenslektion ist das Einfühlungsvermögen und das Mitgefühl, das ich nun für mich selber und andere habe. Anstatt die Menschen in deinem Leben zu verteufeln, kannst du dich zu einer radikalen Vergebung entschließen, die dir ermöglicht, die Menschen wertzuschätzen, die dich am tiefsten verletzt haben, weil wir in diesen Momenten oft unsere wichtigsten Lektionen lernen.

Wenn du dein großes Stück vom »Das Leben ist nicht gerecht«-Kuchen noch nicht erhalten hast, dann muss ich dir leider sagen, dass du es noch serviert bekommen wirst. Und wenn du mit dieser Herausforderung konfrontiert bist, dann musst du dich entscheiden, wie du damit umgehen willst. Du kannst die Flinte ins Korn werden, dich vorübergehend ausklinken, einfach kapitulieren. Wenn die Situation schlimm genug ist, werden deine Freunde, deine Familie und deine Kollegen dein Verhalten wahrscheinlich eine Zeit lang entschuldigen. Und du kannst in der Zwischenzeit Mauern errichten, um die Welt von dir fernzuhalten. Du kannst deine schlechten Erfahrungen als Rechtfertigung nutzen, dass du anderen Menschen nicht traust oder deine Ziele und Träume nicht erreichst. Oder du kannst einer der wenigen Menschen sein, denen es gelingt, schlechte Erfahrungen in positive Lebensenergie umzuwandeln. Manchmal vergessen wir das und werden Opfer unserer Gefühle; wir vergessen, dass die Entscheidung bei uns selber liegt, und verfallen in einen passiven Zustand. Denk immer daran, dass Gefühle vorübergehender Natur sind und dich nicht definieren. Selbstverantwortung und Autonomie bedeuten zu erkennen, dass du in jeder Situation, egal, wie klein, verloren oder eingeschüchtert du dich fühlst, die Wahl hast, wie du auf deine Lebensumstände reagierst. Diese Entscheidungsmöglichkeit zu nutzen bedeutet Freiheit und ist zudem dein Kraftzentrum.

Die schlechte Nachricht lautet, dass du immer wieder verletzt werden wirst. Und du selber wirst Grund für Schmerzen sein, die jemand anderes erleidet. Hör also auf zu leiden. Schrei, so laut du kannst, schlag auf ein Kissen ein, stell dich deinen Dämonen – tu, was immer du tun musst. Versprich dir, dass das, was auch immer in der Vergangenheit passiert ist, nicht bestimmt, wer du bist, nicht deine Zukunft festlegt und nichts über deine Fähigkeiten oder die Person aussagt, die du sein willst.

Ich habe gelernt, Widrigkeiten, Herausforderungen, Enttäuschungen und Niederlagen wertzuschätzen, die mich zu dem gemacht haben, was ich heute bin. Ich erwarte, dass ich in der Zukunft auf weitere Hindernisse treffen werde. Zwar freue ich mich nicht gerade darauf, aber ich bin dankbar für das, was sie mich lehren.

Schritt zwei: Vertraue dir selbst

Dir selber zu vertrauen ist der zweite wesentliche Schritt, um dich aus dem selbst gewebten Netz an Ausreden zu befreien. Gelegentlich finden wir Ausreden dafür, dass wir etwas Bestimmtes nicht gemacht oder versucht haben, weil uns das Selbstvertrauen fehlt. Wenn du nicht an deine eigenen Fähigkeiten glaubst und meinst, du kannst es nicht – den Test bestehen, auf eine Cocktailparty mit lauter Fremden gehen, für deinen Traumjob in eine fremde Stadt ziehen, trotz Vollzeitjob abends einen Schulabschluss nachholen, einen Menschen kennenlernen, der dich liebt und schätzt –, wenn du nie den Mut hast, es auch nur zu versuchen, werden dir alle möglichen Ausreden als Rechtfertigung dafür dienen, dass du dich mit dem begnügst, was du hast, und sie werden verhindern, dass du deine wahren Ziele verfolgst. Du musst zuerst daran glauben, dass du es kannst, bevor du alle bequemen Ausreden für deine angebliche Unfähigkeit beseitigen kannst.

SUMMER RAYNE OAKES (Modelaktivistin, Mitgründerin von Source4Style): Steig in den Bus. Klingt einfach, oder nicht? Die Busfahrt von der Cornell University nach New York City dauert mindestens fünf Stunden. Ich kenne diese Strecke gut, weil ich sie während des Colleges drei Jahre lang jede Woche gefahren bin. Dienstag, Mittwoch und Donnerstag war ich im College und Donnerstagabend oder Freitagmorgen wartete ich darauf, dass der Bus am Busbahnhof auftauchte und mich mitnahm. An einem guten Tag fuhr Anthony den ersten Abschnitt dieser Fahrt von Ithaca nach Binghamton. Anthony war ein hochgewachsener, fröhlicher Jamaikaner, der an den Wochenenden in einem Nightclub in Ithaca als DJ arbeitete und sich so sein Gehalt als Busfahrer aufbesserte. Wir freundeten uns ein wenig an. Anthony sagte mir immer halb im Scherz, er würde mein Bodyguard und Fahrer, wenn ich einmal berühmt wäre. Meistens drückte er ein Auge zu und fuhr mich kostenlos. Das war eine tolle Sache: Die Hin- und Rückfahrt kostete mit Studentenrabatt 86 Dollar – damals eine stattliche Summe Geld für mich. Ich war daran gewöhnt, jeden Cent zweimal umzudrehen. Eine kleine freundliche Geste, so wie ein kostenloser Busfahrschein, kann sich ziemlich auswirken. Anthonys Großzügigkeit bedeutete 43 Dollar zusätzlich in meinem Portemonnaie für Lebensmittel und die Metro in New York.

Diese Zeit war schwierig, aber auch aufregend: schwierig, weil ich die meisten meiner Jugendjahre in finanziellen Schwierigkeiten steckte, und aufregend, weil ich unbekanntes Terrain betrat, ausgerüstet mit einem Vokabular, in dem das Wort »unmöglich« nicht vorkam. Ich studierte Entomologie und Umweltwissenschaften. Im zweiten Semster hatte ich mich entschieden, mein Wissen über die Umwelt und meine extrovertierte Art zu nutzen, um ein größeres Publikum zu erreichen. Ich schreckte vor der Vorstellung zurück, meine Recherchen würden auf wissenschaftliche Fachmagazine beschränkt bleiben. Ich wollte und brauchte, dass meine Botschaft in die Welt getragen würde. Ich musste nur den richtigen Weg finden.

Ich beschloss, dass Mode der richtige Weg sei. Allerdings kannte ich absolut niemanden in der Modewelt, aber das sollte mich nicht abhalten. Ich wollte sehen, ob ich diese zwei scheinbar weit voneinander entfernten Welten – Mode und Ökologie – miteinander in Einklang bringen konnte. Da war ich also, fuhr lange Strecken in die große Stadt, mit nichts in den Händen als einer fixen Idee (wenngleich ich gerne denke, dass meine Instinkte mich noch nie in die Irre geführt haben). Wie eine Million anderer junger Frauen vor mir nahm ich mir vor, Fotomodell zu werden, allerdings – wie ich glaubte – aus einer anderen Motivation heraus. Ich befand mich auf einer Mission und das vergaß ich nie, als die Modelaufträge kamen. Es ist mir gelungen, mein Image, meine Leidenschaft und mein Fachwissen mit sozial- und umweltrelevanten Projekten zu verknüpfen. Ich arbeite nur mit Marken, die meine Vision teilen oder dieses Wissen und meine Leidenschaft nutzen wollen. Sie müssen nicht perfekt sein, aber sie müssen im Geiste des positiven Fortschritts arbeiten, wenn sie meine Unterstützung haben wollen.

Seitdem hat sich mir eine neue Welt eröffnet. Eine Reihe möglicher Wege – einige davon hätte ich nie vorausgesehen – liegen nun vor mir. Und all das, weil ich beschloss, in den Bus zu steigen und ein spürbares Risiko auf mich zu nehmen. Diese Erfahrung, der Akt des Einsteigens in den Bus, und zwar sowohl im wortwörtlichen als auch im übertragenen Sinne, war ein monumentaler Augenblick in meinem Leben. Er lehrte mich, dass, wenn man nicht so stark an sich selber glaubt, dass man ein Risiko eingeht, es auch niemand anderes tun wird.

Sei wagemutig. Sei kühn. Sei einfallsreich. Aber vor allem: Glaube an dich selbst. Die Gesellschaft hat so eine Art, einen in eine bestimmte Ecke zu drängen. Das ist nicht unbedingt schlecht. Das formt uns, verleiht uns eine Gestalt und macht uns zu dem, was wir heute sind. Der Schlüssel besteht darin, stets flexibel und formbar zu bleiben. Das verleiht uns die Fähigkeit, unsere Form zu verändern, damit wir weiter wachsen und lernen können. Nur wenn wir zu lange in einer Lebenssituation verharren, trocknen wir aus und werden brüchig wie zu lange gebackenes Brot.

Ich weiß nicht, ob mir jemals gesagt wurde, ich solle etwas anderes wollen als das, was mein Herz mir eingeflüstert hat. Für mich wie für

viele andere entspringt es der Vorstellung, dass eine Person etwas bewirken kann. Wir haben die Macht, die Art und Weise zu verändern, wie
Menschen denken und handeln, beginnend bei uns selber. Und wenn
wir zeigen, dass Menschen die Kraft haben, Risiken auf sich zu nehmen,
machen andere womöglich dasselbe. Wenn wir das tun, können wir die
Struktur der Gesellschaft verändern. Das ist dieselbe Überzeugung, die
mich antrieb, in den Bus zu steigen. Am Ende ist es egal, was genau wir
geträumt haben oder wie wir dorthin gelangt sind; es kommt nur darauf
an, was wir nach unserer Ankunft tun.

Vielleicht hatte Summer eine angeborene innere Überzeugung, dass sie etwas bewirken könne, und wie sie selber sagt, half es wahrscheinlich, dass sie
das Wort »unmöglich« nicht kannte. Aber sie arbeitete auch hart an der Erreichung ihrer Ziele und überwand auf dem Weg dorthin viele Hindernisse.
Sie stieg in den Bus, glaubte fest genug an ihre Vision und an sich selbst, um
dieser Vision dann treu zu bleiben, als die Welt um sie herum Druck ausüb-
te. Wie Summer müssen wir alle den Mut aufbringen, den ersten Schritt in
Richtung Verwirklichung unserer Träume zu tun, und dann dürfen wir nicht
nachlassen und unsere Ziele nicht aus den Augen verlieren, wenn Schwierigkeiten auftauchen. Das gelingt nicht, wenn man kein Vertrauen in sich
selbst und die eigenen Fähigkeiten besitzt. Unsicherheit ist ein fruchtbarer
Boden für alle möglichen Ausreden.

Wenn du merkst, dass du dich eingeschüchtert fühlst, deine Ziele in
Frage stellst oder feststellst, dass du vor Aufgaben oder Projekten zurück-
scheust, dann suche die Stille und denk darüber nach, was du wirklich willst
und ob das, was du dir einmal vorgenommen hast, immer noch dein Ziel
ist. Lies dein Manifest noch einmal durch und frage dich, ob das, was du
tust, und die Art und Weise, wie du es tust, immer noch mit deinen Werten
im Einklang steht. Falls ja, gibt dir das die Bestätigung, dass du dich auf
dem richtigen Weg befindest, und vielleicht gibt dir das den Schub, den du
brauchst, um dich erneut aufzuraffen. Und wenn du feststellen solltest, dass

dein Weg korrigiert werden muss, dann kannst du das mit der Klarheit und dem Selbstvertrauen tun, dass deine Entscheidung Ergebnis einer sorgfältigen Abwägung ist und nicht das Ergebnis des Drucks und der Erwartungen von außen.

PAUSE! Um ein großes Projekt in Angriff zu nehmen, muss man »15 Minuten leiden«

Du stehst vor einer gewaltigen Aufgabe oder einem riesigen Projekt, das du wirklich realisieren willst, aber irgendwie weißt du nicht, wie du anfangen sollst. Oft markiert schon der Anfang den Unterschied zwischen einem Erfolgsprojekt und einem Staubfänger im Regal. Aber das ist genau das Problem, nicht wahr? Du weißt nicht, wo und wie du beginnen sollst oder wie viel Zeit die Durchführung in Anspruch nimmt – also ist es einfacher, das Vorhaben zu ignorieren und zu hoffen, dass es sich in Luft auflöst.

Gretchen Rubin, Bestsellerautorin von *Das Happiness-Projekt* und *Happier at Home* bietet eine tolle Lösung, wie man das nötige Selbstvertrauen zum Angriff des großen Projekts entwickelt, das wie ein Damoklesschwert über dem eigenen Haupt schwebt. Sie bezeichnet diese Strategie als »15 Minuten leiden«. Es ist ganz einfach. Jeden Tag setzt du dich 15 Minuten hin und arbeitest an der Aufgabe. In den ersten Tagen erstellst du vielleicht eine Übersicht über die verschiedenen Projektphasen und die nötigen Einzelschritte und entwirfst einen Zeitplan. Wenn man das große Projekt in kleine Schritte unterteilt, die man systematisch abarbeitet, wird es mit jedem Tag leichter. Das erhält die Motivation, sich jeden Tag aufs Neue mit dem Projekt zu beschäftigen, und verhindert, dass man es beiseitelegt, sobald etwas Eiliges dazwischenkommt. Wer findet nicht 15 Minuten am Tag für wirklich wichtige Dinge, selbst wenn man noch so beschäftigt ist?

Wenn das erste Projekt fertig ist, dann mach weiter! Nun, da du daran gewöhnt bist, diese 15 Minuten einzuplanen, nimm ein anderes Projekt in Angriff. Schon nach kurzer Zeit wirst du es dir zur Gewohnheit gemacht haben, große Aufgaben ohne Angst und Nervosität zu bewältigen.

Schritt drei: Sei ehrlich und aufrichtig

Wenn man ehrlich zu sich selbst und zu anderen ist, braucht man weniger Ausreden. Schon früh in meiner Karriere hatte ich gelernt, Ausreden zu erfinden, anstatt mich einfach dafür zu entschuldigen, dass ich eine Verabredung oder die Zeit vergessen hatte. Oft verschlimmerte ich die Situation damit noch und riskierte, als flatterhaft oder unzuverlässig oder beides betrachtet zu werden. Einige wichtige Beziehungen wurden dadurch sogar beeinträchtigt. Meine Entscheidung, weder mir noch anderen gegenüber ehrlich zu sein oder mir selber klare Zeitgrenzen zu setzen, verursachte in meiner sowieso schon hektischen Welt zusätzlichen Stress.

Es dauerte Jahre, bis ich es schaffte, mir anzugewöhnen, aufrichtig zu sein, was meine Zeit und meine Ressourcen betraf. Wenn ich mich heute übernehme, versuche ich, die Dinge so schnell wie möglich in Ordnung zu bringen, indem ich meine Bedürfnisse und jedwede Änderung meiner Pläne klar und deutlich kommuniziere. Gar nicht erst mit Ausreden anzufangen verhindert, dass du in der Folge weitere Ausreden finden oder dir die ganzen Einzelheiten der ersten Ausrede merken musst, die dir spontan eingefallen ist. Du würdest überrascht sein, wie verständnisvoll deine Umgebung reagiert, wenn du ihnen ganz ehrlich sagst, in welcher Situation du dich gerade befindest.

Wie in Kapitel 2 erwähnt, profitieren alle davon, einschließlich dir selber, wenn du dich und deine Bedürfnisse voranstellst. Wenn deine Prioritäten klar sind, gewinnt dein ganzes Leben an Klarheit und die Entscheidungen, wie du deine Zeit verbringen willst, werden dir nicht mehr so viel Angst machen wie bisher. Wie für Schritt zwei gilt auch hier, dass Ausreden, hinter denen du deine wahren Gefühle versteckst, oft das Ergebnis eines mangelnden Selbstvertrauens sind. Wenn du glaubst, dass die Priorisierung deiner Gesundheit und deines Wohlbefindens dich zu der Frau macht, die du sein willst, dann wird es leichter, die richtige Entscheidung zu treffen und dabei das Gespür für die Bedürfnisse anderer zu wahren.

Ich weiß, das ist leichter gesagt als getan. Ich bin ganz groß darin, niemandem wehtun zu wollen. Jahrelang dachte ich fälschlicherweise, einfach im Nachhinein eine Ausrede zu erfinden würde meine Fehler oder Versäumnisse vertuschen. Tatsache ist, dass man Menschen nur noch mehr verletzt, wenn man nicht aufrichtig ist, und deine Integrität leidet auch darunter. Dass du immer wieder eine Verabredung oder einen Geburtstag vergisst oder ständig das falsche Datum aufschreibst, wird man dir auf Dauer nicht glauben und verzeihen. Man könnte meinen, du vermeidest einen Konflikt, aber in Wahrheit versuchst du nur, das Unvermeidliche hinauszuzögern: ehrlich und verantwortlich für deine Entscheidungen und Handlungen und ihre Wirkung auf andere einzustehen. Wenn du Ehrlichkeit und Integrität in deinem Leben ganz nach vorne stellst, wird es leichter, den eigenen Anspruch auch zu leben. Ich beschloss, Aufrichtigkeit, Vertrauen und Zuverlässigkeit zur Grundlage meiner Beziehungen zu anderen Menschen zu machen und mir den Ruf zu erarbeiten, dass mein Wort gilt. Und was noch wichtiger ist: Ich wollte ehrlich zu mir selbst sein. Darin fand ich die Wurzeln meiner Integrität. Als ich mich im Spiegel ansehen und mir vertrauen konnte, dass ich trotz aller Umstände, Versuchungen und möglicher Verletzung der Gefühle anderer Menschen das für mich Richtige tun würde, konnte ich auch ehrlich zu meinen Mitmenschen sein.

Ehrlichkeit ist der Eckpfeiler allen Erfolgs, ohne sie können weder Selbstvertrauen noch jedwede Form von Leistungsfähigkeit existieren.«

Mary Kay Ash

Manchmal bedeutet die Ernsthaftigkeit, mit der du deine Leidenschaft verfolgst und deine Prioritäten setzt, dass du dich Aktivitäten verweigerst, die reine Zeit- oder Energiefresser sind. Wenn du auch nur halbwegs so geartet bist wie ich, fällt es dir möglicherweise schwer, Nein zu sagen. Mein Kalen-

der ist oft vollgepackt mit Aufgaben und Verpflichtungen. Wenn ich zu bestimmten Ereignissen zusage – das kann alles sein, von einem Abendessen
mit einer Freundin bis zu einem Engagement als Hauptrednerin auf einer
großen Veranstaltung –, möchte ich meistens wirklich teilnehmen. Oft erkenne ich aber, dass ich meine Zeit doppelt verplant oder mein Durchhal-
tevermögen oder die Stunden, die ein Tag hat, überschätzt habe. Wenn das
passiert, spüre ich die Versuchung, irgendeine faule Ausrede zu erfinden, um
zu rechtfertigen, warum ich nicht kann, etwas nicht getan habe oder nicht
teilnehmen werde. Wahrscheinlich hoffe ich unbewusst, mit einer Ausrede
könnte ich mein Gesicht wahren. Die Erfahrung hat mich allerdings gelehrt,
dass diese Versuche, meine Integrität und meinen guten Namen zu erhalten,
oft den gegenteiligen Effekt erzielen, und am Ende enttäusche und missach-
te ich die Zeit und die Anstrengungen anderer.

Wenn es dir gelingt, deine Zeitplanung so zu verbessern, dass sie realistisch statt optimistisch ist, wird die Zahl der Ausreden abnehmen, die du dir
ausdenken musst, und damit auch dein Stress.

Wie Sara festgestellt hat, besteht die beste Art und Weise, an die Spitze
zu gelangen und sich dort zu halten, darin, sich Zeit zu nehmen, um tief
durchzuatmen und Energie zu tanken und sich kleine, nachhaltige Belohnungen zu gönnen. Du musst dich für deine Bedürfnisse weder schämen
noch musst du sie verstecken. Ehrlich zu dem zu stehen, was du tust, um
dich bei guter Gesundheit zu halten, ist vielmehr ein großartiges Vorbild für
andere Frauen in deiner Umgebung und kann dazu beitragen, eine gesünde-
re Arbeits- oder Lernatmosphäre zu schaffen. Du musst nicht unbedingt ins
Detail gehen, aber die Ablehnung von Einladungen oder das Einplanen von
»Ich-Zeit« in den Kalender ist mehr als in Ordnung. Es ist deine Pflicht. Sei
ehrlich und aufrichtig, was deine Bedürfnisse betrifft, selbst wenn du damit
zunächst Missmut erntest. Wenn sich die Menschen erst einmal an deine
neuen Grenzen gewöhnt haben, wirst du überrascht sein, wie schnell sich
die Dinge in deiner Welt ändern.

SARA BORDO (Unternehmerin): Ich habe das Glück, auf eine äußerst abwechslungsreiche Karriere zurückblicken zu können: acht Praxissemester an verschiedenen Colleges, die damals jüngste Mitarbeiterin von Estée Lauder Companies in New York, für den Großkunden Aveeno verantwortliche Managerin von DDB Chicago, Vermarktung der Grammy Awards in Los Angeles, der Abschluss der frühen Verträge zwischen eBay und den Filmstudios in Hollywood, gefolgt von Führungspositionen bei Paramount Pictures, den MGM-Studios, später Gründerin und CEO eines Start-ups namens NowLive.

Alle Blogger und Autoren der Welt versuchen, das Problem der Work-Life-Balance zu lösen. Ich bin absolut keine Expertin auf diesem Gebiet, weil ich eher mein eigenes 12-Punkte-Programm zur Überwindung meiner Produktivitätssucht absolvieren muss. Aber ich weiß, dass das Leben natürlich ein Gleichgewicht fordert – auf jede Aktion folgt eine gleichgeartete Reaktion. Es ist durchaus kein Klischee, dass das Leben ein Auf und Ab ist; das ist einfach sein natürlicher Rhythmus. Als ich das gelernt hatte, konnte ich ein besseres Verständnis dafür entwickeln, wo ich gerade stehe, und so erkennen, wie sich das, was ich jetzt fühle, auf das, was kommen wird, auswirkt. Als ich das erst einmal erkannt hatte, wurde mir klar, dass ich schneller dorthin gelangen kann, wo ich hinmöchte, wenn ich mein Leben aufmerksam betrachte.

Ich bin stolz auf meine Karriere, stolz, dass ich meine freundschaftlichen und familiären Beziehungen bewahren kann und mein Bestes tue, um auf meine emotionale Gesundheit zu achten. Aber wie wir alle wissen, gibt es Momente, in denen wir einfach tränenüberströmt zusammenbrechen. Hier drei Erfolgsrezepte, die dir, wie ich hoffe, dabei helfen, dir einen Platz zu sichern, der sowohl für dein inneres Ich und deine äußere Produktivität von Vorteil ist.

Kenne dich selber. Welche Dinge bringen dich zur Ruhe? Nicht »Frustshopping«, sondern ein echter Moment der Gelassenheit. Einfach ein kurzer Spaziergang, ohne mit irgendjemandem zu sprechen, eine Joggingrunde, während der du immer wieder deinen Lieblingssong hörst, ein Gespräch mit deiner besten Freundin, ein langes Bad mit einer Mischung aus deinen Lieblingsbadecremes. Du solltest wissen, was für dich das Beste ist, und dir einen »(dein Name)-Wertschätzungstag« gönnen. Jede Woche.

Stress wegatmen. Es gibt einen Unterschied zwischen einfach nur tief Luft holen und wissen, wie man eine belastende Situation wegatmet. Hier der Trick, den ich gelernt habe: Zähle im Stillen, wie lange du ein- und ausatmen kannst – das Einatmen und Ausatmen sollte dieselbe Zeit dauern. Ich zähle eins, zwei, drei, vier, fünf und atme dann auf eins, zwei, drei, vier fünf wieder aus. Das mache ich fünfmal. Das ist mein Atemritual. Es hat mich viele Male gerettet und meine Gedanken von einer Enttäuschung oder meiner Ungeduld abgelenkt und mir eine produktive Ruhe verschafft.

Belohne dich. Wenn du an deiner Karriere arbeitest und unter großem Stress stehst, aber dein Kontostand niedrig ist, dann wirf kein Geld für Dinge aus, die möglicherweise nicht von Dauer sind. Geld für kurzfristige Bedürfnisbefriedigung auszugeben erhöht nur noch den Frust. Als ich bei Estée Lauder arbeitete, erfuhr ich eine Insidertatsache, nämlich dass der Lippenstiftabsatz immer dann ansteigt, wenn die allgemeine Konjunktur nachlässt: »Ich möchte mich belohnen, aber das wird nur eine kleine Belohnung im Rahmen von 20 Dollar sein.« Erfülle dir dein Bedürfnis nach einer Belohnung mit kleinen Dingen, die den gleichen Zweck erfüllen.

Aber was soll ich sagen?
Wenn ich Nein sagen muss

Jeder hat eine Freundin oder einen Freund, der nie Verabredungen zum Essen einhält, oder eine Kollegin, die immer atemlos und mit Verspätung zur wöchentlichen Sitzung kommt. Wenn du diese Person bist oder dich lieber verknoten würdest, als Nein zu sagen, dann ist es an der Zeit für eine Veränderung. Geh zurück zu deinem persönlichen Manifest und erinnere dich daran, welche Art Mensch du sein willst. Wenn du eine Frau sein willst, die ihre Verpflichtungen erfüllt und ihr Wort hält, dann musst du lernen, Nein zu sagen. Hab Selbstvertrauen; deine Zeit ist eine kostbare Ware, und es ist deine Sache, wie du sie verbringst. Hier einige Beispiele, was du sagen könntest, um auf höfliche Art eine Einladung abzulehnen. Ich habe sie immer im Hinterkopf und lasse mich auf diese Art und Weise nicht aus Überrumpelung zu einer Zusage hinreißen. Manchmal habe ich einen Aussetzer, wenn man mich direkt überfällt, aber durch das Auswendiglernen einiger »Vielen Dank, aber nein danke«-Sätze bin ich immer super vorbereitet und übernehme mich nicht.

Sie: Ich mache heute eine Party in meiner Wohnung. Ich weiß, das ist sehr kurzfristig, aber alle werden kommen. Du musst unbedingt auch kommen!

Du: Ich würde so gerne kommen, aber im Moment bin ich völlig eingespannt und brauche einen Abend für mich, an dem ich einfach gar nichts mache. Aber vielen Dank für die Einladung.

Er: Hey, schön, dich getroffen zu haben. Lass uns das wiederholen, einfach nur wir zwei. Wie sieht's aus mit Samstag, erst Abendessen und anschließend Kino?

Du: Ich fühle mich sehr geschmeichelt, dass du mit mir ausgehen willst, aber ich will ganz ehrlich sein. Ich bin nicht an einem romantischen Treffen mit dir interessiert. Das klingt wahrscheinlich sehr hart und es ist mir unangenehm, es zu sagen, aber ich respektiere dich und möchte ehrlich sein und dir keine Hoffnungen machen.

Sie: Du kommst doch zu der Veranstaltung heute Abend, oder?

Du: Es ist mir peinlich, es zuzugeben, aber ich will ganz ehrlich sein. Ich habe mich heute versehentlich doppelt verabredet und werde nicht kommen können. Ich dachte, ich würde es schaffen, zu beiden Veranstaltungen zu gehen, aber es klappt nicht. Das tut mir wirklich leid.

Und hier einer meiner Lieblingssätze – kurz und knackig.

Er: Wir hätten sehr gerne, wenn du bei unserer Präsentation nächste Woche einige Worte sagen würdest.

Du: Vielen Dank, dass ihr an mich gedacht habt, aber an dieser Veranstaltung werde ich nicht teilnehmen können.

Punkt, Ende der Geschichte, und du brauchst kein weiteres Wort zu verlieren, um irgendetwas höflich abzulehnen. Oft haben wir das Gefühl, die Leute verdienten eine Erklärung, obwohl das gar nicht der Fall ist. Du bist nicht verpflichtet, weitere Informationen zu geben, wenn du das nicht möchtest. Ein einfaches »Danke, aber nein« ist alles, was wir sagen müssen. Mach das beim nächsten Mal, wenn du versucht bist, wortreiche Erklärungen abzugeben, um jemanden nicht zu verletzen, zu deinem Mantra. Ehrlichkeit kann hart sein, aber sie macht das Leben so viel einfacher.

Schritt vier: Perfektion neu definieren

Ich finde es faszinierend, dass einer der zentralen Punkte, die vor der Drucklegung dieses Buches über meine Definition von »Perfektion« zur Sprache kamen, der Umstand war, dass ich keine solche Definition habe. Mein Lektor, dessen Aufgabe darin besteht, dafür zu sorgen, dass dieses Buch einen Sinn ergibt, merkte einmal an, dass ich im Verlauf dieses Buches oft auf die Idee der »Perfektion« verweise, aber keine einheitliche Definition verwende. Ich erwähnte Perfektion zum Beispiel im Zusammenhang mit der engen Definition, die unsere Gesellschaft diesem Begriff beimisst, und Augenblicke später pries ich, wie perfekt wir erschaffen wurden. Wenn es jemals eine konfuse und widersprüchliche Definition von Perfektion gegeben hat, dann meine.

Der Grund, aus dem ich einen Blick »hinter die Kulissen« auf dieses kleine Lektoratsdetail gewähre, ist, dass es ein unübersehbarer Hinweis war, dass nicht einmal ich selber eine klare Vorstellung davon habe, was Perfektion eigentlich sein soll, und dennoch empfinde ich ständig den Druck zur Perfektion im Nacken – von dem Moment an, in dem ich morgens aufwache, bis ich abends die Augen schließe. Meine Vorstellung von Perfektion hat in meinem Leben immer eine derart große Rolle gespielt und, schlimmer noch, sie geistert ständig durch meinen Kopf und versteckt sich hinter so vielen verschiedenen Masken, dass ich mir gar nicht die Zeit genommen hatte, um ihr direkt ins Auge zu sehen. Ich musste mich eindeutig hinsetzen und gründlich darüber nachdenken ... und dabei ist Folgendes herausgekommen:

Perfektion wird definiert als »Zustand oder Qualität, frei oder möglichst frei von Mängeln und Defekten«. Im wörtlichen Sinne ist die Vorstellung, dass ein Mensch oder eine Sache von Natur aus vollendet ist, absurd, daher ist die Perfektion eines lebendigen, atmenden Wesens unmöglich und unerreichbar. Perfektion ist also etwas Irreales. Mit ausgefeilter Bildbearbeitungstechnik hat unsere Gesellschaft jedoch »perfektionsgetriebene Erwartungen« geschaffen. Wohin wir auch blicken, sehen wir Bilder schöner Frauen, deren Makel optisch ausradiert und geglättet wurden und die zu einem unnatürlichen und unmöglichen Standard erhoben wurden. Was löst das in uns aus? Das chronische »Ich genüge nicht«–Syndrom. Du kennst es, die Stimme in deinem Kopf, die in dem Moment, in dem du in den Spiegel blickst, auf jeden noch so kleinen echten oder wahrgenommenen Makel deutet. Wenn es nicht unsere breiten Hüften sind, dann sind es die Haare auf unseren Zehen, unsere dicken Oberschenkel, unser Teint, unsere fehlenden Waden, unsere formlosen Arme, unsere schlaff herunterhängenden oder wie elektrisiert abstehenden Haare, unsere nicht perfekten Brustwarzen, unsere Rettungsringe, unser großes Kinn, unsere schiefen Zähne oder abstehenden Ohren. Wir beurteilen uns selber nach unrealistischen, unerreichbaren und unmöglichen Maßstäben und Erwartungen und fragen uns, warum unser

Selbstwert jeden einzelnen Tag von dreitausend Bildern untergraben wird, die uns ständig daran erinnern, dass wir nie mit ihnen mithalten können.

In dem Wissen, dass die Gesellschaft eine verzerrte, unselige Auffassung von Perfektion hat, die unser Selbstvertrauen zunichtemacht, habe ich einen ziemlich verwegenen Schritt unternommen, um Perfektion völlig neu zu definieren. Anstatt diesen Zustand als Endziel zu betrachten, verwandele ich ihn in ein Adjektiv, um unsere »Makel« zu beschreiben, die nach meiner Meinung das Schönste an uns sind. Zum Teufel mit der Makellosigkeit, oder nicht? Wenn ich »Perfektion« neu definiere, kann ich auch »Makel« neu definieren. Ich finde nämlich, dass unsere Makel ... makellos sind. Ja, ich werde das blasphemische Wort »Perfektion« verwenden, um deine wunderbare Einzigartigkeit zu beschreiben, weil ich finde, dass wir alle perfekt und wunderbar fehlerhaft sind. Bamm!

Ich habe große Plattfüße, meine Texas-Haare sind üppig, meine Hüften breiter als die der meisten Frauen und meine Ungeduld ist eine Herausforderung für mich und meine engste Umgebung. Meine Unfähigkeit, lange still zu sitzen, kann frustrierend sein, mein unersättlicher Durst danach, die Welt zu verändern, verdrängt die Menschen, die mir am nächsten stehen, gelegentlich in die zweite Reihe, ich bin nicht gerade die beste Autofahrerin und keine gute Hausfrau, und ich komme nicht immer mit allen Menschen aus. Ich habe eine ganze Liste an Unsicherheiten, Ängsten, Zweifeln, Schwächen und epischen Misserfolgen vorzuweisen. Aber ich glaube auch daran, dass es besser ist, sie zu akzeptieren, als vorzugeben, es gäbe sie nicht, sie zu überkompensieren oder sie ganz zu verstecken. Warum? Weil ich wunderbar und perfekt fehlerhaft bin.

Perfekt nach herkömmlicher Definition? Nein, das bin ich nicht. Versuche ich, der bizarren und unnatürlichen Definition von Schönheit zu entsprechen, die unsere Gesellschaft vorgibt? Nein. Ich weigere mich, sie zu akzeptieren. Glaube ich, dass Gott oder welches göttliche Wesen auch immer uns perfekt erschaffen hat? Absolut. Glaube ich, dass wir perfekt fehlerhaft sind und diese kleinen Beulen in unserer Rüstung das sind, was uns besonders schön macht? Ab-so-lut.

Du siehst, ich weiß nicht, wer du bist, liebe Leserin, aber ich weiß, wie es sich anfühlt, ein ganzes Leben lang zu versuchen vorzugeben, dass es mir gut geht. Ich weiß, wie es sich anfühlt, die Last der Welt auf den Schultern zu tragen und Menschen davon zu überzeugen, dass ich nicht verrückt bin. Ich weiß, wie ermüdend es ist und wie viele Nächte ich alleine in meinem Bett geheult habe, zu erschöpft, um die Last weiter zu tragen. Ich kenne aber auch die Freiheit, die ich empfand, als ich beschloss, nicht mehr so zu tun, als ob. Ich erinnere mich an das erste Mal, als ich ganz ehrlich war und den Mut aufbrachte, den Typen, für den ich schwärmte, zu fragen: »Was willst du von mir? Ich weiß, was ich will (zum ersten Mal in meinem Leben), und ich bin bereit, mich einfach umzudrehen und zu gehen, wenn wir nicht dasselbe wollen, weil ich es mir wert bin.« Ich erinnere mich daran, dass ihm der Unterkiefer herunterfiel, und ja, ich drehte mich um und ging. Ich erinnere mich daran, Grenzen zu setzen und mich zu behaupten, indem ich sagte: »Das bin ich, und ich bin mit mir zufrieden.« Und das meine ich wirklich.

Ich erinnere mich daran, dass ich die Pappkameradin, als die ich mich fühlte, eintauschte gegen mein wahres Ich und lernte, meine »perfekten« Mängel genauso anzunehmen wie die Dinge, auf die ich besonders stolz war, weil sie letztlich alle zu mir gehören – dem wundersamen, komplizierten, göttlichen und großartigen Menschen, der ich bin. Ich erinnere mich an den Moment, die Sekunde, in der ich mich von dem Wunsch verabschiedete, »hübsch und perfekt« zu sein, und dafür lieber »echt, ehrlich, verletzlich, mutig« sein wollte. Ich erinnere mich an den Moment, als ich den Begriff »perfekt« für mich selber neu definierte und dieser Begriff nichts mehr mit Photoshop, Make-up oder fehlerfreien Lebensentscheidungen zu tun hatte; vielmehr war es genau das Gegenteil. Meine Neudefinition feierte die Perfektion der Natur, unseres Erschaffers und unsere Einzigartigkeit; unsere Sommersprossen, unser akutes Aufmerksamkeitsdefizit, unsere Legasthenie, unsere Schüchternheit, unsere Narben (sichtbare und unsichtbare), unsere blasse Haut, unseren schleppenden Akzent, unsere Misserfolge, unsere dünnen Beine, unser Stottern, unsere Muttermale, unsere kleinen Brüste, unsere Zahnlücken, unseren unaussprechlichen Nachnamen, unseren Haarwust oder all die anderen Dinge, die uns in der Vergangenheit den Stempel *imperfekt* oder *nicht begehrenswert* aufgedrückt haben. Das ist verdammt fehlerhaft – es ist großartig.

Ich verstehe, dass ich hier gegen eine 40 Milliarden Dollar schwere Schönheitsindustrie ankämpfe, aber das ist mein Lebenszweck, und jedes Mal, wenn ich versuche, etwas an mir selber zu »reparieren«, im Spiegel einen Makel an mir entdecke oder wünschte, irgendein Körperteil wäre anders, dann denke ich an dich und meine Verantwortung und das ist alles, was ich brauche. Wir sitzen alle in einem Boot und bilden eine Armee aus jungen Frauen, die dem Druck der Gesellschaft widersteht, die uns vorschreiben will, dass wir unsere Schönheitsmängel beseitigen müssen. *Glaube mir*, ich muss genauso wie du immer wieder daran erinnert werden! Wenn ich mich also schwach fühle, kannst du mich an meine Göttlichkeit erinnern, die nichts mit meinen körperlichen Attributen zu tun hat, und wenn du dich schwach fühlst, dann erinnere ich dich. Abgemacht?

Mein Ziel ist es, dir ins Herz und in den Kopf zu prägen, dass all die Dinge, von denen du glaubst, sie seien ein Makel, schön sind. Du, meine Liebe (hol tief Luft, bevor du das liest, und saug es in dich auf), bist *perfekt fehlerhaft*. Du bist nicht perfekt und willst es auch gar nicht sein, weil das langweilig ist. Du bist einzigartig, unverwechselbar. Sollen andere diese Dinge als Mängel bezeichnen, ich nenne sie be-ein-dru-ckend. Kannst du dir eine Welt vorstellen, in der wir uns alle ohne Vorbehalte annehmen und die Entscheidung treffen, Selbstvertrauen zu haben und uns genug und immer schön zu fühlen? Wir hätten die Freiheit, uns auf so viele wichtigere Dinge zu konzentrieren und Lösungen für so viele Probleme zu finden und die Frauen auf der ganzen Welt daran zu erinnern, dass wir in einem Boot sitzen.

EMILY GREENER (Mitgründerin von »I Am That Girl«): Erwartungen. Sie gründen fast ausschließlich in der Überzeugung, dass das, was die Welt sagt, zählt. Die Erwartungen, die die Welt an uns richtet, werden so zu unseren eigenen Erwartungen. Wir wollen unbedingt etwas anderes und woanders sein als das, was wir sind und wo wir uns gerade befinden. Das ständige innere (und verbale) »Ich sollte« meißelt das nicht enden wollende Gefühl des Ungenügens in Stein, das in unseren Köpfen und Herzen herumgeistert. Sind wir schnell, »sollten« wir langsamer sein; sind wir langsam, »sollten« wir produktiver sein. Wir »sollten« einen Partner haben, Single sein, bessere Noten erzielen, mehr tun, weniger wiegen, uns mehr anstrengen, länger leben, stärker, klüger oder beliebter sein. Ich weiß nicht, wie es dir ergeht, aber ich bin erschöpft.

Was wir nicht erkennen, ist die Tatsache, dass wir lebendig sind, und dass wir aus eigenem Antrieb atmen, sorgt schon allein für unseren Wert. Das ist eine Tatsache. Wir *sind* einfach. Es gibt nichts, das wir tun oder konsumieren müssen, um wertvoll zu sein. Wir müssen uns von all den »Du solltest« freimachen, damit wir entdecken können, dass alles, was wir uns wünschen, bereits in uns existiert.

Ich bin schon seit 28 Jahren auf der Welt und bin mir erst jetzt der kritischen Stimme in meinem Kopf bewusst. Sie hat dafür gesorgt, dass ich mich schlecht fühle, weil ich verletzlich bin oder nicht erfolgreicher. Wenn mein Körper Ruhe braucht, schimpft sie mich einen Faulpelz. Wenn ich mir selbst Priorität vor anderen einräume, dann nennt sie mich eine schlechte Freundin. Sie sagt mir, um wertvoll zu sein und Freunde zu haben, sollte ich meine Talente besser dazu nutzen, anderen aufzuhelfen. Wenn ich mich nicht besonders positiv oder energiegeladen fühle, sollte ich einfach so tun, als wäre ich es, oder zu Hause bleiben. Das Wort *sollte* beinhaltet ganz unmittelbar, dass es einfach nicht genügt zu sein. Wenn ich auf diese Stimme höre, ist es leicht, ständig von mir selbst enttäuscht zu sein.

Geht es euch auch so?

Nun, ich bin hier, um dir (und mir) zu sagen, dass ich genug habe und das Wort *sollte* aus meinem Wortschatz streiche. Ich habe es satt, mich an die Erwartungen anzupassen, die andere an mich richten, und so zu sein, wie ich nach den Vorstellungen der Gesellschaft sein sollte. Ich werde üben, mich jeden Tag genau so anzunehmen, wie ich bin.

Kannst du dir vorstellen, wie es wäre, wenn wir die vielen »Solltest« streichen und die Dinge einfach so benennen würden, wie wir sie sehen? Sag »ich bin faul und esse Dinge, die meinem Körper nicht das liefern, was er braucht« anstatt »Ich sollte das nicht essen«. Oder »Ich würde heute wirklich gerne meditieren, weil ich weiß, wie gut ich mich anschließend fühle« anstatt »Ich sollte meditieren (weil ich dann ein besserer Mensch bin, und wenn ich das nicht bin, dann bin ich eine Versagerin).« Wie wäre es mit ein wenig Mitgefühl? »Es tut mir leid, mein liebes Ich, dass du dich gerade nicht so optimistisch fühlst und dir das was immer du auch gerade durchmachst, Kummer bereitet. Ich weiß, wir schaffen es.« Was?! Akzeptanz für etwas?! Das ist revolutionär.

Wir sind alle wunderschöne unfertige Wesen. Je mehr ich über mich selbst erfahre, desto mehr erkenne ich, dass es noch so viel mehr zu lernen gibt. Und nun, da ich die die äußeren Erwartungen abschüttele, wird mein Vorhaben, mich bis über beide Ohren in mich selbst zu verlieben, eine leichte Sache.

Es ist unerlässlich, damit aufzuhören, uns selber mit »Ich sollte« zu traktieren. Machst du mit?

Du, schöne Seele, bist 100 Prozent genau so, wie du sein sollst. Dein unschätzbarer Wert liegt in deinem Sein. Du bist in der Lage, in den Spiegel zu blicken; die Fähigkeit, dich zu sehen, wie du wirklich bist, und dein Spiegelbild zu lieben (oder zumindest zu akzeptieren), wird deine Rettung vor dieser großen, schlechten Welt sein. Im Besten wie im Schlechtesten sind wir die Einzigen, die die Macht besitzen, uns selber so zu lieben, wie wir es verdienen – intensiv und grenzenlos.

Die goldene Regel des Fehlermachens lautet, dass wir Fehler akzeptieren müssen, und zwar unsere eigenen und die anderer Menschen. Du musst die Fehler der anderen verzeihen, wenn du willst, dass man dir deine Fehler verzeiht. Wie Emily sagt, sind die Dinge, die wir selbst für unsere Fehler halten, das, was uns einzigartig und menschlich macht und uns daran erinnert, dass wir keine Pappversion unserer selbst sind. Wenn die Motive stimmen, aber die Integrität ein wenig dahinter zurückbleibt, nun, dann ist das Teil unseres Menschseins. Ich versuche im Zweifel immer, jedem gute Absichten zu unterstellen, und gehe davon aus, dass niemand in meiner Umgebung absichtlich versucht, mich zu verletzen. Und wenn sie es tun, dann sage ich es ihnen und vertraue darauf, dass sie ihr Bestes tun, um es nicht zu wiederholen. Das Gleiche gilt für mich. Wenn ich mich dabei erwische, dass ich etwas Hässliches tue, Mist baue oder eine lahme Ausrede erfinde, dann unterstelle ich mir zunächst selbst gute Absichten. Ich frage mich, was eigentlich los ist. Dann komme ich erst mit mir selber ins Reine und dann mit der Person, die ich enttäuscht habe. Alles, was ich von mir verlangen kann, ist, dass ich es das nächste Mal besser mache. Das ist alles! Keine Schuldgefühle, kein Schamgefühl – einfach weiterleben.

Integrität: die beste aller Investitionen

Wenn wir Ausreden erfinden, weil wir unser Wort nicht gehalten haben, ist eines der wichtigsten Dinge, die wir aufs Spiel setzen, unsere Integrität. Integrität ist kostbar, sehr leicht einzubüßen, nicht einfach zu entwickeln und extrem schwierig zurückzugewinnen, wenn man sie einmal verloren hat. Warum ist es so wichtig, sich anzustrengen, und was ist der Preis für eine oberflächliche Auffassung von Integrität? An deiner Integrität lässt sich deine Zuverlässigkeit, deine Loyalität und die Fähigkeit der Menschen, an dich zu glauben und dich zu loben, ablesen. Wenn du sie verlierst, verlierst du auch das Vertrauen der Menschen in deiner Umgebung.

Die Integrität ist so schwer zu bewahren, weil Abkürzungen so verlockend sind und du am Ende die Einzige bist, die jede deiner Entscheidungen kennt. Integrität erfordert ein ausgeprägtes persönliches Verantwortungsgefühl, auch wenn deine Motivation nicht immer groß ist. Das kennen wir alle: Wir sagen, dass wir gerne regelmäßig ins Fitnessstudio gehen, uns besser ernähren oder unsere Prioritäten besser setzen wollen, und dann kommt plötzlich eine Verlockung daher, wir finden eine Ausrede und vergessen unser ursprüngliches Ziel. Integrität ist eine anspruchsvolle Angelegenheit. Sie hat damit zu tun, sein Wort zu halten, pünktlich zu sein und Leute zurückzurufen. Integrität bedeutet, die Wahrheit zu sagen, auch wenn es schwerfällt und die Gefühle anderer verletzt, und es bedeutet, schonungslos die eigenen Motive aufzudecken. Integrität bedeutet zuzugeben, wenn du Mist gebaut hat, anstatt zu versuchen, es zu vertuschen. Es bedeutet, nicht zu betrügen und niemanden auszunutzen, auch wenn es noch so einfach wäre. Integrität bedeutet, das Richtige zu tun, keiner Versuchung nachzugeben, deinen Ansprüchen zu genügen, wenn du mit dir alleine bist, und das zu tun, was richtig ist (und nicht, was bequem ist), selbst wenn dir niemand zusieht.

Ja, immer zuverlässig und beständig zu sein ist schwer in einer Welt, in der wir immer auf Hochtouren laufen, chronisch gestresst, verplant und überarbeitet sind. Wir können aber nur dann die effektivste und beste Version unserer selbst sein, wenn wir so viel Integrität wahren, dass andere Menschen wie selbstverständlich davon ausgehen, dass wir unser Wort halten. Jeder will sich mit zuverlässigen, integren Menschen umgeben, weil sie leben, was sie predigen, und durch diese Wahrhaftigkeit ein Fundament aus unbewusstem Vertrauen entsteht. Es kommt also ganz darauf an, dass du entscheidest, wer du sein willst, unabhängig von den Menschen um dich herum und den Entscheidungen, die sie ihrerseits für sich treffen. Ich bin die Erste, die zugibt, dass das Leben einfacher ist, wenn man es mit der Integrität nicht so genau nimmt. Viele Menschen hoffen einfach, dass man sie nicht dabei erwischt, und traurigerweise gelingt das auch den meisten. Aber es sollte nicht darum gehen, ob man ertappt wird, sondern um den Seelenfrieden, den man empfindet, wenn man weiß, dass man den schwierigeren, aber richtigen Weg gewählt hat. Wenn man seine Integrität einbüßt, ist das der Anfang vom Ende. Wenn du siehst, mit welchen Ausreden deine Freunde ihr Verhalten entschuldigen, und du es tolerierst, dann ist es eine Frage der Zeit, bis du Dinge tolerierst, die du Monate oder Jahre zuvor niemals gebilligt hättest.

Mein Vater sagte mir einst: »Der wahre Charakter eines Menschen offenbart sich nicht in seinem Alltag und nicht einmal in seinen größten Errungenschaften; er zeigt sich daran, wie sich dieser Mensch unmittelbar nach seinen größten Fehlern verhält.« Da wir alle Fehler machen, geht es nicht darum, wie groß oder schlimm sie sind, sondern wie wir anschließend das Chaos beseitigen, das wir angerichtet haben.

Wie du weißt, arbeitete ich bei FOX Sports in der Innenstadt von Los Angeles, um mein Graduiertenstudium finanzieren zu können. Tagsüber war ich Lohnsklavin, abends studierte ich und am Wochenende versuchte ich, so gut ich konnte, meine Hausaufgaben zu machen. Ich hatte kein Leben, schlief kaum und es war nur eine Frage der Zeit, bis ich meinen ersten großen beruflichen Fehler machte. Ich war für die Reisebuchungen der Direktoren, Produzenten und Moderatoren verantwortlich. Da der Sender diese Teams in alle Ecken der Vereinigten Staaten entsandte, um über jedes größere Sportereignis zu berichten, buchte ich pro Tag rund zwanzig Hotels, Mietwagen und Flüge. Zu jedem Zeitpunkt reisten unzählige Leute in alle möglichen Richtungen, und irgendwann verlor ich den Überblick und buchte für einen Moderator den falschen Flug.

Ich hatte mich einfach im Monat geirrt. Die Flugzeit stimmte, der Tag stimmte – aber es war der falsche Monat. Plötzlich erhielt ich einen Anruf von besagtem Moderator, der am Flughafen stand und versuchte, eine Bordkarte zu bekommen, und mit der Dame am Schalter diskutierte, die darauf beharrte, dass es keine Reservierung gebe. Sofort überprüfte ich die Buchung online und erkannte meinen sehr, sehr teuren Fehler. Erstens war das Geld für das bereits gebuchte Ticket futsch und außerdem musste ich auf die Schnelle den letzten Platz im Flugzeug buchen und dafür die dreifache Summe bezahlen. Ich war starr vor Schreck. Nicht nur war der Moderator völlig außer sich, durch meinen Fehler hatte ich dem Unternehmen am Ende Kosten von 1000 Dollar beschert.

Ich war in Tränen aufgelöst, wusste nicht, wie man mich bestrafen würde, und überlegte, ob es vielleicht niemand herausfinden würde, wenn ich das Ganze verschwieg. Technisch gesehen, buchte ich täglich Reisen im Wert von vielen Tausend Dollar, daher würde es wahrscheinlich gar nicht auffallen, aber ich würde riskieren, dass es der Moderator herumerzählte. Am Ende brachte ich den Mut auf, zum Chef des Senders zu gehen und meinen kostspieligen Fehler zu beichten. Ich fühlte mich schrecklich, unverantwortlich und grenzenlos dumm. Ich klopfte an die Tür des großen Bosses, der für seine äußerst einschüchternde Art bekannt war. Sofort bellte er, ich solle hereinkommen. Mein Geständnis sprudelte aus mir heraus, noch bevor er die Chance hatte, mich zu fragen, wie ich auf die Idee käme, ihn zu stören.

»Ich weiß nicht, was ich sonst sagen soll, aber ich habe einen schweren Fehler gemacht und möchte nur sicherstellen, dass Sie es von mir hören und nicht von jemand anderem. Ich habe für einen unserer Moderatoren einen falschen Flug gebucht und das hat das Unternehmen rund 1000 Dollar gekostet. Sie können das von meinem Gehalt abziehen. Es tut mir aufrichtig leid. Ich war unaufmerksam und verspreche, in Zukunft sorgfältiger zu sein. Alles, was ich sagen kann, ist, dass ich mein Bestes tun werde, damit sich das nicht wiederholt.«

Er saß fünfzehn Sekunden still da – die längsten fünfzehn Sekunden meines Lebens –, bevor er mich anblaffte: »Das ist in Ordnung, Jones. Danke, dass Sie es mir gesagt haben. Machen Sie es nicht wieder.« Das war's. Dann scheuchte er mich schnell aus seinem Büro, und es war vorbei. Keine Furcht vor »dem« Anruf, kein Grübeln, wann oder ob er mich feuern würde, wenn er es herausfände. Keine schreckliche Gardinenpredigt oder öffentliche Zurechtweisung. Ich ging zurück an meinen Arbeitsplatz, hielt mein Versprechen und machte nie wieder den gleichen Fehler.

Das Verrückteste davon war, dass er an meinem letzten Tag nicht nur an meiner Abschiedsparty teilnahm, sondern einen kurzen Trinkspruch auf mein Wohl aussprach – das der kleinen, subordinierten Reisekoordinatorin. Er sagte: »Ich werde nie den Tag vergessen, an dem Alexis in mein Büro spazierte und mir mitteilte, sie habe einen teuren Fehler gemacht. Das war der Tag, an dem ich wusste, dass ich ihr wirklich vertrauen kann und dass sich unser Unternehmen glücklich schätzen kann, eine Frau wie sie an Bord zu haben. An diesem Tag hat mich ihr Charakter schwer beeindruckt.« Wie bitte? Ich war mir nicht einmal sicher gewesen, ob er meinen Namen wusste. Noch viel weniger hatte ich erwartet, dass er mich so sehr respektierte. Er sagte mir sogar ausdrücklich, sollte ich in der Zukunft je einen Job brauchen, solle ich nicht zögern, mich bei ihm zu melden.

Du siehst, es waren nicht meine Leistungen oder brillanten Momente, an die er sich erinnerte; nicht das revolutionäre Organisationssystem, das ich einführte, oder all die Male, in denen ich alles richtig gemacht hatte. Es war die Art und Weise, wie ich mit einem Fehler umgegangen war, die mir seinen Respekt erworben hatte.

Ich lernte, mich nicht mehr vor Fehlern zu fürchten. Ich habe keine Angst mehr davor, große Risiken einzugehen und möglicherweise einen Misserfolg zu erleben und auf die Nase zu fallen, weil ich weiß, dass ich, wenn ich einen Fehler begangen habe, die Erste bin, die ihn eingesteht, meine Lektion lerne und zur Tagesordnung zurückkehre. Das ist alles, was wir von anderen und uns selbst verlangen können.

Mit 21 Jahren beschloss ich, eine Non-Profit-Organisation zu gründen. Ich war sehr überrascht, wie viele Menschen trotz meiner Jugend und meiner Unerfahrenheit bereit waren, mir zu helfen, mir ihre wichtigsten Kontakte zu nennen, und mir unschätzbaren Rat boten. Einer meiner Mentoren, ein hohes Tier in Hollywood, sagte: »Alexis, ich setze mich aus ganz eigennützigen Gründen für dich ein, weil du mich, ehrlich gesagt, immer gut aussehen lässt. Ich habe kein Problem, irgendjemanden für dich um einen Gefallen zu bitten, also zögere nicht, mich um irgendetwas zu bitten.«

Ich erkannte, dass andere Menschen bereit sind, in eine Person zu investieren, die sich eine solide Reputation auf Basis guter Entscheidungen, strenger Selbstdisziplin und unermüdlicher Arbeitsethik erarbeitet hat, all das in Kombination mit einem ausgeprägten moralischen Kompass, der allen Umständen und Versuchungen widersteht, gelegentlich den bequemen Weg zu wählen. Meine Karriere und meine Organisation gedeihen, weil Menschen an meine Vision geglaubt haben und darauf vertrauten, dass mein Team und ich die Idee erfolgreich umsetzen würden.

Meine Mutter pflegte immer zu sagen: »Hübsch zu sein ist eine Allerweltsqualität und überdies vergänglich. Du besitzt Integrität, und die Menschen werden Schlange stehen, um dich kennenzulernen und mit dir zu arbeiten, weil dir dein Ruf vorauseilen wird, und das bringt dich weiter als Tagträumerei oder ein weiteres hübsches Gesicht.« Das könnte nicht zutreffender sein. Die Menschen suchen unsere Organisation, weil sie uns vertrauen und wissen, dass wir professionell, pünktlich, respektvoll und ehrlich und dafür bekannt sind, dass wir hart arbeiten.

Integrität ist das wirksamste Erfolgsinstrument, das bewirkt, dass du Chancen magisch anziehst und Menschen bereit sind, dir zu vertrauen und dich zu unterstützen. Du ziehst an, was du bist. Hör auf, Ausreden zu finden, hebe die Messlatte deiner Erwartungen an dich selbst an und du wirst sehen, wie gleichzeitig auch das Format der Menschen steigt, die sich von dir angezogen fühlen.

Integrität ist das wichtigste Accessoire, das du je besitzen wirst. Es kommt nie aus der Mode, ist zeitlos und verblasst nicht. Es ist die beste Investition, die du tätigen kannst, und ein ehrbares Lebensziel.

Stelle hohe Ansprüche an dich, träume in großen Dimensionen und lebe ohne Reue

Zwar sind Ausreden eine beliebte Methode, um unangenehmen Situationen zu entfliehen oder anderen zu gefallen, aber meistens benutzen wir sie aus reiner Bequemlichkeit. Ausreden sind die häufigste Methode zur Vermeidung von Dingen, die wir eigentlich tun wollen, zu denen wir uns aber aufraffen müssen. Diese Aufgaben sind zunächst vielleicht nichts weiter als kleine Steinchen auf deinem Weg. Aber bevor du dich versiehst, werden daraus massive, unbewegliche Felsblöcke, die dir den Weg zu deinen Zielen versperren. Wenn du deine Leidenschaft verfolgen, Leben verändern und die Menschen in deiner Umgebung inspirieren willst, kannst du dir keine Ausreden leisten.

TAMARA FERNANDEZ (Schauspielerin/Autorin): Ich versuche immer noch, dieses Ding mit dem Namen Leben zu verstehen. Ich bin als mittleres von drei Kindern aufgewachsen und entwickelte mich ganz natürlich zu einem Menschen, der versucht, es anderen recht zu machen. Auch wenn es merkwürdig klingt, der Hauptgrund, aus dem ich Ausreden dafür finde, dass ich die Dinge, die ich tun sollte, nicht tue oder die Dinge, die ich mir am meisten wünsche, nicht zu erreichen versuche, ist einfach Angst. Ich kann alles wunderbar vor mir herschieben, ohne mir jemals darüber bewusst zu werden, dass genau die Dinge, die ich mir am meisten wünsche, mir die größte Angst machen. Die Angst, dass sie vielleicht nie wahr werden, ist geradezu lähmend. Ich wollte schon so lange schauspielern, hatte aber viel zu viel Angst, es irgendjemandem zu sagen (albern, ich weiß), denn wenn niemand etwas davon wusste, konnte auch niemand mitbekommen, ob ich scheiterte. Ich fürchtete mich, von anderen beurteilt oder nicht unterstützt zu werden, und vor allem fürchtete ich mich davor, nicht gut genug zu sein.

Viele Jahre nach meinem Collegeabschluss lag mir all das, was ich mir so sehr wünschte, direkt vor der Nase. Ich lebte an einem Ort, an dem mein Traum sich in greifbarer Nähe befand, dennoch entschied ich mich für eine bescheidene Stelle bei einer Filmproduktionsgesellschaft. Irgendwann hatte ich eine Unterhaltung mit einem brillanten Freund, der mich irgendwie dazu brachte, das einzugestehen. Es machte mir Angst, so aufrichtig zu sein und ganz offen über meine Träume zu sprechen. Aber es verlieh mir irgendwie auch Flügel. Der Freund spornte mich an, auf mein Ziel hinzuarbeiten, all meine Handlungen danach auszurichten und das zu tun, was ich wirklich wollte und brauchte, um glücklich zu sein, und nicht, was meine Eltern, mein Freund oder meine Freunde von mir erwarteten. Er sagte, sich darauf zu beschränken, über die eigenen Wünsche nachzudenken und darüber zu sprechen, helfe nicht weiter. Die Tat und der Sprung ins kalte Wasser seien der einzige Weg, sich freizuschwimmen und die Wellenbewegungen zu beobachten, die man damit auslöst. Ich erkannte, dass ich gerne Konflikten und möglichen Verletzungen aus dem Weg gehe, aber in diesem Fall würde es nie Raum für das befriedigende Gefühl von Freiheit und echtem Leben geben. Schließlich verstand ich, worum es bei diesem Wagnis ging.

Mir wurde in kristallklarer Deutlichkeit bewusst, dass ich zwei Möglichkeiten hatte: Entweder ich wurde aktiv und tat den Sprung ins kalte Wasser, mit Erfolg oder ohne oder vielleicht irgendwo dazwischen. Oder ich blieb passiv und wartete darauf, dass sich mein Traum von alleine verwirklichte, was nicht sehr schlau war, da ich schon so lange gewartet hatte und mich bisher niemand zufällig als Talent entdeckt hatte. Ich erkannte, dass die einfachste Antwort selten eine echte Antwort ist und ausgerechnet die Entscheidung die richtige war, vor der ich mich am meisten fürchtete.

Diese Erkenntnis hat sich auf alle anderen Aspekte meines Lebens übertragen. Ich nehme nun immer den anstrengenden Weg und hänge mich richtig rein, um zu erreichen, was ich möchte – seien es meine Träume oder, noch wichtiger, meine Beziehungen. Mir wurde klar, dass ich bei all meinen Vorhaben dieselbe Person sein musste, wobei es an manchen Tagen einfacher ist, ehrlich und aufrichtig zu sein, als an anderen. Man muss offen und verwundbar sein, um Menschen und Träume nahekommen zu lassen, und riskieren, dass man dabei verletzt wird, denn das ermöglicht zugleich, dass man sich durch diese Erfahrungen zu dem Menschen entwickelt, den man sich nie hätte vorstellen können.

Abgesehen von meinen Träumen, machen mich vor allem die Dinge und die Menschen, die ich liebe, zu der Person, die ich bin. Und Menschen und Wege zu verfolgen, die mich glücklich machen, darum geht es doch im Leben ... den gesunden Egoismus. Umgib dich mit Menschen und Dingen, die dich wirklich glücklich machen. Um dich zu motivieren, fordere dich selbst heraus, stell dich den Situationen, die dir Furcht einflößen, und versuche, so viel wie möglich über die Menschen und Dinge, die du liebst, zu erfahren, weil sie sich ständig verändern und dich überraschen werden. Und vor allem liebe dich selbst mit allem, was du bist. Die Menschen begnügen sich mit der Liebe und den Träumen, die sie ihrer Meinung nach verdienen. Träume in großen Dimensionen, liebe intensiv und verfolge aufrichtig deine Ziele. Wenn du sie erreicht hast, lass nicht locker und lass dich nicht abwerfen.

Und hier die ganze Wahrheit: Die meisten Menschen wagen nicht, in großen Dimensionen zu träumen, also bescheiden sie sich mit kleinen Träumen, großen selbst auferlegten Beschränkungen und zahllosen Ausreden, mit denen sie ihr Verzagen rechtfertigen. Ein kleines, bescheidenes Leben mit kleinen, bescheidenen Träumen ist leicht, weil dir nie die Ausreden ausgehen werden, warum du keine größeren Träume verfolgst. Deine Ausreden bescheren dir ein sicheres, bequemes Leben in Gewissheit und erzeugen die Illusion von Kontrolle. Allerdings ist das auch der schnellste Weg, um deine Traumblase zum Platzen und deine hoffnungsfrohe Sandburg zum Einsturz zu bringen.

Das Versprechen an sich selbst, keine Ausreden zu finden, ist eine große und Kraft einflößende Selbstverpflichtung, die bewirkt, dass dich die Hindernisse in deinem Leben auf ganz unterschiedlichen Wegen zu deinen Träumen führen. Leider schrecken die meisten Menschen jedoch vor Hindernissen zurück und kehren um. Meine Herausforderung an dich lautet, dir keine Ausflüchte mehr zu genehmigen. Für mich gibt es nichts Traurigeres als eine Frau, die mit Bedauern feststellt, dass sie nicht den Mut hat, etwas zu wagen. Dafür ist es nie zu spät. Es ist egal, ob du zwölf oder 98 Jahre alt bist. Diese Botschaft gilt für uns alle! Es ist nie zu spät, um Selbstvertrauen zu entwickeln und in den Bus zu steigen, der zur Endstation »Traumverwirklichung« fährt.

Natürlich gibt es keine Erfolgsgarantie. Ich kann dir sogar beinahe garantieren, dass dein Herz gebrochen wird, dass du Rückschläge einstecken musst und dir genauso oft die Tür vor der Nase zugeschlagen wird, wie du Erfolg haben wirst. Aber ich kann dir versichern, dass, egal, wie das Endergebnis aussieht, deine Lebenszufriedenheit wesentlich größer sein wird, wenn du dir die Chance einräumst, es wenigstens zu versuchen. Du willst am Ende nicht auf dein Leben zurückblicken und dir wünschen, du hättest mehr Mumm gehabt. Du willst zurückblicken und wissen, dass du dich reingekniet, dich verausgabt hast, sodass du dir gelegentlich zwar eine blutige Nase geholt, aber aus deinen Misserfolgen genauso viel gelernt hast wie aus deinen Erfolgen (und wahrscheinlich sogar mehr).

Streng dich also an und sei hart zu dir selbst. Immer wenn du etwas Neues oder Furchteinflößendes planst oder die Gelegenheit hast, es umzusetzen, dann ermutige dich selbst, indem du dir mindestens drei Gründe einfallen lässt, warum du aus denselben Gründen, die dir Furcht einflößen, dein Ziel erreichen kannst und wirst. Nimm die Herausforderungen des Lebens an und heiße die Version deiner selbst willkommen, der du begegnen wirst, wenn du dich ans andere Ufer wagst – die stärkere, wagemutigere Person, die der Verwirklichung ihrer Träume einen Schritt näher gekommen ist oder ihre Ziele erreicht hat. Ausreden verhindern, dass du wächst, lernst und dich weiterentwickelst. Sie erreichen nur, dass du stagnierst und rechtfertigst, warum du auf halber Strecke stecken geblieben oder dich gar nicht erst auf den Weg gemacht hast.

Du kannst es dir nicht leisten, dein Licht unter den Scheffel zu stellen. Du hast der Welt so viel zu bieten und du schuldest es dir selber (und allen von uns), hier und jetzt ein bemerkenswerter Mensch zu sein.

KAPITEL 4

MACH DICH UNBELIEBT

>»Vergiss die Konventionen; höre nicht auf das Urteil
der Gesellschaft darüber, ob du den Platz einnimmst,
der dir zusteht, oder nicht; denk deine besten Gedanken, sprich deine besten Worte, mach deine beste Arbeit
und suche nur in deinem eigenen Gewissen
nach Zustimmung.«
E.E. Cummings

So, du bist nun offiziell darauf aus, deine Leidenschaft zu verfolgen. Du bist dabei, dich zuallererst um dich selber zu kümmern, und lernst, schlechte Angewohnheiten und die Suche nach Ausreden aufzugeben, die dich davon abhalten, dich weiterzuentwickeln und zu wachsen. Doch nun, da du das Fundament für dein inneres Wachstum gelegt hast, ist es an der Zeit, einen Blick auf deine Umgebung zu werfen, Inventur zu machen und eine Zwischenbilanz in der Frage zu ziehen, ob die Menschen um dich herum deine Entwicklung fördern oder behindern. Sind sie der Wind in deinen Segeln oder eher Fußfesseln? Und egal, mit wem du dich im Leben umgibst, besitzt du die Stärke und die Fähigkeit, nach deinem eigenen Rhythmus zu tanzen, wenn der aktuelle Stand nicht deinen Bedürfnissen entspricht?

Beliebtheit ist eine Sache, die uns allen an irgendeinem Punkt im Leben bewusst wird – ob wir uns ihrem Druck beugen oder nicht. Ob es im Kindergarten, der Schule, der Uni oder die Hackordnung unter den Arbeitskollegen ist, schon immer hat es die »coolen Kids« gegeben, genauso wie die Möchtegerns. Jeder will gemocht werden; das liegt in der menschlichen Natur. Es ist auch nichts falsch daran, sich in eine Gruppe zu integrieren und von der Umgebung bewundert und respektiert zu werden. Oft triumphiert die

Beliebtheit aber über Authentizität, nämlich wenn wir zulassen, dass unser Bedürfnis, zu gefallen und nicht anzuecken, zulasten unserer persönlichen Ziele und Werte geht. Wenn du beginnst, deine Entscheidungen nach der Zustimmung anderer – Freunde, Familie oder Kollegen – auszurichten, dann hast du das Gefühl dafür verloren, wer du wirklich bist und wofür du stehst.

Leider herrscht in unserer Gesellschaft eine Kultur, die das gegenseitige Niedermachen fördert und feige Angriffe aus dem Hinterhalt, Klatsch und Tratsch und Mobbing als normal akzeptiert. In unseren Schulen herrscht eine Hierarchie, in der »coole Mädchen« ihre Macht nicht dazu nutzen, als Vorbild voranzugehen und andere anzuspornen, sondern sie missbrauchen, um andere zu demütigen und zu zerstören. Nach der Highschool existiert die Beliebtheitshierarchie nicht nur fort, sie wird sogar noch ausgefeilter. Anstatt einer offenen Unterhaltung auf dem Flur werden am Arbeitsplatz E-Mails mit Klatsch und Tratsch verschickt, und wenn man mit Kollegen nach der Arbeit etwas trinken geht, geht es vor allem um »Er hat gesagt« und »Sie hat gesagt«. Die gute Nachricht ist, dass wir nicht niederträchtig und klatschsüchtig geboren wurden; wir wurden dazu erzogen. Wir lernen, uns vom Erfolg anderer bedroht zu fühlen, anstatt sie anzuspornen und zu unterstützen. Da es sich jedoch Gott sei Dank um erlerntes Verhalten handelt, können wir es wieder verlernen und uns neu programmieren.

Vor Kurzem geriet eine meiner Freundinnen ins CC einer E-Mail zwischen zwei ihrer weiblichen Kolleginnen, die hinter ihrem Rücken über sie klatschten. Dort hieß es: »Ich kann nicht glauben, dass sie befördert wurde! Sie schleimt sich so beim Chef ein. Das ist so ätzend. Vielleicht merkt sie irgendwann, dass wir sie einfach nicht dabeihaben wollen, wenn wir ihr sagen, wir hätten mittags ›schon was vor‹, haha.« Meine Freundin hat Klasse und wahrte Haltung, auch wenn sie sich tief verletzt fühlte. Sie klickte auf »Allen antworten« und schrieb: »Ich hatte keine Ahnung, wie ätzend ihr mich findet. Es wäre aber weitaus weniger demütigend gewesen, wenn ihr mir einfach ehrlich gesagt hättet, dass ihr mich beim Mittagessen nicht dabeihaben wollt. Ich muss zugeben, das ist eine der verletzendsten Erfahrungen, die ich je gemacht habe, und traurigerweise dachte ich, diese Art

Verhalten würde nach der siebten Schulklasse aufhören, aber es sieht so aus, als wären wir nicht aus dem Wunsch herausgewachsen, uns gegenseitig anzufeinden. Es verlagert sich mit E-Mails nur auf eine andere Ebene.« Als meine Freundin nach der Arbeit in ihr Auto stieg, rief sie mich an und weinte vor Demütigung. Mit vierundzwanzig Jahren ging die Verletzung so tief wie vor zehn Jahren. Als ihre feigen Kolleginnen erkannten, was sie gemacht hatten, waren (oder gaben sich) beide reuig und entschuldigten sich. Wir wissen alle, dass sie nie den Mut gehabt hätten, meiner Freundin diese Dinge ins Gesicht zu sagen. Nun mussten sie sich genau dieser Situation stellen. Die Verletzung, die ihre gedankenlosen Worte verursacht haben, hinterließ eine tiefe Narbe im Herzen meiner Freundin, und es dauerte lange, bis sie verheilt war. Ganz zu schweigen davon, dass die Arbeitsatmosphäre für meine Freundin anschließend vergiftet war. Am Ende wechselte sie den Arbeitsplatz, um nicht in der Gesellschaft derart falscher und niederträchtiger Frauen arbeiten zu müssen.

Wahrscheinlich kennst du beide Seiten dieser Geschichte aus eigener Erfahrung und weißt, dass Gemeinheit wirklich verletzend ist. Doch auch wenn der Klatsch und Tratsch mit deinen Freundinnen euch scheinbar gegenseitig näherbringt, zerstört er uns als weibliche Gemeinschaft. Die unmittelbare Befriedigung als Folge der positiven Reaktion und Bestätigung, die du auf deine Worte erhältst, fühlt sich gut an; sie vermittelt den Eindruck von Zusammengehörigkeit. Du weißt aber genau, was passiert, wenn deine scharfen Worte der Person zu Ohren kommen, die du hinter ihrem Rücken kritisierst. Es ist verletzend und du stehst da wie ein A...h. Klatsch ist eine billige Art und Weise, sich Aufmerksamkeit zu verschaffen. Es gibt keine Rechtfertigung dafür, selbst über andere zu klatschen oder den Klatsch Dritter zu dulden. Gib dich nicht mit einer zersplitterten, schwachen Gemeinschaft aus unsicheren, feindseligen Frauen zufrieden. Ich weiß, das ist eine Versuchung, aber ich weiß auch, dass wir alle besser sind als das.

Die Art und Weise, wie wir mit anderen Menschen umgehen, insbesondere mit unseren Geschlechtsgenossinnen, ist verletzend. Wir haben aus den Augen verloren, wer wir eigentlich sind und wofür wir stehen. Wir glauben, wir könnten einander nicht trauen und es gäbe nur eine Definiti-on für Schönheit. Anstatt uns mit anderen Frauen zu verbünden, uns aus-zutauschen und Dinge miteinander zu teilen und uns gegenseitig als Teile eines großen Ganzen zu unterstützen, machen wir uns gegenseitig nieder. Wir brauchen eine Schulter, um uns auszuheulen, wenn wir traurig sind, Ansporn, wenn wir mutlos sind, Unterstützung, wenn wir vom Weg ab-kommen, Stärke, wenn wir schwach sind, eine beruhigende Stimme, wenn wir wütend sind, und jemanden, der uns auf den Boden zurückholt, wenn wir abheben. Frauen suchen von Natur aus nach Gemeinschaft und trotz-dem haben »fiese Zicken« die Schwestern ersetzt, und missgünstige scheele Blicke haben das unterstützende Lächeln verdrängt. Wir haben einen Wen-depunkt erreicht; unsere Zukunft als Frauen hängt davon ab, ob es uns ge-lingt, von einem Überzeugungssystem abzukehren, das uns verletzt und schadet.

Hab den Mut, dich unbeliebt zu machen. Sei die Frau, die den Mumm und das Selbstvertrauen hat, gegen den Mob der Jasagerinnen aufzustehen und Nein zu sagen. Ich glaube nicht, dass Frauen grundsätzlich gemein und hinterhältig sind. Solche Frauen gibt es natürlich, aber wenn du beginnst, offen zu sagen, was du denkst, und deinem Herzen folgst, dann wirst du feststellen, dass die meisten Menschen Ehrlichkeit und Integrität der Täu-schung und Rückgratlosigkeit vorziehen und sich lieber einen eigenen Weg bahnen, als der Herde zu folgen. Das passiert vielleicht nicht sofort, aber selbst wenn du deine Mittagspause eine Weile alleine verbringst, wird es sich langfristig wesentlich besser anfühlen, wenn du deine Werte nicht für etwas so Substanzloses und Hohles wie Beliebtheit aufgegeben hast.

Beginne jetzt gleich, und zwar mit deinem Freundeskreis. Unterstützt ihr euch gegenseitig? Habt ihr die Angewohnheit, über andere Frauen herzuzie-hen? Klammerst du dich an vergiftete Freundschaften, die dir mehr Dramen und Schmerzen bescheren als Glück und Zufriedenheit? Such dir eine Grup-pe gleichgesinnter Frauen, die durchaus auch ganz anders sein können als du, die aber dich und deine Träume unterstützen. Ich hatte das Glück, eine solche Freundin zu besitzen, und sie ist für mich wirklich etwas Besonderes.

Harte Entscheidungen

Ich kann über meine Highschooljahre nicht klagen, sie waren einfach großartig. Ich machte Sport, ich hatte gute Noten, tolle Freundinnen, ich kam mit allen Lehrern gut aus und brachte mich selten in Schwierigkeiten. Es half auch, dass mein älterer Bruder einer der beliebtesten Jungs der höheren Jahrgänge war, als ich in meinem ersten Highschooljahr war. Rückblickend kann ich sagen, dass mein Selbstvertrauen wie das aller 14-jährigen Mädchen von der Zustimmung anderer abhing.

Da ich auf der »schlechteren Seite« eines reichen Schulbezirks aufgewachsen bin, wollte ich mich dem üppigen Reichtum anpassen, der mich umgab. Aber angefangen bei dem abscheulichen gelben Chevrolet Malibu, mit dem mich meine Mutter zur Schule fuhr, gelang es mir nicht immer, unauffällig in der Masse mitzuschwimmen. Anders als andere Eltern in dieser schicken Gegend, in der alle Mütter zu Hause waren und die Väter genug verdienten, sodass ihre Frauen nicht arbeiten mussten, waren meine Eltern geschieden und meine Mutter hatte zwei Jobs. Ich erinnere mich, dass mir das Viertel, in dem wir wohnten, so peinlich war, dass ich alles getan hätte, nur um nicht vor unserem Haus abgesetzt werden zu müssen.

»Wer der Menge folgt, kommt gewöhnlich nicht weiter als die Menge. Wer aber alleine läuft, wird sich wahrscheinlich an einem Ort wiederfinden, an dem noch niemand zuvor gewesen ist.«

Albert Einstein

Freunde hatte ich unzählige – von Fußball- und Volleyballkameraden bis zu den klugen Kids in meinen Sonderkursen für Studenten mit herausragenden Leistungen. Dennoch hatte ich immer das Gefühl, ich passe irgendwie nirgends dazu. Mein Vater sagt, man brauche nur eine einzige Person, die bereit ist, Zeuge deines Lebens zu sein, sich für dich einzusetzen, dich zu beschützen und deinen Träumen Leben einzuhauchen. In meinen Jugendjahren war das Frannie Scott. Sie war meine beste Freundin – die eine, die bereit war, an mich zu glauben, als ich meiner selber noch nicht so sicher war.

Ich trank während meiner Highschoolzeit keinen Alkohol. Wenn ich auf Partys ging, war ich immer das Mädchen ohne den roten Plastikbecher in der Hand. Wahrscheinlich war mir das deutlicher bewusst als allen anderen, aber mich machte das immer ein wenig unsicher. Nicht, dass ich ein Moralapostel war. Ich trank nicht, weil das ein Luxus war, den ich mir nicht leisten konnte. Die Eltern der meisten meiner Freunde waren so wohlhabend, dass sie ihre Kinder auf jedes beliebige College senden konnten. (Einige hatten tatsächlich ein finanzielles Sicherheitsnetz so groß wie der Pazifische Ozean.) Für uns Mittelschichtsfamilie sah das anders aus.

Meine Eltern sind beide sehr bildungsbewusst, aber *fünf* Kindern eine höhere Ausbildung zu ermöglichen war alles andere als ein Kinderspiel. Als ich ins Collegealter kam, studierten bereits zwei meiner Geschwister. Meine Eltern standen unter größter finanzieller Belastung, nahmen Kredite auf und hatten manches Mal Mühe, die Rechnungen zu bezahlen. Ich wurde Zeugin der Opfer, die sie für mich erbrachten. Ich sah, wie meine Mutter nach einem langen Arbeitstag im Büro nach Hause kam, das Abendessen kochte, Wäsche wusch, dafür sorgte, dass wir unsere Hausaufgaben machten, und sich anschließend für ihren Nachtjob als Barkeeperin fertig machte, von dem sie im Morgengrauen heimkam. Ich wusste, wie viel das College kostete, vor allem wenn man drei Kinder hat, für die gleichzeitig Studiengebühren fällig werden.

Meine harte Entscheidung, die ich für mich treffen musste, war daher, meinem Wunsch treu zu bleiben, ein wirklich renommiertes College in Kalifornien zu besuchen, und alles dafür zu tun. Zwar wollte ich auch gelegentlich schwänzen, nachts lange aufbleiben, nicht für die Prüfung lernen oder einfach faul sein und meine Hausaufgaben nicht machen, aber ich konnte es einfach nicht. Ich hatte mir fest vorgenommen, eine teure Privatuniversität zu besuchen, und ich wusste, dass ich nicht mit einem silbernen Löffel im Mund geboren war, also lag es allein an mir, die Noten zu erzielen, um ein Stipendium zu bekommen. An einem bestimmten Punkt in deinem Leben musst du die nötigen Opfer erbringen, um deine Träume zu verwirklichen, und dann stehst du an einer Kreuzung, die dir einige harte Entscheidungen abverlangt. Wirst du deinem Weg treu bleiben, der dich an das Ziel deiner Wünsche bringt, obwohl es der weitaus schwierigere Weg ist, oder wirst du den leichten Weg gehen, der dich mit seiner Bequemlichkeit einlullt, dich aber in die entgegengesetzte Richtung führt, weit weg von deinen Zielen? Diese Art Entscheidungen müssen wir jeden Tag treffen, und glücklicherweise liegt die Entscheidung bei uns.

Aber was soll ich sagen? Wenn mich eine Freundin nicht unterstützt

So schmerzhaft es auch sein kann, nicht zur »In«-Clique zu gehören oder mit einer feindseligen Frau konfrontiert zu sein, noch härter ist es, damit umzugehen, dass eine Freundin oder ein Freund einen nicht unterstützt. Erstens solltest du seine oder ihre Worte nicht persönlich nehmen und verletzt davonlaufen. Frag sie oder ihn so ruhig wie möglich, warum sie oder er das gesagt hat, oder bitte sie, dir mehr über ihre Gefühle zu erzählen. Möglicherweise steckt ein anderes Problem dahinter. Das heißt aber nicht, dass du diese Ausbrüche regelmäßig ertragen musst. Sag ihnen, dass du dich von ihren Worten verletzt fühlst, und bitte sie, das nicht zu wiederholen. Wenn sie nicht aufhören, dann ist es Zeit, diese Freundschaft ernstlich zu überdenken.

Und so könntest du mit einer derartigen Situation umgehen:

Freundin: Ich finde es ein wenig lächerlich, dass du in Harvard studieren und dein Leben im Ausland verbringen willst. Harvard ist eine der anspruchsvollsten Universitäten des Landes und du hast noch nie längere Zeit außerhalb der Stadt verbracht. Und jetzt willst du wegen des Colleges in einen anderen Bundesstaat ziehen und im Ausland als Ärztin arbeiten?!

Du: Das ist aber eine ziemlich heftige Reaktion. Warum empfindest du das so?

Freundin: Es erscheint mir ein wenig unrealistisch. Als deine Freundin möchte ich nicht, dass du enttäuscht wirst, wenn es nicht klappt. (Ganz nebenbei sagt sie damit, dass es *ihr* unrealistisch erscheint, was aber keineswegs heißen muss, dass es *dir* auch unrealistisch erscheint! Die Macht der Projektion!)

Du: Ich verstehe zwar, dass du nicht möchtest, dass ich enttäuscht werde, aber ich wäre wesentlich enttäuschter, wenn ich es nicht wenigstens versuchen würde. Ich weiß, dass ein Studium in Harvard hart ist, aber warum sollte ich es nicht schaffen? Ich habe drei Jahre gearbeitet wie eine Verrückte und das war schon immer mein Traum. Außerdem habe ich vielleicht noch nichts von der Welt gesehen, aber auch das ist mein großer Traum, also werde ich ihn verwirklichen, koste es, was es wolle.

Freundin: Woanders erscheint immer alles ganz toll.

Du: Ja, aber so will ich eben mein Leben leben – ganz oder gar nicht. Und dass du nicht möchtest, dass ich hinterher »enttäuscht« bin, fühlt sich für mich eher so an, als würdest du mich nicht unterstützen. Ich weiß, dass du mich gerne hast und mich vermissen wirst, und die Wahrheit ist, es macht mir Angst und ich werde dich auch vermissen. Aber ich habe große Träume, will sie aber unbedingt verwirklichen. Statt mich davor zu bewahren, enttäuscht zu werden, brauche ich eigentlich jemanden, der mich anspornt und mir Mut zuspricht. Bist du dazu bereit?

Irgendwann hatte ich beschlossen, dasss ich an der University of Southern California, einer der teuersten Privatunis des Staates Kalifornien, studieren wollte. Es war meine Traumuni und ich trug dieses Vorhaben meinen Eltern vor. Inmitten meines »Verkaufsgesprächs« unterbrach mich mein liebevoller, aber sehr realistischer Vater und sagte: »Meine Süße, das klingt wunderbar, aber wir können uns das einfach nicht leisten. Es tut mir leid.« Augenblicklich stürzte mein Luftschloss ein – nein, es implodierte. Ich war am Boden zerstört und tat, was jedes enttäuschte Kind tun würde. Ich bekam einen Wutanfall und schrie Sachen wie »ungerecht« und »Wieso?«.

Später am Abend hatte meine Mutter eine ihrer mütterlichen Sternstunden. Sie sagte: »Ich glaube, du verstehst nicht, was dein Vater versucht, dir zu sagen. Alles, was er sagt, ist, dass wir dir deine Träume nicht erfüllen können. Er hat nie gesagt, *du* könntest sie dir nicht erfüllen. Wenn du es wirklich willst, dann finde einen Weg, um das Geld aufzubringen, verdien dir ein Stipendium, arbeite härter als alle anderen. Ich weigere mich aber, hier zu sitzen und zuzulassen, dass du allen anderen die Schuld daran gibst, dass deine Träume nicht wahr werden. Willst du wirklich zulassen, dass das erste Hindernis, auf das du triffst, deine Ziele torpediert? Und was für ein Hindernis eigentlich – Geld? Finde zumindest eine kreative Ausrede. Wenn du es wirklich willst, dann suche nicht einfach einen vorgegebenen Weg, sondern bahne ihn dir selber. Die Verwirklichung deiner Träume liegt in deiner Hand, also handele entsprechend.«

In diesem Moment stand die Herausforderung fest. Wenn ich es wirklich wollte, musste ich es mir erarbeiten. Von diesem Tag an ging es nicht mehr darum, die Schule irgendwie hinter mich zu bringen und möglichst viel Spaß dabei zu haben. Wie ich schon sagte, traf ich die harte Entscheidung, nicht auszugehen und zu feiern, weil ich mir einfach nicht leisten konnte, mich ablenken zu lassen und unvorbereitet zum Unterricht zu gehen, eine bevorstehende Prüfung zu ignorieren und eine schlechte Note zu bekommen. Ich versenkte mich ganz in meinen Lernstoff, tat alles, um mir zusätzliche Verdienste zu erwerben, und setzte mich nach dem Unterricht mit Lehrern zusammen. Natürlich gab es viele Tage, an denen ich mich viel lieber mit meinen Freunden getroffen und die Schule eine Weile vergessen hätte. Ich wusste, dass für mich alles von meiner schulischen Leistung abhing. Ich hatte keinen Plan B und kein Sicherheitsnetz.

Eines Donnerstagabends gingen all meine Freundinnen zu einem Konzert unserer Lieblingsband. Ich hatte am darauffolgenden Tag jedoch eine schwere Prüfung. Meine Freundinnen schienen immer so sorglos, so spontan und so wunderbar gedankenlos zu sein, und das wäre ich auch gerne gewesen. Aber gleichzeitig wusste ich, dass ich mir ein größeres Ziel gesetzt hatte, und ob es mir gefiel oder nicht, dafür musste ich einen anderen Weg nehmen. Also blieb ich an jenem Abend zu Hause. Das war eine der zahlreichen Gelegenheiten, bei denen ich wirklich neidisch war, dass andere nicht so um ihre Noten besorgt sein und so viel lernen mussten wie ich. Und natürlich zogen mich meine Freundinnen auf und nannten mich »die Brave«. Ich lachte darüber, aber ich fühlte mich immer ein wenig verunsichert, weil ich letztlich nicht anders sein wollte als sie.

Miss Frannie Scott

Frannie war die alte Freundin, die mich nie wegen meiner Prioritäten verspottet oder sich über meine maßlose Lernwut lustig gemacht hat. Sie machte niemals abfällige Bemerkungen, weil ich abends früh nach Hause ging, um mich auf den Unterricht am folgenden Tag vorzubereiten. Sie unterstützte mich, wenn ich es am meisten brauchte, half mir, meine Entscheidungen mit Selbstvertrauen zu treffen, und ermutigte mich, meinem selbst gewählten Weg treu zu bleiben, wenn der Gruppendruck zu groß wurde.

Wir waren vielleicht nicht die beliebtesten Mädchen der Schule, aber nachdem wir uns gefunden hatten, machten wir uns nicht viele Gedanken darüber. Ich würde lügen, wenn ich behaupten würde, es sei mir plötzlich egal gewesen, was andere über mich dachten, aber Frannie half mir, zu mir selbst zu finden und mit mir zufrieden zu sein. Sie erlaubte mir, einfach zu *sein*, meine unverwechselbare Stimme zu finden und die Autorin meiner eigenen Lebensgeschichte zu sein. Das Beste ist, dass wir in vielerlei Hinsicht völlig unterschiedlich waren. Ihr Traum war es, Hausfrau und Mutter zu sein (was sie inzwischen ist, und beides macht sie großartig!), und ich wollte mein eigenes Unternehmen leiten und die erste weibliche Präsidentin werden. Es kam nicht darauf an, was wir jeweils *tun* wollten, weil wir uns einig waren, dass wir *sein* wollten. Wir akzeptierten uns und unsere jeweiligen Träume gegenseitig, wir unterstützten und spornten uns gegenseitig an.

Meine Situation, das heißt der Umstand, dass für die Erfüllung meiner Träume das Geld fehlte, zwang mir ein Problem auf, das ich damals sofort lösen musste: mein eigenes Schicksal in die Hand zu nehmen. Das war zwar eine frustrierende Lektion, aber ich bin froh, dass ich schon in jungen Jahren damit konfrontiert wurde, weil das mehr als alles andere der Aspekt ist, aus dem ich heute meine Kraft und Stärke ziehe. Ich bewies mir, dass ich mir anspruchsvolle Ziele setzen und sie auch erreichen konnte.

Ich erinnere mich noch an den Tag, an dem ich das Zulassungsschreiben der University of Southern California erhielt. Mit zitternden Händen öffnete ich den Umschlag und las die erste Zeile: »Alexis Jones, unseren Glückwunsch, Sie sind an der University of Southern California angenommen. Aufgrund Ihrer herausragenden akademischen Leistungen gewähren wir Ihnen ein Stipendium.« Das Schöne an diesem Moment war, dass ich noch nie zuvor so voller Selbstvertrauen auf meinen eigenen Füßen stand wie in dem Wissen, dass ich mir ein Recht auf meine Traumuniversität verdient hatte. Niemand hatte das für mich getan. Bis zum heutigen Tag ist das einer der befriedigendsten Momente meines Lebens gewesen.

Natürlich teilte ich meine Begeisterung mit Frannie – immerhin war ein Großteil meines Erfolgs ihrer Unterstützung geschuldet. Niemand sonst wusste, wie hart ich dafür gearbeitet und auf wie viele Stunden Schlaf ich verzichtet hatte. Nachdem ich mich also mit meiner Familie gefreut hatte, galt mein erster aufgeregter Anruf ihr. Alles, was sie sagte, war: »Das bist du wert, Jones. Du verdienst es.« Sie ließ es so aussehen, als hätte es nie einen Zweifel daran gegeben, dass ich dieses Ziel (oder irgendein anderes meiner Zukunftsziele) erreichen würde; so als ob sie von Anfang an gewusst hätte, dass es nur eine Frage der Zeit sein würde. Ja, ich habe den Großteil der Arbeit geleistet, aber das wäre ohne ihre Unterstützung nicht möglich gewesen.

Ich höre viele Menschen über ihre Träume sprechen, von ihren neuesten Zielen und den Dingen schwärmen, die sie in diesem Leben vorhaben. Aber selten höre ich sie über die Opfer sprechen, die es erfordert, seine Träume zu verwirklichen. Es kommt nicht darauf, an, ob es ein Stipendium ist, ein Triathlon oder die Entscheidung, sich gesund zu ernähren und abzunehmen oder eine bessere Kondition zu bekommen; jede Entscheidung, die du triffst, hat Konsequenzen und verlangt Opfer. Und manchmal bedeuten diese Opfer, dass du auf eine Weise aus der Masse heraussti chst, die dir Unbehagen bereitet, aber das ist es immer wert.

Was machst du, wenn du vor der Entscheidung stehst, ob du den ausgetretenen Pfad einschlägst oder deinen eigenen Weg gehst? Prüfe zunächst genau, was du wirklich willst, und überlege dir, was du dafür tun musst. Sei realistisch, was dich selber angeht. Bist du wirklich bereit, Opfer zu bringen und alles zu tun, was für die Verwirklichung deiner Träume nötig ist? Ich hoffe es, denn wie damals, als ich mir das Recht erarbeitet hatte, an meiner Traumuniversität zu studieren, fühle ich mich auch heute jedes Mal, wenn ich mir ein anspruchsvolles Ziel setze und es erreiche, unbesiegbar, gestärkt und bereit, neue und noch größere Herausforderungen anzunehmen.

Zweitens: Halt an den Freunden und Verwandten fest, die dich unterstützen, vor allem wenn du noch jünger bist und erst noch herausfinden musst, wer du wirklich sein willst. Menschen wie Frannie helfen uns dabei, unseren persönlichen Lebenszweck zu entdecken. Wenn wir einmal wieder drauf und dran sind, dem Typen, in den wir uns verliebt haben (und der unsere Zeit absolut nicht wert ist), eine weitere Nachricht zu schreiben, machen uns diese Menschen klar, dass es Wichtigeres im Leben gibt. Sie trocknen unsere Tränen, wenn die Welt ungerecht ist, und sie lachen mit uns über Albernheiten. Frannie und ich haben uns gegenseitig, und das wird immer so sein. Wir gestehen uns gegenseitig Fehler zu, wir verzeihen uns und ziehen uns gegenseitig zur Rechenschaft, wenn es um unsere persönliche Weiterentwicklung geht, wir erinnern uns gegenseitig an die Person, die wir sein wollen, und nicht die, die wir versuchen zu rechtfertigen. Ich weiß nicht, wer deine Frannie ist, aber du brauchst eine. Wir alle brauchen eine Frannie; eine Person, die dir sagt, was du *nicht* unbedingt hören willst; die dir auf die Nase zusagt, wenn du zu dramatisch bist; die dich anfeuert und dich an die Dinge erinnert, auf die es wirklich ankommt.

Wer ist der Wind in deinen Segeln?

Im Verlauf der Jahre habe ich die Macht eines Lebens mit einem starken Unterstützungssystem kennengelernt. Wir mögen zwar hoffen, dass wir stark und unabhängig genug sind, um uns unsere eigenen Chancen zu schaffen, aber die Wahrheit ist, dass der Rückhalt und die Unterstützung, die du bei vertrauten Menschen findest, den Unterschied zwischen Erfolg und Misserfolg bedeuten können.

Ich hatte vielleicht nicht den Luxus eines finanziellen Sicherheitsnetzes in Form eines Treuhandfonds oder reicher Eltern; das war *meine* Herausforderung. Deine kann ganz anders beschaffen sein. Vielleicht wurdest du in eine privilegierte Schicht geboren, aber hattest nie eine Familie oder Freunde, die dich unterstützt haben. Oder du leidest an Legasthenie, einer psychischen Störung, einer körperlichen Behinderung, warst Opfer eines Missbrauchs, hast einen nahestehenden Menschen verloren oder an einer Sucht oder einer Essstörung gelitten. Jeder von uns muss gegen irgendwelche Widrigkeiten kämpfen. Für mich ist das eine Segnung, weil es ohne Herausforderungen nichts zu überwinden gibt, und nur an Herausforderungen können wir wachsen und sehen, aus welchem Holz wir geschnitzt sind.

KATE FATTER (Reiseleiterin bei Backroads): Ich erinnere mich an eine Entscheidung, die für niemanden einen Sinn ergab außer für mich. Als ich 27 Jahre alt war, beschloss ich, dass ein Leben in Austin, Texas, meine Abenteuerlust nicht befriedigte. Ich hatte eine wunderbare Familie, fantastische Freunde und immer was zu tun. Außerdem hatte ich einen guten Job und tolle Kollegen. Aber irgendetwas fehlte. Ich kann es immer noch nicht in Worte fassen, was genau es war, aber ich wusste, da war noch etwas, das ich wollte.

Ich bewarb mich gleichzeitig an der Graduate School der University of Colorado in Boulder und für meinen absoluten Traumjob als Reiseleiterin

---

für ein Active-Travel-Unternehmen namens Backroads. Meine Noten im Zulassungstest der Uni waren grauenhaft, und was meinen Traumjob betraf, sagten mir alle, von Backroads angenommen zu werden sei ungefähr so schwierig wie von Harvard. Es sah nicht gut aus, aber ich dachte, ich bewerbe mich auf alle Fälle und sehe einfach, was passiert. Sechs Aufsätze und vier Vorstellungsgespräche später wartete ich auf die Rückmeldung der Universität und von Backroads. Ich hatte alle möglichen Pläne und Ersatzpläne gemacht, aber nie hatte ich darüber nachgedacht, was ich tun würde, wenn mich beide annehmen würden. Und so kam es!

Ich hatte genau eine Woche, um mich zwischen Backroads und der Uni zu entscheiden. Jeder in meinem Umfeld hatte eine Meinung. Ich hörte mir viele an und fand mich in der Situation wieder, dass ich an manchen Tagen mit der Uni liebäugelte, nur um an den folgenden Tagen umzuschwenken und Backroads den Vorzug zu geben. Es gab die Wahl zwischen der Entscheidung, die meinen Freunden und meiner Familie »am sinnvollsten« erschien, und der Entscheidung, die mein Herz mir diktierte. Nach mehreren stressigen Gedankenspielen, die um die Frage kreisten »Was soll ich mit meinem Leben anfangen?«, entschied ich mich für Backroads. Das war eine angsterfüllte Entscheidung, mit der mehr Unbekannte verbunden waren, als mir lieb war. Aber sie erschien mir die sinnvollste zu sein. Ohne dass irgendjemand ein Wort darüber verloren hätte, wusste ich ganz genau, dass meine Familie den Atem anhielt und darauf wartete, wann ich erkennen würde, dass ich einen Fehler gemacht hatte; dass dieser »Traumjob« nur für kurze Zeit ein Traum sein und ich nach spätestens einem Jahr erkennen würde, dass ich wieder mit den Füßen auf dem Boden landen und das Richtige tun musste.

Und hier bin ich. Eineinhalb Jahre später. Glücklich wie noch nie in meinem Leben. Ich habe im Yellowstone Park, der Teton Range, Vermont, den Canyons und in Costa Rica gearbeitet und bald werde ich in Patagonien sein. Ich habe tolle Leute kennengelernt und konnte an Orte reisen, die ich nie gesehen hätte, wenn ich mich für die Universität entschieden hätte. Ich verdiene gut und lerne mehr, als ich jemals zuvor im Leben gelernt habe. Ich kann aufrichtig sagen, dass dieser Job der härteste ist, den ich je gemacht habe, aber auch der befriedigendste. Ich liebe meine Arbeit!

Meine Familie hat inzwischen erkannt, dass es die beste Entscheidung war, die ich je hätte treffen können, auch wenn es nicht die war, die sie für die richtige Entscheidung gehalten hatten. Es war extrem schwierig, gegen den Strom zu schwimmen und mich dem entgegenzustellen, was alle mir nahestehenden Menschen für mich wollten. Aber alles hat sich auf wunderbare Weise gefügt, so wie es immer zu sein scheint.

Kates Familie versagte ihr äußerlich zwar nicht die Unterstützung, aber sie wusste, dass sie einen Schritt tat, den ihre Familie nicht verstand. Sie ging das Wagnis ein, ihrem Herzen zu folgen, und hat in dem Prozess, ihren Traum zu leben, Menschen kennengelernt, die ihre Ziele verstehen und sie teilen. Zwar ist es wunderbar, auf ein unerschütterliches Unterstützungssystem zählen zu können, aber wir sind eben nur Menschen, und nicht jeder in deinem Leben »versteht« all deine Entscheidungen. Das Wichtige ist, dass die Menschen, die dir nahestehen, hinter dir stehen, anstatt zu versuchen, dich von deinem Vorhaben abzubringen. Lass nicht zu, dass selbst ihre unausgesprochenen Zweifel dich dazu bringen, von deinen Zielen abzulassen. Am Ende wollen sie nur, dass du glücklich bist, und das solltest auch du wollen.

Hüte dich aber zugleich vor Menschen, die alles bekritteln und dir alles mies machen wollen. So egoistisch, wie du mit deiner Zeit und deiner Energie haushalten musst, solltest du auch entscheiden, mit welchen Menschen du dich umgeben willst, denn das ist auf deinem Lebensweg ein ganz wichtiger Aspekt. Die Menschen aus deinem engsten Umfeld beeinflussen dich mehr als alle anderen. Daher musst du ganz bewusst entscheiden, wen du in diesen privilegierten Kreis hineinlässt. Du wirst, was du tolerierst. Und die meisten Menschen werden dich in dem Maße respektieren, wie du dich selber respektierst, und nicht weiter. Es ist deine Aufgabe, ihnen zu zeigen, wie du behandelt werden willst.

Möglicherweise merkst du nicht einmal, wenn eine Beziehung ungesund geworden ist. Aus diesem Grund ist es wichtig, gelegentlich das Tempo zu drosseln und über die Menschen in deinem Leben nachzudenken. Wenn du nicht damit zufrieden bist, wie du mit einer Herausforderung umgegangen bist, oder verwirrt über einen Rat bist, den du erhalten hast, oder dich dieser Rat in innere Konflikte stürzt, dann ist das ein Hinweis, dass du eine kleine Pause einlegen und dich auf dein Fundament besinnen solltest. Konzentriere dich auf das, was du willst, deine kurz- und langfristigen Ziele und deine Werte. Vergleiche sie dann mit den Werten deines Ratgebers und der Art von Unterstützung, die er dir bietet. Wenn das nicht zusammenpasst, dann könnte es ein Problem geben. Manchmal vergessen wir, dass wir uns unsere Freunde selber aussuchen und dass das eine Auszeichnung ist, also handele danach. So wie ein Regierungschef sein Kabinett aus vertrauenswürdigen Ratgeberns zusammenstellt, umgib du dich mit Menschen, die dich inspirieren, anspornen, herausfordern und erheben.

PAUSE! Mach eine Freundeinventur

Hast du jemals eine Freundeinventur gemacht? Wenn nicht oder wenn es schon länger her ist, dann mache das jetzt. Schreib die Namen der fünf Personen auf, mit denen du die meiste Zeit verbringst, und schreib dann die Eigenschafen daneben, die du am meisten an ihnen bewunderst. Wenn du intensiv darüber nachdenkst: Hast du das Gefühl, dass sie dich inspirieren, herausfordern, anspornen und respektieren? Machen sie dich zu einem besseren Menschen, der in immer größeren Dimensionen träumen oder noch höher fliegen will? Manchmal sind wir einfach zu nett, anstatt ein wenig wählerischer in Bezug auf die Menschen zu sein, denen wir erlauben, uns zu beeinflussen.

Schreib auch die Dinge auf, die du an dir selbst verbessern willst; die Gebiete, auf denen du am meisten wachsen musst oder Anleitung brauchst.

Gibt es irgendjemanden, der deiner Meinung nach dein Mentor sein oder seine Weisheit mit dir teilen könnte? Setze diesen Namen auf die Liste deines engsten Umfelds und plane Zeit ein, um sie mit diesem Menschen zu verbringen. Wir sind das Produkt unserer Umgebung. Also ist es in deinem besten Interesse, intensiv über die Menschen nachzudenken, mit denen du die meiste Zeit verbringst.

Eine Freundin erzählte mir einst vom Konzept der »Sphären«, dem zufolge dich mehrere konzentrische, kreisförmige Sphären umgeben. Das Zentrum bist du. Stell dir vor, du würdest mit Kreide einen Kreis um dich ziehen. Das ist deine Intimsphäre. Der zweite Kreis zieht sich um den ersten und ist die persönliche Sphäre, die deine engsten Vertrauten beinhaltet – deinen Partner und deine unmittelbare Familie. Zur dritten Sphäre gehören deine besten Freunde, zur vierten deine Kollegen, zur fünften deine Bekannten und so weiter. Innerhalb dieser Sphären besitzt du die Macht, Leute aus einer Sphäre in eine andere zu verschieben. Entweder lässt du sie näher an dich heran, oder du distanzierst dich von ihnen. Das Ziel ist nicht, in jeder Sphäre eine bestimmte Zahl an Personen zu haben, sondern dir Klarheit darüber zu verschaffen, wer deine Welt beeinflusst, wessen Meinung dir wirklich wichtig ist und wessen Meinung du ignorieren kannst. Natürlich bedeutet es nicht, dass jemand keine Bedeutung in deinem Leben hat, nur weil er der vierten oder fünften Sphäre angehört. Deine Kumpels vom Kickballteam oder die Bekannten aus dem Yogakurs halten dich auf Trab und bringen dich zum Lachen, aber du musst nicht unbedingt auf ihre Karriereratschläge hören. Es gibt Freunde, mit denen du gerne zusammen bist – einigen verrätst du deine intimsten Geheimnisse und mit anderen arbeitest du zusammen. Alle dienen in deinem Leben einem einzigartigen Zweck. Du musst nur wissen, wem du Zugang zu deinem Herzen gewährst und wen du am besten auf Abstand hältst.

Nachstehend eine Liste der Dinge, die ich an meinen engsten Freunden am meisten schätze:

1. Integrität – sie müssen Menschen sein, auf deren Wort man sich verlassen kann.
2. Loyalität – sie geben mir Rückendeckung, koste es, was es wolle.
3. Ehrlichkeit – wenn nötig, können sie mir den Kopf waschen und mir all die Dinge sagen, die ich nicht hören will, aber hören muss.
4. Meine größten Fans – sie sind an meinen großen und kleinen Zielen interessiert und spornen mich an, wenn sich die Umstände gegen mich verschworen haben.
5. Großmut – ich muss darauf vertrauen können, dass sie bereit sind, meine Fehler zu verzeihen und meine Entschuldigung anzunehmen, wenn ich einmal über das Ziel hinausgeschossen bin.
6. Demut – sie wissen, dass wir alle in einem Boot sitzen, alle gleich wichtig sind und jeder verdient, gehört und gesehen zu werden.
7. Leidenschaft – sie suchen nach ihrer Leidenschaft oder haben sie schon gefunden, führen ein sinnerfülltes Leben und inspirieren mich, das Gleiche zu tun.
8. Humor – sie nehmen das Leben nicht so ernst und können selbst in den dunkelsten Stunden noch humorvoll sein.
9. Echtes Selbstvertrauen – sie glauben an sich selbst und haben den Mut auszusprechen, was sie für richtig halten. Und sie gewähren mir das gleiche Recht.
10. Selbstlosigkeit – sie sind bereit, sich für Dinge einzusetzen, die größer sind als sie selber.

Wenn du eine solche Liste erstellst, solltest du selbstverständlich darauf achten, dass du diese Eigenschaften selbst auch verkörperst. Eine Liste an Eigenschaften zu erstellen, die man von anderen erwartet, ist eine großartige Methode, um herauszufinden, was dir wirklich wichtig ist und welches Leben du führen willst. Sei nicht strenger mit anderen als mit dir selbst. Lege an jeden in deinem engsten Kreis hohe Maßstäbe an. Vergiss aber nicht, dass du bei dir selbst anfangen musst!

Um dir darüber klar zu werden, welche Eigenschaften du von den Menschen in deiner Umgebung erwartest, stell dir vor, was du geschrieben hättest, wenn du eine Arbeitsplatzbeschreibung für die Position »Meine Freundin« entwerfen müsstest. Das mag albern klingen, ist aber eine nützliche Übung. Was würdest du von der Person erwarten, die du einstellst?

Aber was soll ich sagen? Wenn meine Freunde Quatsch reden und ich einfach nur wegwill!

Eines meiner Lieblingszitate stammt von Eleanor Roosevelt. Sie sagte: »Herausragende Köpfe diskutieren über Ideen. Durchschnittliche Geister sprechen über Ereignisse. Kleingeister über andere Leute.« Das habe ich mir immer zu Herzen genommen. Wenn ich mich mit meinen Freunden treffe, sprechen wir meist über Ideen, interessante neue Dinge, die wir gelernt haben, was in der Welt passiert, und oft auch darüber, wie wir sie verbessern können. Dennoch gibt es auch Gelegenheiten, wenn wir uns plötzlich alle in einer Unterhaltung wiederfinden, die kleingeistig wird und in Klatsch und Tratsch über andere Leute in unserem Leben endet – vor allem ihre Schwächen und Fehler.

Vor Kurzem begegnete ich einigen alten Freundinnen aus meiner Heimatstadt, die mich zu einem Drink einluden. Innerhalb weniger Minuten quatschten sie mich voll über die gleichen Frauen, mit denen sie schon in der Highschool Probleme hatten, und erzählten dieselben albernen Geschichten mit neuer Begeisterung. Nachdem ich zwanzig Minuten lang schweigend zugehört hatte, wie die ungesunde Unterhaltung in oberflächliches, gemeines Gequatsche abglitt, lächelte ich, stand auf und sagte: »Sorry, Mädels. War schön, dass wir uns wieder einmal getroffen haben. Ich wollte nur mal kurz vorbeischauen und Hallo sagen, aber ich muss jetzt gehen.« Zwar hätte ich am liebsten gesagt, wie langweilig ihr Gerede war, und gerufen: »Hört doch endlich damit auf!«, aber stattdessen drückte ich höflich die Stopptaste und beendete die Situation. In dem Moment, in dem ich mich verabschiedete, hatte ich das Gefühl, ich könne wieder atmen.

Jetzt will ich natürlich nicht so tun, als hätte ich noch nie etwas Fieses hinter dem Rücken einer Person gesagt, aber ich kann guten Gewissens behaupten, dass ich mich bewusst darum bemühe, es nicht zu tun. Ich tue mein Bestes, mich mit Menschen zu umgeben, die mir wohlwollend zu verstehen geben, ich möge aufhören, falls ich einmal fies und gemein werde. Mein Mantra lautet, dass man nie weiß, was die betroffene Person gerade durchmacht, und wenn man wirklich sauer ist, dann sollte man es ihr ins Gesicht sagen. Wenn du dich mit wohlwollenden, freundlichen und mitfühlenden Menschen umgibst, bietet dir das eine sehr gute Gelegenheit, dir Rechenschaft über dein eigenes Verhalten abzulegen. Ihr positiver Einfluss wird eine große Wirkung auf dein Leben haben.

Meine Freundin Josie hatte ihr ganzes Leben Probleme mit dem »Hineinpassen«. Anstatt sich Freunde zu suchen, die sie unterstützten, suchte sie die Zustimmung von Menschen, die ihr als etwas Besonderes erschienen, weil sie dachte, dann würde sie auch zu etwas Besonderem. Sie verstand nicht, dass sie genügte, so, wie sie war, bis etwas Tiefgreifendes geschah, das sie dazu zwang.

JOSIE LOREN (Schauspielerin und Aktivistin): Als ich zur Schule ging, wollte ich unbedingt zu den »Coolen« gehören. Alle, die dazugehörten, trugen Adidas-Schuhe, Jacken der Marke Nautica und hatten ihren eigenen Tisch in der Cafeteria. Er war nicht offiziell für sie reserviert, aber es war einfach ein ungeschriebenes Gesetz, dass ihnen der Tisch gehörte. Natürlich bettelte ich meine Mutter an, mir auch all diese Prestigeklamotten zu kaufen, aber sie bestand darauf, dass ich die Schuluniform trug, obwohl das nicht einmal Pflicht war. Ich wäre am liebsten gestorben.

Ich konnte zwar nicht die gleichen Klamotten tragen wie die coolen Kids, aber ich konnte andere Dinge verändern. Anders als ich, war keiner von ihnen in den akademischen Hochbegabtenkursen, und als der süßeste Typ dieser Clique mich ansprach, wechselte ich sofort von meinen studienbezogenen Gesprächsthemen zu Videospielen, Kinofilmen und Klamotten. Darauf stand er doch, oder nicht? Leider wurde ich von dieser Clique trotzdem nie akzeptiert. Aber woran ich mich noch genauer und schmerzhafter erinnere, war das Gefühl, das mich erfasste, als ich mir selber untreu wurde.

Es ist traurig zuzugeben, aber seit ich denken kann, bin ich anderen hinterhergelaufen. Ich bin Freundschaften, Beziehungen und Karrieren hinterhergelaufen. Nun, da ich ein wenig älter und ein kleines bisschen weiser bin, wird mir klar, dass ich Status, Selbstvertrauen und Selbstbestätigung hinterherrenne. Ich finde mich ungenügend, also fülle ich die Leere mit Dingen, von denen ich glaube, dass sie mich in den Augen anderer wertvoll machen. Jede Person und jede Sache, der ich hinterherjage, hat etwas, das mir meiner eigenen Überzeugung nach fehlt. Wenn ich nur die Freundin dieser Person sein kann, wird mein Sozialleben vor Erfolg strahlen und die Menschen werden wissen, dass ich cool bin. Wenn nur dieser Typ mit mir ausgeht, werde ich wissen, dass ich attraktiv, klug und wertvoll bin. Das ist eine Denk- und Lebenshaltung, die entkräftet und schwere Konsequenzen hat.

Wenn unser Selbstwertgefühl von der Beurteilung anderer abhängt, dann kompromittieren wir unsere Persönlichkeit, um uns den Vorstellungen und dem Lebensstil anderer Menschen anzupassen. Zwei Jahre lang hatte ich eine Beziehung, in der ich die meiste Zeit der Liebe und Zustimmung meines Freundes hinterherhechelte. Ich veränderte jeden Aspekt meiner Persönlichkeit, um seinem Modell von einer perfekten Frau zu entsprechen. Alles, angefangen von der Kleidung bis zu meiner Ernährung und meinen Werten, veränderte ich nach seinem Geschmack. Mit jeder Entscheidung, die ich traf, um mich diesem Geschmack anzupassen, entfernte ich mich ein Stück mehr von mir selber, bis ich mich selber nicht mehr wiedererkannte. Ich hatte mich selbst kaputt gemacht, und irgendwann war ich ganz unten.

Als ich dachte, es könnte nicht mehr schlimmer kommen, wurde bei meinem Vater unheilbarer Lungenkrebs diagnostiziert. Am selben Tag erlitt meine Großmutter, Mittelpunkt und Herzstück meiner Familie, einen schweren Schlaganfall. Das Leben warf mich um, und zum ersten Mal im Leben gelang es mir nicht, mich wieder aufzurappeln. Ich hatte keinen Kampfgeist mehr. Ich war benommen, leer. Aber wenn man mit der Nase im Dreck liegt, passiert etwas Eigenartiges. Du hörst auf, Dinge vorzutäuschen, und bist zurückgeworfen auf das »Sein«. Jede Schicht Oberflächlichkeit, die ich mir sorgfältig auf den Leib geschneidert hatte, fiel von mir ab, bis mein wahres Ich zum Vorschein kam. Ich hatte weder Energie noch Lust, irgendjemanden zu beeindrucken. Allein die Vorstellung, irgendeiner Sache hinterherzujagen, erschöpfte mich. Von diesem Punkt der reinsten Wahrheit begann ich, mein eigenes Leben zu leben und für mich und meine liebsten Menschen da zu sein, anstatt mich nach fremden Vorstellungen zu richten.

Das Leben nimmt seltsame Wege. Inmitten der Tragödie begann überall um mich herum Schönheit aufzuknospen. Ich stellte fest, dass ich mit der Entscheidung, nie mehr irgendeinem Menschen oder irgendeiner Sache hinterherzujagen, die negative Energie aus meinem Leben vertrieb. Die Menschen, die mich nicht so akzeptierten, wie ich war, verschwanden aus meinem Leben, und zum ersten Mal war ich dankbar. Diese Entscheidung reduzierte mein Leben auf das Wesentliche. Plötzlich war ich von ehrlichen, authentischen Menschen umgeben, die mich für das liebten, was ich bin – das Gute, Schlechte und ganz Schlechte. Selbst echt zu sein wurde zu meinem täglichen Ziel und mein Leben wurde um eindrucksvolle, großartige Augenblicke voller Zuneigung bereichert. Ich erkannte, dass das Leben ein Geschenk ist. Es bietet keine Garantie und ist viel zu kurz, um es mit oberflächlichen, leeren Momenten zu füllen, die auf der Leinwand deines Lebens dumpf und deprimierend wirken. Mach dir das Leben schön. Bringe es zum Erstrahlen. Sorge dafür, dass es lebenswert ist.

Dieses Jahr hat Herausforderungen, Kummer und Mühsal gebracht, die ich nie für möglich gehalten hätte. Das Leben ist unerbittlich. Aber wenn ich das Jahr noch einmal durchleben könnte, würde ich nicht eine Träne, nicht einen Schrei, nicht eine Umarmung, nicht einen Streit oder irgendeinen Augenblick ändern wollen. Alle zusammen haben mich an den Punkt gebracht, an dem ich heute stehe – in einer von Zuneigung erfüllten Beziehung zu mir selbst und den Menschen, die mir nahestehen. Das Einzige, dem ich jemals noch hinterherjagen möchte, ist die Wahrheit.

Schütze deinen Ruf

Wir haben also festgestellt, dass man der Versuchung widerstehen muss, sich mit dem gegenwärtigen Stand der Dinge zu bescheiden, und dass es unerlässlich ist, sich mit einem großartigen Unterstützungssystem zu umgeben, wenn man in dieser Welt seinen eigenen Weg gehen will. Sind wir uns in diesem Punkt einig? Gut. Das bedeutet aber nicht, dass es dir egal sein sollte, was andere von dir halten. Dein guter Ruf ist kostbar; wenn du ihn verspielst, ist es fast unmöglich, ihn wiederherzustellen. Das hörst du vielleicht nicht gerne, ist aber die Wahrheit.

Dein Ruf ist wichtig, weil er dir vorauseilt und somit der erste Eindruck ist, den Menschen von dir gewinnen, bevor sie überhaupt die Chance haben, dich persönlich kennenzulernen. Und dieser Ruf beeinflusst ganz stark die Art und Weise, wie sie dir begegnen. Wenn dir ein guter Ruf vorauseilt, werden die Menschen höchstwahrscheinlich davon ausgehen, dass du vertrauenswürdig bist. Das ist so, als seist du Mitglied eines Siegerteams. Schon allein die Tatsache, dass dein Team gewinnt, sagt etwas über jedes einzelne Mitglied aus, deine Person eingeschlossen. Leider gilt das auch umgekehrt. Wenn du mit Freunden in Verbindung gebracht wirst, die als nicht vertrauenswürdig gelten, oder mit einer halbseidenen Organisation, kann das zu deinem Nachteil sein. Wenn du neue Menschen kennenlernst, musst du sie dann erst überzeugen, dass du vertrauenswürdig und nicht wie die anderen bist.

Wenn du einen ausgezeichneten Ruf genießt, macht dich das außerordentlich einflussreich, weil die Menschen an deine Fähigkeiten glauben. Sie vertrauen darauf, dass du hältst, was du versprichst, und sie sind bereit, dich zu unterstützen. Ein guter Ruf ist wichtiger als die Schule, die du besucht hast, wichtiger als die Position und der Name deines Vaters und wichtiger als die Stationen in deinem Lebenslauf. Dein Ruf ist der Grund, warum *du* eingestellt wirst und nicht deine Konkurrentin und warum *du* die Gehaltserhöhung bekommst. Egal, ob eine Aufgabe groß oder klein ist, erledige sie mit Stolz und stets so, als hinge dein Leben davon ab. Denn das tut es! Wir werden ständig beurteilt (und fällen unsererseits ständig Urteile über andere).

Du hast also die Wahl, ob deine Bekannten, Kollegen und sogar wildfremde Menschen Geschichten darüber austauschen, wie grandios, loyal und kompetent du bist – oder genau das Gegenteil. Du kannst dir entweder ein tolles PR-Team erarbeiten, das die Werbetrommel für dich rührt, oder eine Gruppe von Leuten, die eine Videocollage deiner Versäumnisse herumzeigt.

Vor Kurzem kam eine junge Frau auf mich zu, die gerne für »I Am That Girl« arbeiten wollte. Die ersten Male, die ich sie traf, erschien sie mir reizend, süß und offensichtlich leidenschaftlich daran interessiert, mit Frauen zu arbeiten. Einige Wochen später erfuhr ich allerdings, dass ihre Handlungen nicht ganz zu ihrer Ideologie passten. Sie hatte in sozialen Medien Bilder von sich gepostet, auf denen sie halb nackt und angetrunken war. Als ich Erkundigungen über sie einzog, äußerten sich nicht wenige Personen über sie als »trinkfreudiges Partygirl«. Anscheinend nahm niemand sie ernst und ganz gewiss empfahl niemand sie als gute Mitarbeiterin für »I Am That Girl«.

Als ich sie das nächste Mal traf und sie mir sagte, wie gerne sie eine Führungsrolle in unserer Organisation übernehmen wollte, war ich ehrlich. Ich sagte ihr, ich wüsste nicht, ob sie wisse, dass sie bei vielen Menschen, die sie kenne, einen fürchterlichen Ruf habe. Sie war tief erschrocken und sagte, zwar feierten viele ihrer Freunde ziemlich heftig und nähmen Drogen, aber sie mache da nicht mit, allerdings dächten viele, sie würde sich daran beteiligen. Ich sagte, den Bildern nach zu urteilen, die sie freiwillig ins Internet gestellt hatte, damit jeder sie sehen könne, verstünde ich diese Vermutungen. Sie mochte noch so klug, erfahren und selbstbewusst sein, die Onlinereputation, die sie sich selber verschaffte, besagte das Gegenteil. Ich erklärte, ich könne es mir nicht leisten, sie in unsere Organisation aufzunehmen, denn selbst wenn ihr Ruf nicht der Wahrheit entspreche, vermittle sie den Eindruck, als stünde ihr Privatleben in einem krassen Gegensatz zu unserer Mission und unseren Idealen. Nicht, dass wir in unserer Organisation keinen Spaß haben und gelegentlich mal fünfe gerade sein lassen, aber wir nehmen unsere Aufgabe als Rollenmodell sehr ernst und können es uns nicht leisten, jemanden in unseren Reihen zu haben, der im Internet Oben-ohne-Bikinifotos mit der Tequilaflasche in der Hand postet. Authentizität ist ein Eckpfeiler unseres Geschäfts; ein fauler Apfel, eine Person, die nicht umsetzt, was sie predigt, könnte *unseren* guten Namen zerstören.

Das war nicht so leicht zu vermitteln, und ich weiß, dass sie das nicht gerne hörte. Es war ein echtes Aha-Erlebnis, weil sie sich gar nicht darüber im Klaren war, wie sehr ihr Verhalten ihren Ruf beschädigt hatte. Sie war sich über die Auswirkungen ihrer Selbstdarstellung in den sozialen Medien und ihre negativen Onlinereputation, die sie sich selber verschafft hatte, nicht im Klaren gewesen. Genauso wenig war ihr klar gewesen, dass dieser schlechte Ruf verhindern würde, dass sie den Job bekam, den sie sich wirklich wünschte und für den sie sich offenbar leidenschaftlich interessierte. Der Personalverantwortliche, der mit dir das Vorstellungsgespräch für deinen Traumjob führt – ein potenzieller Kunde, ein Zulassungsgremium oder ein Professor –, keiner von ihnen ist verpflichtet, dir im Zweifel zu glauben. Sie können dich ohne Erklärung ablehnen. Es ist deine Verantwortung, auf deinen Ruf zu achten, weil er eine wichtige, aber höchst zerbrechliche Sache ist. Mach deinen guten Namen zu einer der Eigenschaften, die dir bei der Verwirklichung deiner Träume helfen. Sorge dafür, dass der Verlust deines Ansehens nicht zu einem weiteren Hindernis wird.

REMI NICOLE (Sängerin, Songwriterin, Schauspielerin): Als Teenager war ich immer zielstrebig, voller Selbstvertrauen und hatte viele gute Freunde. Als ich in den Zwanzigern war, nahm meine Karriere als Musikerin ihren Anfang und ich lernte völlig neue Leute kennen. Eine Weile war das ein unglaublicher Spaß und ich erlebte eine tolle Zeit. Allerdings tauchten mit all den neuen Leuten auch eine Menge Probleme auf, die ich bisher nicht hatte. Eines der Hauptprobleme war, von Leuten umringt zu sein, die fürchterlich unsicher waren. Das waren Menschen, die von vielen bewundert wurden, traten sie doch entsprechend angeberisch auf, aber tief in ihrem Inneren waren sie schrecklich unsicher und das wirkte sich stark auf ihr Handeln aus. Sie wurden verbittert, neidisch, eiferten auf ungesunde Art mit anderen um die Wette und waren allgemein unfreundlich, wenn ihre Unsicherheit besonders hohe Wellen schlug. Und sie trafen unkluge Entscheidungen, die die Dinge oft noch schlimmer machten. Ich stellte fest, dass ich mich durch ihren Einfluss in einem Netz aus Täuschung, Lügen, theatralischem Gehabe und allgemeinem Chaos verfing.

Ich begann mich unbehaglich zu fühlen, weil ihr Verhalten meine eigene Unsicherheit ans Licht brachte. Und plötzlich stellte ich mich selbst stärker als je zuvor infrage, was dazu führte, dass ich versuchte, mich zu verbiegen. So lächerlich es klingen mag, aber es gab sogar einen Teil in mir, der diese finsteren Momente genoss. In der inneren Leere und dem eigenen Missbehagen schien eine gewisse Romantik zu liegen. Es wirkte »cool«, unglücklich zu sein, und als Musikerin glaubte ich, dieser Weltschmerz sei künstlerisch wertvoll. Allerdings verschaffte mir dieses Gefühl ein solches Unbehagen, dass ich wusste, damit stimmt etwas nicht. Erst viel später, mit Ende zwanzig, wurde mir klar, dass man im Leben einfach man selbst sein muss. Es gibt keine andere Option. Jede Alternative führt nur dazu, dass man sich in seiner Haut unwohl fühlt und Verwirrung und Leere empfindet. Das ist einfach keine Art zu leben. Mir wurde klar, dass ich mich mit den falschen Leuten umgab, wenn ich in ihrer Gegenwart nicht ich selbst sein konnte oder die Notwendigkeit empfand, mich zu verstellen, oder in Negativität ertrinken musste, nur um nach außen »cool« zu wirken. Die meisten von ihnen waren keine schlechten Menschen, aber sie taten mir nicht gut. Gott sei Dank erkannte ich das rechtzeitig.

Manchmal muss man harte Entscheidungen treffen und sich von Dingen im Leben lösen, die keine positive Wirkung auf dich haben. Ich erkannte, dass ich nur, wenn ich mich mit Leuten umgab, die offen, ehrlich und selbstsicher waren, meine besten Seiten hervorbringen und mit dem sicheren Wissen wachsen konnte, dass ich stets ich selbst war und nichts anderes sein konnte.

Ich habe mein ganzes Leben lang Glück mit meinen Freunden gehabt, den guten wie den schlechten, denn man kann von allen etwas lernen, aber ich glaube fest daran, dass einer der wichtigsten Faktoren für ein zufriedenes Leben darin besteht, dass man sich mit guten Menschen umgibt.

Leider kann es sehr leicht sein, sich in einer Welt oder einer Gruppe von Freunden zu verlieren, die nicht gut für dich sind. Manchmal merkst du selbst gar nicht, wie sehr du dich verändert hast oder welche negative Wirkung deine Freunde auf dich haben, wie es im Fall meiner Beinahe-Volontärin und Remi war. Achte darauf, dass du regelmäßig in dich gehst und auf Zeichen achtest, dass irgendetwas nicht rundläuft. Und wenn du feststellst, dass du eine Veränderung in deinem Leben vornehmen musst, dann hab keine Angst. Hinterher wirst du froh sein.

Eine unterstützende Kultur
beginnt bei dir selbst

Ich glaube an eine Welt, in der Frauen anderen Frauen zu Macht verhelfen; eine Welt, in der wir uns gegenseitig die größte Unterstützung und der beste Ansporn sind; eine Welt, in der wir lernen, die Fähigkeiten der anderen zu feiern, anstatt uns davon bedroht zu fühlen. Ich glaube an eine Welt, in der Frauen ihre Energie dazu benutzen, die Probleme der Welt zu lösen und andere auf gleiche Weise zu inspirieren, in der Frauen ihr grenzenloses Potenzial erkennen und sich gegenseitig daran erinnern, wer sie sind und was ihre Mission in dieser Welt ist.

Glaubst du, dass eine solche Welt möglich ist? Sie ist möglich, wenn du beginnst, sie zu erschaffen. Beginne, wo du gerade stehst, erschaffe deine eigene Welt und umgib dich mit Menschen, die dich unterstützen und deine Träume teilen. Ich wage zu behaupten, dass du den Mut hast, dich unbeliebt zu machen und das Streben nach Anpassung nicht zu deiner höchsten Priorität zu erheben. Ich wage zu behaupten, dass du »seltsam« »normal« vorziehst, dass du nach deiner eigenen Pfeife tanzt und, wenn nötig, für etwas kämpfst, das für niemanden einen Sinn ergibt außer für dich selbst.

Wir sind alle perfekt fehlerhafte menschliche Wesen – stets unvollendet und in der Weiterentwicklung begriffen. Geben wir uns gegenseitig die Erlaubnis zu sein, wie wir sind. Sei freundlich zu dir selbst und den Menschen in deiner Umgebung. Achte auf deinen Ruf und kompromittiere deine Werte nicht. Hör auf den Rat deiner engsten Ratgeber, aber nicht, wenn er dich auf einen Weg führt, von dem du im tiefsten Inneren weißt, dass er nicht deiner ist. Und vor allem: Vertraue dir selbst, folge deinem eigenen Pfad und gehe, wohin dein Herz dich führt. Vielleicht kannst du die Welt nicht auf Anhieb verändern, aber ich verspreche dir, du und deine Persönlichkeit, ihr werdet wesentlich heller strahlen.

TEIL II

HÖHENFLUG

Der zweite Teil dieses Buches handelt davon, so hoch zu steigen, wie dich deine Flügel tragen. In Teil I haben wir viel darüber gesprochen, dass es wichtig ist, so lange still zu verharren, bist du in der Lage bist, aufmerksam zuzuhören, eigenständig zu denken, deine Wahrheit auszusprechen und deinen einzigartigen Lebenszweck herauszufinden. Wir haben darüber gesprochen, wie man ein unerschütterliches Selbstvertrauen und eine entsprechende persönliche Verfassung entwickelt, die deine Rettungsanker sind, wenn die Stürme des Lebens über dich hinwegfegen und dein kleines Boot in schwere See gerät. Nun besitzt du ein solides Fundament in Form einer authentischen Persönlichkeit und in Form von Überzeugungen. Nun kommt der beste Teil.

Nun kannst du zeigen, was du gelernt hast, indem du mit einem Kopfsprung ins kalte Wasser eintauchst und dich im echten Leben bewährst. In Kapitel 5 spreche ich über das größte Problem, mit dem die meisten von uns zu kämpfen haben und das uns so oft davon abhält, unsere Träume zu verwirklichen: Furcht. Anscheinend werden wir alle früher oder später einmal Opfer dieser Furcht, aber wenn du die beste Version deiner selbst sein willst, dann musst du lernen, deine Furcht zu akzeptieren und sie in positive Energie zu verwandeln, mit der du deinen Ehrgeiz anheizt. In Kapitel 6 wirst du erfahren, wie du mit deinen vergangenen Fehlern Frieden schließen kannst und verhinderst, dass du dich von Enttäuschung oder Ablehnung entmutigen lässt, und wie du dich auch nach epischen Niederlagen schnell wieder aufrappelst, damit deine Ziele und Träume nicht darunter leiden. In Kapitel 7 werden wir dein Dreamteam an Mitstreitern und Ratgebern zusammenstellen, die dich herausfordern, inspirieren und anleiten werden. Wir werden darüber sprechen, wie du diese großartigen Beziehungen erhalten und ihr Wissen wie ein Schwamm aufsaugen kannst. Und schließlich werden wir in Kapitel 8 das Buch noch einmal mit der Frage beschließen, warum es so wichtig ist, dass du dich wirklich selbst kennst und bedingungslos annimmst. Ich hoffe, all das wird dich überzeugen, die langweilige Tretmühle der vermeintlichen Perfektion zu verlassen und deine einzigartigen Talente und Gaben mit der Welt zu teilen.

Kurzum, wir werden dich auf dem Pfad begleiten, der dich zur verdammt besten Version deiner selbst macht, nämlich *so, wie du bist*.

Hast du's? Dann blätter um!

KAPITEL 5

SEI WAGEMUTIG

»Was immer du tun kannst oder wovon du träumst –
fang damit an. Mut hat Genie, Kraft und Zauber in sich.«
Johann Wolfgang von Goethe

Jetzt hast du geübt, dich besser um dich selbst zu kümmern und auf deine Bedürfnisse zu achten, die Dinge im Leben zu verfolgen, die du wirklich willst, und hast dich sogar gegen andere durchgesetzt, deine eigenen Entscheidungen getroffen und das eine oder andere Mal für deine Überzeugungen gekämpft – was kommt als Nächstes? Es geht los! Jetzt, wo dich Mama aus dem Nest wirft, weil du flügge geworden bist, zeigt sich, aus welchem Holz du geschnitzt bist. Hast du Angst? Ausgezeichnet, denn die wahre Magie entsteht dort, wo sich Angst und gespannte Aufregung treffen.

Mark Twain sagte einst: »Das Leben ist kurz, brich die Regeln, verzeihe schnell, küsse langsam, liebe von ganzem Herzen, lache schallend und bereue nie irgendetwas, das dich zum Lächeln gebracht hat. In zwanzig Jahren wirst du enttäuschter über die Dinge sein, die du nicht gemacht hast, als über die Dinge, die du gemacht hast. Kapp die Taue und verlasse den sicheren Hafen. Fang den Wind in deinen Segeln. Erforsche. Träume. Entdecke.« Das ist schon immer eines meiner Lieblingszitate gewesen, weil es die Hingabe an ein angstfreies Leben so perfekt zum Ausdruck bringt. Befolge Mark Twains Rat und schöpfe das Leben voll aus. Die guten Seiten zu genießen und etwas zu riskieren trotz aller Ängste und Zweifel, die mit dem Risiko einhergehen, ist das Beste, was du dir selber abverlangen kannst, und könnte gleichzeitig deine größte Leistung sein.

JENNY SMART (harte Sau): Fast mein ganzes Leben lang habe ich gegen Ängste angekämpft, aber erst in meinem ersten Studienjahr am College begannen sie meinen Alltag wirklich zu beeinträchtigen. An dem Tag, an dem ich für das zweite Semester meines ersten Studienjahres an die University of New Hampshire zurückkehrte, hatte ich meine erste Panikattacke. Ich wusste nicht, wie mir geschah. Ich fühlte mich sehr schwach, schwindelig und kurzatmig und dachte, ich hätte einfach einen kleinen Schwächeanfall. In den folgenden Wochen folgten weitere Attacken, die ich für Asthmaanfälle hielt. Ich bekam einfach keine Luft. Zwar hatte ich inzwischen einen Arzt aufgesucht, aber er konnte nichts feststellen, also dachte ich, ich hätte erneute Asthmaanfälle und müsste eben lernen, damit umzugehen. Erst als ich einmal zur Notaufnahme im Krankenhaus musste, weil ich Schmerzen in der Brust hatte, mein Gesicht und meine Lippen taub waren und seltsam prickelten, fand ich heraus, dass ich unter Panikattacken litt. Der Arzt reichte mir ein Päckchen Taschentücher, weil ich mir die Augen ausweinte – vor Erleichterung, dass ich keinen Herzanfall erlitten hatte –, sowie eine Schachtel Medikamente gegen Angstzustände. Und damit war ich geheilt!

Kleiner Scherz am Rande. Auch vier Jahre nach diesen Erlebnissen leide ich heute immer noch an lähmenden und schrecklichen Panikattacken und Angstzuständen. Wie bei den meisten Menschen, die unter Panikattacken leiden, gehen diese Hand in Hand mit Depressionen. Je nachdem, wie gut mein geistiger Zustand ist, bin ich entweder fast angstfrei oder meine Ängste geraten außer Kontrolle. Im schlimmsten Fall bekomme ich Panik wegen meiner Panikattacken, was ungefähr so gesund und witzig ist, wie es klingt. Meine Angstzustände lähmen mich. Sie verhindern, dass ich mich mit meinen Freunden und meiner Familie treffe, dass ich meine Träume verfolge oder auch nur irgendetwas wage, das auch nur im Entferntesten das Risiko birgt, eine Panikattacke auszulösen. Im vergangenen Dezember verlor ich meinen Job und all meine Ängste und Befürchtungen, nicht gut genug zu sein, wurden Wirklichkeit.

Ich war nicht in der Lage zu tun, wozu ich nach Los Angeles gekommen war, scheiterte und musste nach Hause zurückkehren.

Ich beschloss, meinen Urlaub zu Hause zu verlängern, weil ich dachte, drei Wochen in der Kleinstadt, in der ich aufgewachsen war, würden mir helfen. Nach ungefähr drei Tagen auf der Couch meiner Eltern, ohne irgendetwas anderes zu tun zu haben, als mich von meinen Angstzuständen buchstäblich auffressen zu lassen, erkannte ich, dass es wahrscheinlich eine schlechte Entscheidung gewesen war. Allerdings brachte mich dieses Erlebnis an den Wendepunkt, der mich zur besten, witzigsten und lebensverändernsten Entscheidung führte, die ich je getroffen habe. Ich beschloss, nie wieder mit angezogener Handbremse durchs Leben zu gehen, alles Neue auszuprobieren, das sich mir bot, mit jedem auszugehen; alles würde sich verändern und das Leben würde perfekt werden. Ich nannte es das »Ja-Jahr«. Ich erzählte es sofort herum, weil man das üblicherweise macht, wenn man die beste Idee seines Lebens hat, und dann wartete ich auf das erste verrückte, lebensverändernde Ereignis in meinem Leben. Allerdings stellte sich heraus, dass es nicht wirklich funktioniert, verrückten, lebensverändernden Ereignissen nachzujagen. Um ganz ehrlich zu sein: Die ersten Monaten meines Ja-Jahrs verbrachte ich damit, eine Menge dämlicher und peinlicher Dinge zu tun, die mir überhaupt nicht weiterhalfen.

Dann passierte etwas ganz Erstaunliches. Eines Sonntagnachmittags tauchten drei Jungs bei mir zu Hause auf, die mit meiner Mitbewohnerin einen Ausflug machen wollten, und fragten mich, ob ich nicht mitkommen wolle. Nachdem sie lange auf mich eingeredet hatten, gab ich schließlich nach. Ja, ich gehe mit euch auf diese blöde Wanderung. Der Ausflug war am Ende völlig verrückt, wahnsinnig anstrengend, aber sehr lustig. Er riss mich geistig und körperlich aus meiner Komfortzone und ich musste diesen Leuten, die ich nicht einmal kannte, vertrauen, dass sie uns heil wieder zurückbrachten. Am Ende hatte ich blaue Flecken, war völlig erfroren und hatte einen Riesenhunger, war dabei aber glücklicher als je zuvor. Ich hatte eine Gruppe von Leuten gefunden, die klug, witzig und inspirierend waren, und konnte eine Fortsetzung unserer Bekanntschaft kaum erwarten. Das war es, worauf ich gewartet hatte. Ich musste nicht als Rucksacktouristin durch Europa reisen (das will ich!), aus einem Flugzeug springen (das will ich nicht!) oder irgendein anderes Klischeeabenteuer wagen, um mein Leben zu verändern. Ich musste einfach nur offen dafür sein, mit neuen Bekanntschaften einen Ausflug zu machen. Durch sie lernte ich die tollste Clique kennen, mit der ich die unglaublichsten und – ja – lebensverändernsten Erfahrungen machte.

Eine großartige Gruppe an Leuten zu finden, die mir Rückhalt boten und an deren Seite ich mein Selbstvertrauen wiederfand, ist das Beste, was mir in meinem Ja-Jahr passiert ist. Meine Ängste sind etwas, mit dem ich mich werde arrangieren müssen, aber mit der Unterstützung meiner Freunde gelingt es mir, die Ängste, die verhindert haben, dass ich mein Leben lebe, allmählich zu überwinden.

Menschen, die etwas Erstaunliches getan, gesehen oder geleistet haben, haben das nicht getan, weil sie ohne Ängste sind, sondern trotz ihrer Ängste. Das Gleiche gilt für den ganz normalen Alltag. Jenny hat nicht den Anspruch erhoben oder versucht, den Weltfrieden zu erreichen, sie wollte einfach nur ihre Apathie überwinden und etwas tun, ohne von ihren Ängsten gelähmt zu werden. Und sie fand einen Weg, mit der Hilfe neuer Freunde, die sie inspirierten und sie unterstützten. Sie beschloss, mehr Wagemut zu zeigen – etwas zu tun, das sich eindeutig außerhalb ihrer Komfortzone befand –, und das ist ihr gelungen.

Die Entscheidung, ein wagemutiges Leben zu führen, scheidet diejenigen, die wahrhaft über ihr eigenes Leben bestimmen, von denen, die sich ihren Lebensweg von anderen vorschreiben lassen. Ein wagemutiges Leben zu führen bedeutet zu entscheiden, was man vom Leben will, und diese Ziele dann konzentriert zu verfolgen, bis man sie erreicht hat.

Wagemutig zu sein bedeutet, dass du dich – so wie Jenny – so weit aus deiner Komfortzone herauswagst, dass man sich über dich lustig machen wird, dich vielleicht anstarrt und man dich, wenn du Glück hast – und ich meine, wenn du wirklich Glück hast – als verrückt bezeichnen wird. Ich trage dieses Etikett mit Stolz. Es bedeutet einfach, dass ich bereit bin, Dinge zu tun, die andere aus Angst (zumindest denken sie das) nicht machen. Leider bringt es der Wagemut mit sich, dass man zum Ziel von Häme, Neid und Eifersucht wird. Herr über sein eigenes Leben zu sein ist etwas, wovon die meisten träumen, wofür ihnen aber der Mut fehlt. Und wenn jemand anderes diesen Mut aufbringt, erfüllt sie das mit Ärger. Ignoriere sie einfach. Ich habe so viel Zeit in meinem Leben damit verbracht, mir darüber Sorgen zu machen, was andere Leute von mir denken, beziehungsweise darüber, »was die Leute sagen werden«, dabei weiß ich nicht einmal genau, wer diese »Leute« eigentlich sind. Ich weiß nur, dass ich viel zu viel Zeit darauf verschwendet habe, ängstlich darauf bedacht zu sein, dass ich gemocht werde und dass meine Umwelt gutheißt, was ich mache. Heute kann ich dir sagen, das war alles verlorene Liebesmüh und eine Ablenkung von den großartigen Dingen, die mir das Leben zu bieten versucht.

>»Durch jede Erfahrung, die dich dazu bringt, deiner Angst in die Augen zu blicken, gewinnst du an Stärke, Mut und Selbstvertrauen.«
>
> Eleanor Roosevelt

Ich weiß, das hört sich jetzt hart an, aber ich bin davon überzeugt: Du wirst deine Träume nie erreichen, wenn du dir von anderen Leuten vorschreiben lässt, wie du zu leben hast, und den Mut, der in allen Menschen ganz verborgen steckt, nicht auslebst. Zwar garantiert Wagemut allein noch keinen Erfolg, aber er sorgt dafür, dass deine Träume nicht verblassen. Sheryl Sandberg, Vorstandsvorsitzende für das operative Geschäft bei Facebook, gab im Jahr 2010 ein tolles Interview im Rahmen der TED-Konferenzen zu jungen Frauen in der Geschäftswelt. Sie schrieb sogar ein Buch mit dem Titel *Lean In*, in dem sie über ihre Erfahrungen in der Unternehmenswelt schrieb. Darin stellte sie fest, dass sich die meisten Frauen kein Gehör verschaffen, nicht hart genug über ihr Gehalt verhandeln und von ihren eigenen Fähigkeiten weniger überzeugt sind als Männer und deswegen am Arbeitsplatz weniger zufrieden sind. Sie ist der Auffassung, Frauen müssten mehr Mumm zeigen und auch mal laut ausrufen: »Hört mir zu, ich habe eine tolle Idee!« Ich stimme ihr zu. Aber es ist nicht allein die Unternehmenswelt, in der Frauen ihr Potenzial nicht ausschöpfen. Ich glaube daran, dass Wagemut generell etwas Magisches hat und bei richtigem Einsatz Türen öffnet, Chancen erschließt und Träume Wirklichkeit werden lässt.

Wie stark ist dein Wunsch, Wagemut zu zeigen? Wie dringend wünschst du dir den Traumjob, die wichtige Beförderung, die Versöhnung mit einem Familienmitglied, mit dem du ewig nicht gesprochen hast, die Chance, fremde Länder zu bereisen, an deiner Traumuni angenommen zu werden oder das große Abenteuer, über das du schon so lange nachdenkst? Du kannst es dir nicht leisten, diese Leidenschaft in deinem Inneren zu verschließen und deinem Traum nur in deiner Vorstellung Flügel wachsen zu lassen. Wer weiß, was diese Reise bringen wird, wenn du sie endlich wagst – vielleicht wird es gar nicht der lang gehegte Traum sein, sondern ein anderer, der hinter der nächsten Straßenecke lauert. Du verdienst es, und glaub mir, du bist es wert, auch wenn du selber noch nicht davon überzeugt bist.

Erst träumen – dann handeln

Bevor du diesen mutigen Sprung in deine Zukunft wagst, musst du natürlich wissen, wohin der Sprung führen soll. Träumen ist genau wie der Glaube eines der wenigen Dinge, die erfordern, dass man von etwas überzeugt ist, ohne es gesehen zu haben. Viele Menschen haben jedoch große Schwierigkeiten, sich Dinge vorzustellen, die weit weg von ihrer aktuellen Realität sind. Dennoch ist das eine äußerst mächtige und unverzichtbare Fähigkeit, die man gut pflegen sollte.

Viele meiner Freunde haben auf Basis ihrer Überzeugung von einer Sache große Sprünge gewagt. Mein lieber Freund Adam hat »Pencils of Promise« gegründet, nachdem er seine Leidenschaft für die Schaffung von Bildungschancen für Kinder auf der ganzen Welt entdeckt hatte. Bobby, Laren, Jason und Jed haben mich mit ihrer Organisation »Invisible Children« inspiriert, mit der sie für ein Ende des Kriegs in Uganda, den am längsten andauernden Krieg Afrikas, kämpfen. Zwei meiner Freunde, Yael und Adam, kämpfen mit ihren Organisationen »F Cancer« and »Movember« beide auf kreative Weise gegen Krebs. Mein texanischer Landsmann Blake Mycoskie erschuf nach einer lebensverändernden Reise nach Argentinien, auf der er Kinder sah, die nicht einmal Schuhe besaßen, »TOMS« (und »Friends of TOMS«). Und daneben gibt es noch so viele andere, wie Scott von »Charity Waer«, Sean von »Fallen Whistles«, Ellen von »30 Project«, Nyla von »Mama Hope«, Elizabeth Gore von »Girl Up«, Somaly von »The Somaly Mam Foundation«, Jamie von »TWLOHA«, Haley von »Girl Talk«, Laruen von »FEED«, Rachel von »The SOLD Project« und Scott vom »Children's Cambodian Fund«, um nur einige zu nennen. Ich habe eine endlose Liste an phänomenalen Freunden, die ihr Leben dem Kampf für andere gewidmet und mutig einen Weg gefunden haben, ihre Pläne umzusetzen. Bevor sie jedoch aktiv wurden, wussten sie genau, welche Ziele sie verfolgten, warum sie sie verfolgten, und sie wussten, dass sie sich durch nichts aufhalten lassen würden.

Oft lerne ich junge Frauen kennen, denen die Fähigkeit fehlt, die Augen zu schließen und sich ein besseres Leben, ihren Traumjob oder eine ideale

Beziehung vorzustellen. Sie leben nur in ihrem nüchternen Alltag, und das lässt keinen Raum dafür, sich andere Dinge vorzustellen und ihr Leben selber zu bestimmen. Die Welt braucht es jedoch dringend, dass du dein Leben nach deinen eigenen Spielregeln lebst, anstatt passiv herumzusitzen und darauf zu warten, dass andere dir sagen, wie du leben sollst oder was du machen darfst. Eines meiner Lieblingszitate der Künstlerin und Autorin Flavia Weed lautet: »Stutz deinen Träumen nicht die Flügel, denn sie sind der Herzschlag und die Freiheit deiner Seele.« Ich glaube ganz fest daran, dass das Wesen unserer Seele zusammen mit unserem einzigartigen Beitrag zur Welt verloren geht, wenn wir aufhören zu träumen.

MARJA HARMON (Sängerin, Schauspielerin, unter anderem am Broadway): Den Mut aufzubringen zu sagen: »Warum nicht ich?« kann ganz leicht sein. Ich habe festgestellt, dass der schwierige Teil darin bestehen kann, diesen Mut und das Selbstvertrauen in einer Welt und einer Industrie beizubehalten, die sich alle Mühe gibt, sie zu zerstören. Als Kind habe ich nie einen Künstler gesehen und gedacht: »Das kann ich nicht.« Meine Freunde und Familie haben nie gesagt: »Das schaffst du nicht.« Im Gegenteil, als ich meinen Eltern von meinem Traum erzählte, unterstützten sie mich und spornten mich an. Sie strengten sich sehr an, mir mithilfe von Unterricht und Auftritten dabei zu helfen, mir das Rüstzug und die Orientierung zu verschaffen, um Chancen zu entdecken und mich in dieser wandelbaren und subjektiven Industrie zu behaupten.

Jede Schwächung meines Selbstvertrauens und meines Selbstwertgefühls, die ich je erlebte, gingen auf Selbstzweifel zurück, die von äußeren Einflüssen wie den Medien, negativen Kollegen und meiner eigenen Unsicherheit noch verschlimmert wurden. Das lag daran, dass ich destruktiven Meinungen und Menschen zu viel Aufmerksamkeit schenkte, anstatt auf mich selbst und die positiven Meinungen der Menschen in meinem Leben zu hören, die mir nahestehen. Durch Einfluss von außen lernen junge Frauen, sich selbst abzulehnen, ihren Körper hässlich zu finden und ihren Talenten und Entscheidungen keine Bedeutung beizumessen und zu denken: »Ich kann das nicht« oder »Ich bin nicht gut, intelligent, talentiert oder hübsch genug.« Wir werden mit einem angeborenen Selbstvertrauen geboren und im Verlauf des Lebens schleichen sich die Unsicherheitsdämone in unsere Köpfe, mit denen wir dann den Rest unseres Lebens ringen.

Niemand in meinem Unterstützungsumfeld sagte mir, ich könne nicht am Broadway auftreten. Die einzige Person, die sich mir in den Weg stellen konnte, war ich selber, nämlich indem ich zuließ, dass diese Dämonen mein Selbstvertrauen untergruben. Ich musste mich vorbereiten. Was passiert, wenn mein Selbstwertgefühl erschüttert wird? Was passiert, wenn ich bei Vorsprechen immer wieder abgelehnt werde? Wie bewahre ich mein Selbstvertrauen und mache weiter? Obwohl ich schon einige tolle Erfolge hatte und einige Traumrollen gespielt und am Broadway aufgetreten bin, sind das immer noch Dinge, mit denen ich zu kämpfen habe.

In diesem Geschäft musst du viel von dir geben, und zwar noch bevor du überhaupt einen Job hast! Am verletzlichsten ist man während des Castings, wenn man versucht, diejenigen zu überzeugen, die einige wenige aus der Menge an Kandidaten auswählen. Ich wurde schon für Rollen abgelehnt, weil ich nicht das richtige Gewicht, die richtige Hautfarbe, Größe etc. hatte, wobei es einfach unmöglich ist, diese Ablehnung nicht persönlich zu nehmen. Würde die Rollenverteilung allein darauf basieren, wie man singt, spricht oder tanzt, dann wäre es einfacher, bestimmte Dinge zu verkraften. Das Wissen, dass ein einziger ästhetischer und subjektiver Aspekt den Ausschlag geben kann, kann dazu führen, dass man sich auf alles andere als sich selbst konzentriert, und ich kann dir garantieren, dass der ständige Vergleich mit anderen der Schlüssel dazu ist, in diesem Geschäft und im Leben überhaupt kreuzunglücklich zu werden. Ob man sich bei einem Vorsprechen mit anderen Kandidatinnen oder die eigene Karriere mit den Karrieren anderer vergleicht, letztlich führt das alles zu Unzufriedenheit und Selbstzweifeln. Vor allem im Zeitalter der sozialen Medien, in dem wir im Leben eines jeden Menschens in der ersten Reihe sitzen und die Scheinwerfer auf diese Person richten können, führt das dazu, dass man ständig auf die Leistungen anderer schielt, anstatt sich auf den eigenen Weg zu konzentrieren. Ich habe keine Kontrolle darüber, was andere Frauen tragen, wie sie aussehen oder singen. Jeder Gedanke, den ich auf solche Vergleiche verschwende, raubt mir die Energie, mich darauf zu konzentrieren, dass ich selbst mein Bestes gebe.

Irgendwann wurde mir klar, dass, wenn ich mein Selbstwertgefühl davon abhängig mache, ob ich diese oder jene Rolle bekomme, ob ich diesem oder jenem Castingdirektor oder Kritiker gefalle oder ob er oder sie mich für attraktiv und talentiert hält oder nicht, meine persönliche Zufriedenheit sich als genauso wandelbar erweist wie dieses Business. Und das wollte ich nicht. Jeder von uns ist einzigartig, und jeder bringt etwas anderes, aber Unverwechselbares ein. Jeden Tag erinnere ich mich daran, dass ich etwas Besonderes anzubieten habe – das gilt übrigens für alle Frauen in der Branche. Jede Frau ist talentiert; die Frage ist nur, wer für eine bestimmte Rolle und eine bestimmte Chance unter zahllosen Chancen am besten geeignet ist.

Im Lauf der Jahre musste ich lernen, mein Gleichgewicht zu finden, indem ich verstand, was ich beeinflussen konnte und was ich einfach hinnehmen musste, und ich lernte, dabei nie zu vergessen, dass ich unverwechselbar bin und der Bühne sowie dem Leben etwas anzubieten habe. Außerdem lernte ich, dass die einzige Person, die mir das kaputt machen kann, ich selbst bin. Auch heute muss ich mich täglich an diese Dinge erinnern. Die Dämonen der Unsicherheit schleichen sich immer mal wieder ein, vor allem in einem Geschäft wie dem Showbusiness. Mein Selbstvertrauen ziehe ich aus den Momenten, in denen ich die Chance erhalte, meinen Traum zu leben, und daraus, dass ich auf die Stimme der Menschen höre, die mir am nächsten stehen, anstatt auf die Dämonen!

Ob deine Träume von klein auf unterstützt wurden, wie es bei Marja der Fall war, oder ob du sie alleine verfolgen musstest – wir alle haben das Recht, große Träume zu träumen und diese zu verfolgen. Dennoch treffen wir so oft auf Hindernisse, dass viele von uns von vorneherein davor zurückschrecken, den Sprung ins Ungewisse zu wagen. Träumen setzt die Fähigkeit voraus, sich eine Welt vorstellen zu können, die noch keine Realität ist, sie aber so zu erleben, als wäre sie schon Wirklichkeit. Dabei ist es egal, woher du stammst, welcher sozialen Schicht oder Ethnie du angehört, welche Bildung du besitzt, was dein Geschlecht, deine Rasse oder sexuelle Neigung ist oder wie alt du bist. Träumen ist eine der wunderbarsten Gaben, mit denen wir alle auf die Welt kommen, und wir müssen diese Gabe bewahren und sie gegen ewige Zweifler, Nörgler und Skeptiker verteidigen. Aus diesem Grund ist auch Peter Pan so beliebt; er soll diejenigen, die in einer Welt der unbegrenzten Möglichkeiten ihre Richtung verloren haben, daran erinnern, dass die Wunder nur zwei Sterne nach links und dann geradeaus bis zum nächsten Morgen verborgen liegen.

Wähle dein eigenes Abenteuer aus

Bis heute ist eines der mutigsten Dinge, die ich je getan habe, dass ich beschloss, meinem Herzen zu folgen, meine Siebensachen zusammenzupacken und aus meiner Wohnung in Los Angeles auszuziehen (in der ich ganze zehn Jahre gewohnt hatte). Das war eine Entscheidung, die mit großer Angst einherging, weil ich nicht genau wusste, was ich tat oder wohin die Reise führen würde. Selbstverständlich hatte ich mehrere reife und logische Gründe für diesen Schritt, aber kein einziger war letztlich gewichtig genug, um diese Entscheidung zu rechtfertigen. Das sind sie nie. Ich ließ mich bei dieser Entscheidung, wie bei allen besten Entscheidungen in meinem Leben, allein von meinem Herzen leiten. Rationalität wird oft überbewertet. Nur in deinem warmen, pochenden Herzen brütest du die besten Dinge aus.

Ich erzählte einer Freundin, dass ich alles dafür tun würde, um einfach packen und für einige Monate nach Europa ziehen zu können und ein Abenteuer zu wagen. Zum ersten Mal in meinem Leben hatte ich keine Ahnung, wohin mich dieses Abenteuer genau führen würde. (Ehrliche Beichte: Ich hatte mich kurz zuvor in einen Mann verliebt, der in Spanien lebte, das war also kein schlechter Anreiz.) Die unverblümte Antwort meiner Freundin auf meinen Tagtraum lautete: »Dann tu das auch.« Uff, mit diesem Kommentar verabreichte sie mir eine gute Dosis meiner eigenen Medizin. Es war durchaus ein demütigender Moment, als mir klar wurde, wie oft und laut ich gepredigt hatte, ich würde meinen Traum verfolgen, während meine bequeme und gemütliche Welt ein wenig zu gemütlich und bequem geworden war.

Kurz nach dieser Unterhaltung klopfte die Logikpolizei bei mir an. »Also, ganz ehrlich, Lex, du machst doch nur Spaß«, ermahnte ich mich selbst. »Es liegt ja wohl auf der Hand, dass du nicht einfach packen und auf einem europäischen Abenteuer der Liebe nachjagen kannst. Du bist kein kleines Kind mehr und lebst nicht in irgendeiner Wunderwelt.« Am Ende kam ich jedoch zu dem Schluss, dass es keinen guten Grund gab, nicht einfach zu gehen. Ich habe einen Job, den ich, technisch betrachtet, überall ausüben kann. Ich bin jung und unverheiratet, habe keine Kinder, keine großen Schulden, bin nicht krank oder auf der Flucht vor dem Gesetz. Jetzt ist der Zeitpunkt – bevor sich eine dieser Bedingungen ändert –, um etwas leicht Verrücktes und geradezu kindisch Aufregendes zu tun. Außerdem jagte mir das alles eine große Angst ein, und das war ein guter Grund, es zu tun. Ich wollte mich nicht von meinen Ängsten lähmen lassen wie ein Kaninchen vor der Schlange. Zack, zack, Entscheidung gefällt.

Ich bin natürlich nicht so naiv, dass ich die Verantwortlichkeiten des realen Lebens nicht erkenne und vergesse, dass ich jeden Monat Rechnungen zu bezahlen habe. Ich glaube aber auch nicht, dass Erwachsenwerden bedeutet, dass man das Leben nicht mehr als Abenteuer begreift. Du solltest Spaß suchen, spontan sein und Dinge tun, die auf den ersten Blick vielleicht nicht immer einen Sinn ergeben. Egal, wo du im Leben stehst, ob du eine Studentin bist, die ihre Leidenschaft entdeckt, eine frischgebackene Mutter, die lernt, wie sie ihr erstes Kind großzieht, eine Uniabsolventin, die ihre berufliche Karriere aufnimmt, dich in den Sechzigern neu erfindest oder irgendwo dazwischen stehst, lass nicht zu, dass irgendetwas oder irgendjemand sich deiner Selbstverwirklichung in den Weg stellt. Wenn du unzufrieden bist, dann ändere etwas. Tu, was du tun musst, um dir selbst treu zu bleiben. Und wenn du ein Abenteuer brauchst, dann such dir eines.

Du hast nur dieses eine kostbare Leben und du allein bestimmst, in welcher Farbenpracht es erstrahlt. Du bestimmst die vielfältigen Schattierungen und Pinselstriche, mit denen du deine Lebensgeschichte illustrierst. Ich weiß zwar nicht, was das Leben für jeden Einzelnen von uns bereithält, aber ich weiß, dass das Leben nicht zu kurz, sondern viel zu lang ist, um einen weiteren Tag darauf zu verzichten, aufregenden Abenteuern nachzujagen.

Es gibt zahlreiche ungeschriebene Regeln im Leben; die unsichtbaren Normen der »Normalität« der Gesellschaft und der unausgesprochene Druck, sich diesen Normen unterzuordnen. Ich sage: zur Hölle damit. Kein Mensch hat Geschichte geschrieben oder sein persönliches Glück gefunden, indem er sich unterordnete, sich still fügte und versuchte, sich möglichst unauffällig und unscheinbar durchzuwursteln. Wir alle leben unser eigenes Lebensabenteuer, ohne genau zu wissen, wohin unser jeweiliges Lebensschiff uns fährt, was wir genau machen werden, und ohne die Einzelheiten unserer Lebensgeschichte vorab zu kennen. Ich halte dich auf dem Laufenden darüber, wohin mich der Wind trägt, in der Zwischenzeit solltest du aber damit beginnen, deine eigene Expedition zu starten, und mich darüber auf dem Laufenden halten, wo du am Ende landest. Wer weiß, vielleicht werden sich unsere Wege auf dem Weg ins Nimmerland irgendwann kreuzen.

PAUSE! Kümmere dich um die Abenteuerlustige in dir

Okay, nicht jeder ist so wie ich. Ich bin ganz sicher ein Mensch, der in großen Zusammenhängen denkt, und manchmal kann ich gar nicht lange genug neue Ideen und Abenteuer herbeiträumen, um mir eines auszusuchen und in Angriff zu nehmen. Aber vielleicht bist du detailorientierter oder besitzt die Mentalität, die von Natur aus darauf ausgerichtet ist, das umzusetzen, was direkt vor dir liegt. Das ist großartig! So wie ich Menschen in meinem Leben brauche, die mir helfen, mich auf meine Ideen zu konzentrieren und sie zu verwirklichen, brauchst du Menschen, die dir dabei helfen, dir neue Träume und Abenteuer auszudenken.

Das heißt aber nicht, dass du nicht selbst auch deinen Träumergeist fordern und fördern kannst. Das bedarf nur ein wenig Übung. Mach es dir zur Gewohnheit, regelmäßig zu träumen – genauso wie du den Sport in dein Leben eingebaut hast und gelernt hast, mit langfristigen Projekten umzugehen.

Erstelle eine Liste deiner Lieblingsthemen – die Dinge, die du gerne machst, zu denen du dich hingezogen fühlst, in denen du aufgehst oder für die du auch mal eine Nacht durchmachst. Als Nächstes suchst du eine Sache davon aus und verbringst eine Stunde damit, all die Wege zu erforschen, über die du dich auf diesem Gebiet aktiv betätigen könntest. Ich habe eine Liste mit dem Titel »Brandheiße Themen«. Das sind all die verrückten Ideen, die ich mir ausdenke, wenn ich ein paar Minuten für mich selbst habe. Ich schreibe Dinge auf, die mich interessieren oder über die ich mehr erfahren möchte. Wie ich schon sagte, ich bin eine Träumerin, die sich große Abenteuer ausmalt. Allerdings geht es bei Träumen nicht um die Größe, sondern um ihre Einzigartigkeit und die Schöpferkraft, die nur aus dir herauskommen kann.

Ein guter Tipp für das Träumen besteht darin zu versuchen, in ungewohnten Bahnen zu denken. Als Aufwärmübung beginne ich, mir Dinge vorzustellen, die völlig außergewöhnlich sind. Zum Beispiel stelle ich mir vor, dass ich ein Unternehmen gründe, bei dem ich Minielefanten trainiere (die technisch gar nicht existieren), die obendrein sprechen können (unmöglich) und als Maskottchen von Seejungfrauen fliegen (ebenfalls unmöglich, aber interessant), die sich gerne Minielefanten als Maskottchen halten. Dann verbringe ich zehn Minuten damit, im Geiste einen Werbespot für diese süßen Kreaturen zu entwerfen. Bin ich am Ende völlig durchgedreht? Offensichtlich. Aber mein Gehirn wird gefordert, außerhalb eingefahrener Wege zu denken, und das ist das Rezept für die Entstehung großer Träume. Denk über die unmöglichsten Dinge nach, die du dir vorstellen kannst, auch wenn du selbst über ihre Absurdität lachen musst. Und wenn du dann etwas sagst wie »Ich will die Frauenbewegung des 21. Jahrhunderts auslösen« (mein Lebensziel), klingt es plötzlich überraschend vernünftig und nachvollziehbar.

Träumen zu können ist ein Geschenk, das du dir selbst machst, und der eine Ort, an dem du ohne jede Wertung Dinge in deiner Vorstellung erschaffen kannst. Der Hauptgrund, aus dem wir nicht träumen, lautet, dass wir uns dieser Möglichkeit verschließen wollen, bevor wir die Idee überhaupt zulassen. Lass los und träume. Und träume in großen, wenn nicht sogar in gewaltigen Dimensionen.

Los geht's

Wenn du also noch nicht zu deinem großen Abenteuer aufgebrochen bist, dann mach es jetzt. Es ist ganz normal, davor zurückzuschrecken, den Schritt ins Ungewisse zu tun, aber das ist kein ausreichender Grund, passiver Zuschauer im eigenen Leben zu bleiben. Wer weiß, die Verwirklichung deiner Träume könnte sogar noch etwas viel Großartigeres mit sich bringen, als du ursprünglich gedacht hast. Beschränke dich nicht auf das, was du dir vorstellen kannst – die Welt hat so viel mehr zu bieten.

PENNY ABEYWARDENA (Leiterin des »Girls and Women Program« und Associate Director of Commitments der »Clinton Global Initiative«): Zu Beginn meiner Karriere habe ich mich gefragt: »Mache ich das, was ich gut kann, oder das, was mich mit Leidenschaft erfüllt?« Die Antworten auf diese Frage müssen sich nicht gegenseitig ausschließen. Zu Beginn der eigenen Karriere kann sich durchaus zeigen, dass die Fähigkeiten, die du trainierst, nicht ganz deckungsgleich sind mit der Art von Arbeit, die du bewunderst.

Gleich nach meinem Studienabschluss, als ich gleichzeitig für eine kleine, feine Investmentgesellschaft und eine bekannte Menschenrechtsorganisation arbeitete, geriet ich in diese Bewusstseinskrise. Es lag auf der Hand. Viele sagen, ich hätte es geradezu darauf angelegt: Wer kann schon tagsüber im Finanzbusiness arbeiten und sich nachts für die Verteidigung der Menschenrechte einsetzen, ohne in ein moralisches Dilemma zu geraten? Angesichts der Umstände war meine Krise eher durchschnittlich, aber der Druck, den ich empfand, erwischte mich auf dem falschen Fuß. Ich liebte beide Jobs, wenn auch aus ganz unterschiedlichen Gründen. Mein Finanzjob war eine Herausforderung, um Fähigkeiten zu entwickeln, von denen ich wusste, dass ich sie brauchen würde – zum Beispiel ein überzeugendes Verkaufstalent. Menschen Ideen zu verkaufen zu können ist eine äußerst wichtige Fähigkeit, die der Kern meines Erfolgs gewesen ist. Der Non-Profit-Job half mir dagegen, mein Bewusstsein und meine Leidenschaft für frauenbezogene Themen zu entwickeln sowie eine tiefe Bewunderung für die Menschenrechtsforscher, von denen ich umgeben war. Ich verbrachte viel Zeit damit zu träumen, ich sei eine Aktivistin, die Menschenrechtsverletzungen auf der ganzen Welt aufdeckt und bekämpft. Die Realität war jedoch, dass diese Art von Arbeit meine Talente nicht zur Geltung brachte.

Die Antwort auf mein Dilemma fand ich im Fundraising für Non-Profit-Unternehmen. Es war eine Herausforderung, meine bisherigen Positionen zu verlassen und in diese wichtige, aber nicht besonders prestigeträchtige Rolle im Non-Profit-Sektor zu schlüpfen. Fundraiser müssen sowohl über ein profundes Fachwissen über das jeweilige Thema als auch über exzellente Kommunikationsfähigkeiten verfügen, um ihre Arbeit potenziellen Spendern zu erklären und sie zu überzeugen. Der Übergang von dem Wunsch, für ein solches Programm zu arbeiten, zu einem Job in der Entwicklungshilfe war jedoch überraschend schwierig. Ich stellte fest, dass ich meine Entscheidung, der Finanzindustrie den Rücken zu kehren und in eine Branche zu wechseln, die zum einen unterschätzt wird und über die sich zum anderen immer wieder lustig gemacht wird, ständig hinterfragte. Im Lauf der Jahre und mit zunehmender Entwicklung und Schärfung meiner Kompetenzen wurde mir allmählich klar, dass diese Entscheidung womöglich die beste gewesen war, die ich hätte treffen können. Ohne dass ich es mir bewusst gemacht hätte, erwarb ich ein erhebliches Fachwissen über das Thema und trainierte gleichzeitig meine kaufmännischen Fähigkeiten. Zehn Jahre später habe ich eine Aufgabe, in der ich beides perfekt nutzen kann.

Der Weg zum beruflichen Selbstverständnis führt einen unvermeidlich zu der Frage: Warum tue ich, was ich tue? Diese Frage ist schwierig zu beantworten und man kann sich davor leicht drücken, aber mach dir trotzdem die Mühe, es lohnt sich. Zu verstehen, wie dich deine Leidenschaft und deine eigenen Fähigkeiten in deiner Entscheidung beeinflusst haben, wird im weiteren Verlauf deiner Karriere von großem Vorteil sein. Ein langfristiges Ziel zu verfolgen kann bedeuten, dass man schon ganz früh Opfer erbringen muss, und der beste Weg, um den größten Nutzen aus diesen Opfern zu ziehen, besteht darin zu wissen, weshalb du bestimmte Dinge tust.

Obwohl es Penny nervös machte, dass sie ihre zukünftige Karriere nicht vorhersagen konnte, hörte sie auf ihre innere Stimme und wagte den Schritt ins Ungewisse. Wenn sie sich nicht auf das konzentriert hätte, was sie im Verlauf ihrer Karriere wirklich erreichen wollte, wäre es Penny viel schwerer gefallen, den mutigen Schritt in die Welt des Fundraisings zu wagen. Zwar wurde sie für ihre Entscheidung gelegentlich verspottet und zweifelte manchmal selbst sogar daran, aber es gelang ihr, Halt in dem Wissen zu finden, dass sie ihre Talente für einen guten Zweck einsetzte, der sie mit Leidenschaft erfüllte.

Ob es sich um die Planung deines nächsten Karriereschritts handelt, um die Auswahl eines Studienfaches, den Aufbruch zu einem neuen Abenteuer oder eine neue, mit Angst verbundene Aufgabe, wenn du Leidenschaft für dein Vorhaben verspürst, dann nimm das Risiko auf dich. Schluck deinen Stolz herunter und hör nicht auf die Skeptiker (dich selbst eingeschlossen). Aufregende und großartige Dinge werden einem im Leben nicht auf dem Silbertablett präsentiert. Du wirst dafür kämpfen müssen, ob es der Kampf gegen deine eigene innere Kritikerin oder kritische Stimmen von außen sind.

> »Die Schüsse, die du gar nicht erst wagst, gehen zu 100 Prozent am Ziel vorbei.«
>
> Wayne Gretzky

Denk daran, dass ein Ziel zu verfolgen nicht unbedingt heißt, dass du es auch erreichen wirst, weil du nicht immer Einfluss auf das Ergebnis deiner Handlungen hast. Der wahre Sieg besteht darin zu wissen, dass du die Art von Mensch bist, die jedes Mal mutig auf das Tor zielt, auch wenn du keine Garantie für einen Treffer hast. Vor Kurzem kam nach einem meiner Vorträge eine junge Frau auf mich zu und sagte: »Alexis, ich weiß, dass du immer wieder predigst, man solle einfach auf sein Ziel losgehen, aber ich habe es immer wieder versucht, und es gelingt einfach nicht. Was soll es also, wenn ich mich ständig anstrenge, die Dinge aber nie so laufen, wie sie sollten? Meinst du nicht, dass es an irgendeinem Punkt in Ordnung ist, wenn man akzeptiert, dass es einfach nicht sein soll?«

Ich verstehe sie vollkommen. Wenn du an jeder Tür gerüttelt hast, dieselbe Situation von allen Blickwinkeln aus betrachtet und dennoch keinen Fortschritt gemacht hast, ist dein Ziel vielleicht wirklich nicht für dich bestimmt. Oder vielleicht sollte ich sagen, es ist vielleicht nicht auf genau die Weise für dich bestimmt, wie du es dir vorstellst. Setz dich hin und mache dir grundsätzliche Gedanken – so wie Penny. Wenn du keine Ärztin werden kannst, dann denk darüber nach, was dir grundsätzlich an der medizinischen Karriere gefällt, und finde einen anderen Weg, das zu erreichen. Gib deine Ziele nicht einfach auf, ohne alternative Wege zu ihrer Erreichung zu erkunden.

Die junge Frau, die mich angesprochen hatte, wollte an einer Kunstakademie studieren und hatte sich immer wieder beworben. Sie hatte erfolgreiche Künstler kennengelernt und sich Ratschläge geholt, mit den Dekanen der Akademien gesprochen, ihre Mappe per E-Mail versandt und sogar Unbekannte angerufen, um irgendwie an die Kunstakademie zu kommen. Dennoch stand sie immer wieder vor verschlossenen Türen und Experten rieten ihr, vielleicht doch eine andere Karriere zu verfolgen. Ich fragte sie, ob sie wirklich alles ausprobiert habe. Sie antwortete mit einem verzweifelten »Ja«. Daraufhin sagte ich ihr, sie solle etwas anderes ausprobieren. Manchmal hören wir nicht zu, wenn Gott, das Universum oder woran du auch immer glaubst, versuchen, uns etwas mitzuteilen. Eine ausweglose Sache zu verfolgen tut niemandem gut.

Einen Monat später erhielt ich eine E-Mail von ihr, in der sie schrieb, sie habe meinen Rat befolgt und etwas anderes ausprobiert. Sie interessierte sich leidenschaftlich für Kunst, wollte unbedingt ihr Wissen auf diesem

Gebiet erweitern und im Kunstsektor arbeiten. Anstatt sich an der Tür zur Kunstakademie erneut eine blutige Nase zu holen, bewarb sie sich dieses Mal jedoch bei einem sehr angesehenen Museum. Das Museum war von ihrem theoretischen Wissen sowie ihrer eigenen künstlerischen Erfahrung sehr beeindruckt und fand, sie habe das Potenzial zu einer großartigen Kuratorin. Hier bot sich die Chance, ihre vielen Fähigkeiten gut einzusetzen, die sich ihr aber erst eröffnete, als sie ihr Blickfeld auf mögliche berufliche Alternativen innerhalb ihres Wunschgebiets erweiterte. Plötzlich lebte sie einen neuen Traum. Fixiere dich also nicht auf ein vorher genau festgesetztes Ergebnis, sondern darauf, im Spiel zu bleiben. Dein Wagemut wird belohnt werden, selbst wenn die Belohnung anders aussieht, als du es dir vorgestellt hast.

Sorge dafür,
dass du gut vorbereitet bist

Zwar bin ich eine große Verfechterin des Wagemuts und der Missachtung fest-geschriebener Regeln, wenn es nicht anders geht, aber du solltest in der Lage sein, deinen Wagemut auch mit Wissen unterfüttern zu können, damit du dich auch bewährst, wenn du auf die Probe gestellt wirst. Es gibt nichts Frustrie-renderes, als große Anstrengungen zu unternehmen, um eine Chance zu be-kommen, und wenn sich diese dann bietet, unvorbereitet oder in der eigenen beruflichen Entwicklung noch nicht an dem Punkt zu sein, sie ergreifen zu können. Ich glaube nicht an Glück als etwas, das einem unvermittelt zustößt. Vielmehr glaube ich, dass Glück die Gleichzeitigkeit eigener Anstrengung und einer fantastischen Gelegenheit ist. Und ich glaube auch, dass wir selbst dafür verantwortlich sind, diese fantastischen Gelegenheiten zu schaffen.

Wie ich schon angedeutet habe, bin ich mit vier älteren Brüdern in Texas aufgewachsen und ein geradezu krankhafter Fan von Collegefootball. Verur-teile mich nicht. Wenn du mit Wölfen aufwächst, ist es keine Überraschung, wenn du wie ein Wolf heulst. Neben meinen vier Brüdern und einem tollen Vater hatte ich auch das Glück, dass meine Schule eines der besten High-school-Footballteams von Texas hatte und dass ich anschließend eine Uni besuchen konnte, die eines der besten Collegefootballprogramme des Lan-des besaß. Collegefootball lag mir sozusagen im Blut.

Als ich an der University of Southern California studierte, kam das Blog-gen auf. Das Schöne am Bloggen war, dass es Normalsterblichen eine Platt-form bot, mit der sie sich in der Öffentlichkeit Gehör verschaffen konnten und somit den professionellen Medienberichterstattern gewissermaßen Konkurrenz machten. Unser Quarterback, Matt Leinart, war und ist immer noch einer meiner besten Freunde, unser Cheftrainer war der Vater meiner Schwester aus unserer Studentinnenverbindung und unser Quarterback-trainer, Yogi Roth, war mein bester Freund an der Uni. Ich hatte also un-eingeschränkten Zugang zu unserem Team, unseren Trainern und den Trai-ningseinheiten. Ich überlegte mir, ich könnte einen Blog über USC Football schreiben, in dem ich Insiderwissen über eine Mannschaft veröffentlichte, über die alle möglichst viel erfahren wollten. Wir waren zu dem Zeitpunkt die Nummer eins der Nation und kämpften für einen »Three-Pete« (benannt nach unserem Cheftrainer Pete Carroll); das heißt, wir wollten uns drei nationale Titel hintereinander holen – ein ehrgeiziges Vorhaben, das noch keiner Mannschaft zuvor gelungen war. Die gesamte Nation blickte gebannt auf unsere Mannschaft und fragte sich, ob wir Geschichte schreiben oder bei dem Versuch mit Pauken und Trompeten untergehen würden.

Innerhalb weniger Wochen lasen viele hunderttausend Menschen unsere Blogeinträge. Mein Mitgründer Nathan und ich wurden von der *New York Times*, der *Los Angeles Times*, *Sports Illustrated*, ESPN und FOS Sports kontaktiert, die sich fragten, wer wir eigentlich waren und wie es sein konnte, dass wir Insiderzugang zur besten Collegesportmannschaft des Landes hatten. Allen Nichtsportfans sei gesagt, dass ESPN das Oprah Winfrey des Sportfernsehens ist und es eines meiner Kleinmädchenträume gewesen war, Spielfeldreporterin zu sein. Ich wusste, dass meine Lieblingssportsendung von ESPN, *College Game Day*, auf unseren Campus kommen würde, aber ich wusste auch, dass ich vorbereitet sein musste, wenn ich die Chance hätte, irgendjemanden vom Produktionsteam kennenzulernen. Ich verbrachte Wochen damit, jede USC-Footballstatistik der letzten zehn Jahre auswendig zu lernen. Ich erstellte Hunderte Flashcards, studierte die Statistiken, las das Buch *Football für Dummies* und zapfte das Wissen meines Vaters an, der ein wahrer Sportalmanach ist. Kurzum, ich bereitete mich vor, als hätte ich ein Bewerbungsgespräch für meinen Traumjob.

> »Die Frage ist nicht, wer mich lässt, sondern wer mich aufhalten kann.«
>
> Ayn Rand

Und dann geschah es. Einer der Produzenten der Sendung erhielt vom Sportbüro meine Telefonnummer. Da war die Chance! Die Produzenten versuchten, so viele Studenten wie möglich für die Liveübertragung zu gewinnen, und hatten gehört, es gebe eine Studentin auf dem Campus, die sich auskenne und das bekannt machen könne. Dazu kam, dass ich jedem im Büro erzählt hatte, dass ich dafür sterben würde, jemanden vom Sender zu treffen (du musst andere über deinen Traum informieren, denn wenn sie nichts von seiner Existenz wissen, können sie dir nicht helfen). Die Produzenten dankten mir im Voraus und sagten, im Gegenzug für meine Hilfe würden sie mir gerne Eintrittskarten für das Spiel besorgen (die ich bereits hatte). Bevor unser Telefonat beendet war, fragte ich jedoch (einfach aus Neugier, zwinker, zwinker), wo denn die Übertragung aufgenommen würde. Ohne darüber nachzudenken, nannte mir der Produzent den Aufnahmeort und sagte mit einem Lachen: »Wir arbeiten für die Übertragung an der Ostküste, also müssen wir um 3.30 Uhr morgens da sein. Das wird eine sehr frühe Veranstaltung. Jedenfalls danke dafür, dass du die Leute zusammengetrommelt hast.«

Meine Mission stand fest. Ich wusste so einiges über USC Football und hatte mir soeben die Gelegenheit verschafft, die Produzenten der TV-Sendung, die Moderatoren und das gesamte Team meines Traumjobs bei ESPN zu treffen. Ich ging ganz früh schlafen und war um 3 Uhr morgens gestiefelt und gespornt. Dann tanzte ich an dem besagten Ort an, und zwar eine halbe Stunde vor allen anderen. Nur die Maskenbildnerin und einige Beleuchter sowie zwei Assistenten waren schon da. Ich entdeckte einen riesigen Frühstückstisch und setzte mich hin, um auf meinen zukünftigen Chef zu warten. Schließlich kamen die drei Moderatoren und zwei Produzenten zusammen mit anderen Sendermitarbeitern herein – alle verschlafen und ungekämmt. Jeder, der hereinkam, stutzte, als er mich sah, aber niemand sagte etwas. Sie setzten sich neben das merkwürdige Mädchen am Tisch und baten mich dann höflich, ihnen die Milch für ihre Cornflakes zu reichen.

Nach zwanzig Minuten Schweigen fragte einer schließlich: »Entschuldige, aber wer bist du eigentlich?« Alle begannen zu lachen (weil ihnen diese Frage selber im Kopf herumgespukt hatte). Meine schlichte und selbstbewusste Antwort lautete: »Ich bin Alexis Jones; ich arbeite für euch.« Natürlich waren sie nun vollends verwirrt und wussten nicht, was sie sagen sollten. »Sie sind Lee, stimmt's?«, fragte ich und sah den Produzenten an, mit dem ich am Tag zuvor telefoniert und dessen Stimme ich wiedererkannt hatte. Er nickte. Ich fuhr fort: »Ich bin clever, arbeite hart und kenne diese Footballmannschaft besser als jeder Einzelne von euch. Ich bin davon überzeugt, dass es nur von Vorteil für euch ist, wenn ich für euch arbeite. Vor allem wenn die Mannschaft dieses Jahr Champion wird, denn dann braucht ihr einen Experten. Wenn ihr Nein sagt, gehe ich nach Hause und lege mich wieder schlafen ... aber ich hoffe sehr, dass es anders kommt.« Ich musste nicht einmal übertreiben, denn ich wusste, dass es genau so war. Der Produzent blickte die anderen hilfesuchend an. Sie lachen und grinsten. »Warum nicht?«, sagte einer von ihnen. »Ich meine, sie ist hier, oder nicht?« Die anderen stimmten zu. »Es erfordert ziemlichen Mut, einfach hier aufzutauchen, und wie sie schon sagte, im schlimmsten Fall ist heute ihr erster und letzter Tag.« Lee lächelte, schüttelte seinen Kopf und sagte: »Wow. Okay. Ja, also, wir sehen mal, was du draufhast.« Am Ende war ich in den folgenden Monaten von größtem Nutzen für sie und erhielt die Chance, mit ihnen zu arbeiten und bei dem größten Collegefootballmatch der Geschichte, dem Rose Bowl 2005, Seite an Seite mit ihnen auf dem Feld zu stehen. In den folgenden Wochen wurde ich immer wieder auf die Probe gestellt. Aber wie ich versprochen hatte, hatte ich Zugang zur Mannschaft und wusste besser über die Statistiken Bescheid als jeder andere. Das Recht, mit den Leuten vom Fernsehsender zu arbeiten, hatte ich mir redlich verdient, ich musste mir nur eine Chance erobern, sie wissen zu lassen, dass ich sie wert war.

Wäre ich allerdings unvorbereitet gewesen und hätte ich mein Wort nicht halten können, hätte ich nie den Mut und die Chuzpe besessen, an diesem Morgengrauen beim Übertragungsteam aufzutauchen und den Produzenten unverblümt anzusprechen. Das wäre beruflicher Selbstmord gewesen. Man hätte mich unter höhnischem Gelächter aus dem Raum gejagt, wenn ich so arrogant gewesen wäre, die ersehnte Chance zu bekommen, aber dann nicht zu liefern. Daher solltest du genau wissen, worauf du dich einlässt. Und wenn jemand sich für dich einsetzt und das Risiko eingeht, auf einen »Niemand« zu setzen und ihm oder ihr eine große Chance zu bieten, dann bist du besser gut vorbereitet und enttäuschst diese Person nicht.

Es ist keine Kunst, große Reden zu schwingen. Die Einlösung der eigenen Versprechen unterscheidet die Mittelmäßigen von den Herausragenden.

Du musst dir das Glück verdienen, die Drecksarbeit machen, viele Stunden Arbeit investieren und demütig deine Pflicht erfüllen. Und wenn du deine Chance bekommst zu glänzen, dann lass deinen Stern so hell erstrahlen, dass die Menschen den Blick nicht von dir abwenden können. Authentischer Wagemut bedeutet zu wissen, dass du dein Wort halten kannst. Andernfalls bist du nur eine weitere selbst ernannte Prinzessin, die glaubt, ihr stünden Dinge zu, die sie sich nicht einmal ansatzweise verdient. Arroganz bringt dich im Leben nirgendwohin, sondern verschafft dir höchstens einen Ruf, der dafür sorgen wird, dass sich jede mögliche Chance schon von ferne in Luft auflöst.

Außerdem wirst du nie ganz oben einsteigen, und das würdest du auch nicht wollen, weil deine Leistung sonst nichts Besonderes wäre. Als mir klar wurde, dass ich Motivatorin werden wollte, fing ich ganz unten an. Mein erster Vortrag richtete sich an ein Publikum von sechs jungen Frauen. Danach waren es dreißig, und mit jedem Vortrag wurden es mehr. Erst nach zahllosen Vorbereitungsstunden und vielen hundert unbezahlten Vorträgen kann ich nun selbstbewusst meine Lebenserfahrungen mit Tausenden von Zuhörern teilen und werde dafür bezahlt! Ich habe an meinem persönlichen Leben gearbeitet und zahllose Bücher über relevante Themen gelesen; ich lasse mich mit viel Einfühlungsvermögen täglich auf Menschen ein, um die Vielfalt der menschlichen Erfahrungen besser zu verstehen; ich gehe tief in mich selbst hinein und bin über wichtige Statistiken auf dem Laufenden. Wenn ich schließlich auf der Bühne stehe und meinen Zuhörern Ratschläge gebe, sie herausfordere, inspiriere und ansporne, mache ich das in dem Wissen, keine Hochstaplerin zu sein. Ich muss nie Angst davor haben, eigentlich nichts anderes als eine Mogelpackung zu sein. Zu wissen, dass man sich exakt dort befindet, wo man sein sollte, ist etwas, das einem Kraft, Macht und Einfluss verleiht.

Wagemut verlangt, dass man das, was man predigt, auch selbst lebt. Das Ergebnis eines authentischen Selbstbewusstseins ist, dass man einfach nicht anders kann, als wagemutig zu sein. Der Basketballspieler LeBron James darf in den letzten zwei Sekunden eines Spiels einen Dreier werfen, weil er schon x-mal unter Beweis gestellt hat, dass er Körbe werfen kann. Er hat sich das Recht, den spielentscheidenden Korb zu werfen, redlich verdient. Es geht also nicht nur darum, wie sehr du dir die große Chance ersehnst, sondern eher darum, ob du bereit bist, die nötige Vorarbeit zu leisten. Bist du bereit, dich intensiver anzustrengen als alle anderen? Bist du bereit, als Erste zu kommen und als Letzte zu gehen? Das ist der Treibstoff, der den Wagemut befeuert. Und denk immer daran, dass du mit Wagemut der Kapitän deines eigenen Lebensschiffes bist und es in jede gewünschte Richtung lenken kannst.

Du musst wissen,
wann du loslassen musst

Wagemut erfordert ein gewisses Maß an blindem Vertrauen. Das, was man selbst zu seinem Glück und Erfolg beitragen kann, hat seine Grenzen. Ich bin bereit, 90 Prozent der Arbeit zu leisten, aber für die restlichen zehn Prozent verlasse ich mich auf meinen Glauben. Ich glaube, wir können mit guter Vorbereitung sehr viel erreichen, aber das letzte Quäntchen hängt von unserem Vertrauen ab.

Eine Beichte: Ich liebe die Indiana-Jones-Filme. In *Indiana Jones und der letzte Kreuzzug* gibt es eine tolle Szene, in der Harrison Ford als Indiana Jones gerade auf wundersame Weise aus dem tödlichen Labyrinth herausgefunden hat, und nun liegt zwischen ihm und dem Heiligen Gral ein gewaltiger Abgrund. Da er keine Brücke sehen kann, bleibt ihm nur eine Option – die Augen zu schließen und mit blindem Vertrauen eine unsichtbare Brücke zu betreten. Seine Hoffnung (von der sein Leben abhängt) ist, dass die Brücke auf wundersame Weise auftauchen und ihn vor dem tödlichen Absturz in die tiefe Schlucht bewahren wird. Als er mit Herzklopfen die Augen schließt und diesen angsterfüllten Schritt wagt, taucht unter seinen Füßen tatsächlich eine Brücke auf (sorry, dass ich das jetzt verraten habe), und sein Glaube wird mit einem sicheren Überqueren des Abgrunds belohnt.

> *»Glaube ist, den ersten Schritt zu tun, selbst wenn du die ganze Treppe noch nicht sehen kannst.«*
>
> Martin Luther King jr.

Manchmal denke ich an diese Szene, wenn ich vor einer Herausforderung stehe. Ich arbeite sehr hart und der schwierigste Teil ist für mich, mich in das Schicksal zu ergeben, nachdem ich alles getan habe, was ich aus eigener Kraft zum Gelingen beitragen konnte. Ich bin eher der Typ, der glaubt, er könne alles und müsse über alles die Kontrolle bewahren. Diese zehn Prozent Vertrauen sind für mich daher schwieriger als die ganze Vorarbeit, die ich leisten muss. Aber an dieser Stelle setzt mein persönlicher Glaube ein, und ich könnte dieses Buch gar nicht schreiben, ohne meinen geheimen Vorteil, sozusagen mein Ass im Ärmel, zu offenbaren. Mein Glaube spielt in meinem Leben eine wichtige Rolle. Egal, welcher Religion du angehörst, ob du an Gott, Allah, Jesus, Mutter Natur oder gepunktete Einhörner glaubst, empfehle ich dir, dich mit dem Thema Glaube zu beschäftigen und deine Spiritualität so gut zu pflegen, wie du kannst.

JACLYN BELL (einfach nur Mensch): Ewige Optimistin. So wurde ich schon immer genannt. So nenne ich mich selber. Diesen Ehrentitel habe ich bei all meinen Pfadfinderabenteuern in diesem Leben stolz auf der Brust getragen, und zwar nicht nur, um mutig all meine Vorhaben, Ängste und Träume zu verfolgen, sondern auch, um dem ernüchternden Realismus etwas entgegenzusetzen, der die Welt im Sturm zu erobern scheint. Vor Kurzem kam jedoch eine Zeit, in der ich gezwungen war, demütig zu erkennen, dass meine naiv-blumige Haltung überhaupt nichts mit Mut zu tun hatte. Tatsächlich war sie ein Ausdruck von Feigheit. Ich meine, wie kann eine unverbesserliche Optimistin trauern, niedergeschlagen sein oder sich deprimiert fühlen? Nun, das kann sie nicht. Und das ist nicht in Ordnung, weil wir letztlich einfach nur Menschen sind. Gott und ich ringen gerade miteinander, was dieses Thema betrifft – also, dass ich einfach nur ein Mensch bin. Und Er muss mich immer richtig in den Schwitzkasten nehmen und mich mit dem Kopf auf die Matte drücken, damit ich die Tatsache akzeptiere, dass ich Ihn und andere brauche, um dieses verrückte Leben zu bewältigen. Tatsächlich würde ich sagen, ich habe das gesamte letzte Jahr mit der Nase im Dreck verbracht.

Letztes Jahr habe ich meinen Pflegevater verloren. Für mich war er nicht einfach nur der liebe alte Herr, den man nur zum weihnachtlichen Familienfest sieht, bei dem in großer Runde seicht geplaudert und herumgewitzelt wird. Er war mein Ratgeber, mein Vertrauter, mein Held und mein Vater. Er zog mich und meine Geschwister auf, als unsere Eltern ihren elternschaftlichen Vertrag aufkündigten. Als wir sechs, acht und zwölf waren, beschloss mein leiblicher Vater, uns zu verlassen und den Rest seines Lebens damit zu verbringen, an der Flasche zu hängen, und meine Mutter begleitete ihn auf dieser Reise. Und so wurden wir drei von dem liebevollsten, ehrlichsten und gottesfürchtigsten Mann der Welt aufgenommen, der uns alles beibrachte, was wir heute wissen.

Mit seinem Tod setzte die Veränderung meines unterwürfigen Herzens und Verstandes ein. Ich kann dir versichern, dass es nichts gibt, das dich darauf vorbereitet, den Menschen, den du am meisten liebst, zu verlieren. Alle Kraft und alles Vertrauen schwinden und lassen dich verzweifelt nach Antworten suchen, die es manchmal einfach nicht gibt – eine Suche nach irgendetwas, das den Schmerz der Abwesenheit des geliebten Menschen dämpft. Monatelang flehte ich um das Vertrauen und den Mut, um einfach nur durchzuhalten. Erstaunlicherweise findet man Heiligkeit oft in der Leere; an dunklen Plätzen, die leer, verzweifelt und verloren sind. Glaube bedeutet nicht, sich einfach an irgendetwas Greifbares zu klammern. Der Hebräerbrief 11:1 sagt uns: »Glaube aber ist: Feststehen in dem, was man erhofft, Überzeugtsein von Dingen, die man nicht sieht.« Mit viel Glaube, Akzeptanz und der großen Zuneigung meiner Freunde ist es mir gelungen, aus dem Tal der Trauer herauszufinden, und fühle mich inzwischen wieder glücklich und gesegnet, weil ich es wieder ans Licht geschafft habe. Verstehe mich nicht falsch, ich habe einige hässliche Narben zurückbehalten, aber ich bin immer noch da. Ich glaube, dass es inmitten von Chaos und Schmerz einen Sinn gibt, dass er sich offenbaren wird und dass sich Wahrheit und Schönheit am Ende durchsetzen werden. Das muss diese nervtötende unverbesserliche Optimistin in mir sein.

Es wird Zeiten in deinem Leben geben, in denen du um unermesslichen Glauben, Vertrauen und Mut beten musst, um diese Welt auszuhalten. Du wirst etwas oder, noch schlimmer, einen Menschen verlieren. Du wirst Angst haben. Du wirst niedergeschlagen sein. Du wirst scheitern.

Du wirst deine Ehrennadel verlieren und dir stattdessen das Abzeichen für Demut anheften. Und das ist in Ordnung. Du bist einfach nur ein Mensch. Ich kann dich nur dazu ermutigen, diese Verletzungen als Teil des Lebens anzunehmen. Vergieße viele Tränen darüber. Lerne daraus und vergieße weitere Tränen. Nimm etwas davon mit, so wie die Ereignisse etwas von dir nehmen. Und dann erhebst du dein Haupt und lebst weiter.

Durch den Verlust ihres Papas lernte Jaclyn nicht nur, dass in diesem Leben alles passieren kann, sondern dass sie den Verlust aushalten und weiterleben konnte. Diese Art des Vertrauens entsteht leider nur durch die Überwindung sehr schwieriger Lebenssituationen. Aber auch du kannst üben, loszulassen und die Kontrolle abzugeben, die du über dein Leben hast (beziehungsweise zu haben glaubst). An dieser Stelle setzt dann der Glaube ein.

Mein Glaube ermöglicht mir, wagemutiger zu sein, als ich es mit noch so viel Vorbereitung sein könnte. Ich glaube, dass das, was passieren soll, auch passieren wird. Das bedeutet, ich bin wagemutig, weil ich weiß, dass ich im Großen und Ganzen auf dem richtigen Weg bin, selbst wenn einzelne Dinge nicht so laufen wie geplant. Zwar verstehe ich das in dem konkreten Augenblick des Scheiterns nicht, aber ich vertraue darauf, dass sich die Dinge perfekt entwickeln und ich letztlich nicht in mein Schicksal eingreifen kann. Vielleicht ist es naiv oder kindisch, an eine Welt zu glauben, in der ein Gott mit bedingungsloser Liebe meine besten Interessen im Herzen trägt (ich erwarte auch nicht, dass du mir zustimmst), aber ich gebe gerne zu, dass dieser verrückte und rational unerklärliche Glaube für mich wirklich funktioniert. Er lässt mein Leben heller leuchten, stärkt meine Bestimmung und macht mich zu einem mutigeren Menschen.

Die Kehrseite der Medaille ist, dass Menschen Religion und Glaube gelegentlich missbrauchen, um ihre Passivität zu rechtfertigen. Ich glaube nicht, dass Gott auf wundersame Weise alles, was du dir wünschst, herunterregnen lässt, während du auf dem Sofa sitzt und fernsiehst. Zwar glaube ich, dass der Gott, an den ich glaube, allmächtig ist, aber ich glaube nicht, dass dein Traummann plötzlich vor der Tür steht, dein zukünftiger Chef auf wundersame Weise deine Telefonnummer in die Hände bekommt und dir ein sensationelles Jobangebot macht oder dass Gott deine überschüssigen Pfunde verschwinden lässt, ohne dass du etwas dazutun musst. Ich glaube daran, dass du deine Hausaufgaben machen und die Dinge, die du erreichen willst, zielstrebig verfolgen musst, und zwar in dem Vertrauen, dass es einen Grund hat, warum du diesen Wunsch im Herzen trägst. Und wenn du selbst alles getan hast, dann warte geduldig darauf, dass Gott und das Universum die letzten zehn Prozent übernehmen und das Ergebnis vielleicht anders aussieht, als du es dir vorgestellt hast, aber dennoch perfekt ist. Das ist ein demütiger, zarter Tanz mit dem Göttlichen und etwas, an dem ich täglich arbeite.

Ich erinnere mich, dass ich nach meiner Entscheidung, in der Reality-show *Survivor* mitzuwirken, eine geradezu obszöne Anzahl an Telefonaten führte, um mit Leuten zu sprechen, von denen ich glaubte, sie könnten mir helfen. Ich bat meine besten Freunde, mir dabei zu helfen, ein Demoband herzustellen, füllte sorgfältig alle Bewerbungsformulare aus (die ich x-mal durchlas, um ganz sicher zu sein, dass sich kein Fehler eingeschlichen hatte), legte das perfekte Foto dazu, fuhr zum Sender, hatte den Mut, aus dem Auto auszusteigen, und schaffte es schließlich, mich in den Sender zu schleichen und mit dem Produzenten zu sprechen, in der Hoffnung, ihn davon überzeugen zu können, mir eine Chance zu geben. Anschließend konnte ich loslassen, weil ich wusste, dass ich alles in meiner Macht Stehende getan hatte, damit mein Traum Wirklichkeit werden würde. Nachdem ich also meine 90 Prozent an Vorarbeit geleistet hatte, musste ich einfach darauf vertrauen, dass es entweder sein sollte oder eben nicht. Aber egal, wie es ausgehen würde, wusste ich, dass ich meinerseits alles getan hatte.

Um ehrlich zu sein, loslassen und sich von einem konkreten Ergebnis innerlich unabhängig zu machen, ist schwierig, vor allem wenn wir uns etwas wirklich sehnlichst wünschen. »Sich zu distanzieren« ist so viel leichter gesagt als getan. Was sollen wir tun, etwa aufhören, die Dinge wichtig zu nehmen? Nun ja, auf gewisse Weise. Wir haben letztlich nur Einfluss auf unsere eigenen Handlungen, aber wir haben keine Kontrolle darüber, was andere Leute sagen oder denken, was sie fühlen oder wie sie sich verhalten. Wir haben keine Kontrolle darüber, was in dem Moment passiert, in dem wir aus der Tür gehen, oder darauf, ob die geliebten Menschen in unserer Nähe ein langes Leben haben oder früh sterben. Sich der Realität zu unterwerfen ist eine sehr gute Übung und genauso lohnenswert und schwierig, wie »den Moment zu genießen«. Idealerweise würden wir alle lernen, uns über Tiefenatmung zu entspannen und uns voll und ganz auf den Augenblick zu konzentrieren, ihn intensiv zu erleben und zu genießen. Und ja, idealerweise würden wir uns von den Reaktionen unserer Mitmenschen und unseren eigenen Erwartungen und Hoffnungen völlig unabhängig machen. Oft lassen wir jedoch zu, dass Dinge oder Menschen uns tief treffen und und verstören.

PAUSE! Die Kraft der Stille

Ich glaube an die Kraft des Schweigens, der Stille, der Meditation, des Gebets und des schlichten Seins. Das ist das Wichtigste, was ich tue. Zwar habe ich mich in all den Jahren intensiv angestrengt, aber mein Leben ist zu erfüllt und hat sich zu wundervoll entwickelt, als dass ich dafür sämtliche Verdienste einstreichen könnte. Es ist ein gewisser Luxus zu glauben, dass es jemanden oder irgendetwas gibt, der oder das Einfluss auf mein Leben hat. Wie ich zuvor schon sagte, glaube ich, dass ich, Alexis Jones, den großen Lebensplan, der für mich vorgesehen ist, nicht durcheinanderbringen kann. Bei jeder Entscheidung, die ich treffe, und jedem Ziel, das ich anvisiere, gebe ich mein Bestes und dann schließe ich die Augen und vertraue darauf, dass sich alles zum Besten fügt, unabhängig vom konkreten Ergebnis. Ich sehe vor meinem geistigen Auge, wie die richtigen Menschen zum richtigen Zeitpunkt in mein Leben treten und mit dem richtigen Schlüssel die richtigen Türen aufschließen. Und dann lasse ich los und warte geduldig, was die Zeit bringt.

Wie komme ich zur Ruhe? Indem ich einfach nur bin, indem ich bete, meditiere oder einfach nur schweigend verharre? Es gibt so viele Wege, doch am liebsten tue ich alles gleichzeitig. Ich suche mir einen ruhigen Ort, setze mich bequem auf den Boden (du entscheidest selbst, ob du das auch so machst), manchmal auf ein Kissen, manchmal setze ich mich in die Nähe der Wand, für den Fall, dass ich müde werde. Ich schließe meine Augen, lege die Hände auf meine Knie und fange einfach an, tief zu atmen.

Anschließend konzentriere ich mich darauf, tief ein- und auszuatmen, und versuche ganz bewusst, meine Muskeln zu entspannen und die Schultern fallen zu lassen. Dann versuche ich, meine eigenen Gedanken zu beobachten. In den ersten Minuten gleicht das eher einem inneren Dialog (oder auch Kampf) über all die anderen Dinge, die ich tun sollte, um produktiver zu sein, als »einfach nur herumzusitzen und nichts zu tun«. Im Geiste schreibe ich To-do-Listen und gerate in Panik über all die Dinge, die ich vergessen habe zu erledigen und die mir nun einfallen. Diese Phase dauert ungefähr drei Minuten, bevor die Gedankenflut langsam versiegt.

Wenn ich diese ersten drei Minuten aushalte, ohne meine Meditation zu unterbrechen, um irgendetwas zu notieren, einen kurzen Anruf zu tätigen oder was mir in dem Moment auch immer wichtiger erscheint als mein Morgenritual, kommt mein Geist langsam zur Ruhe.

Ich liebe Visualisierung, daher stelle ich mir immer vor, dass vor mir eine Tür auftaucht, meine Hand eine schöne alte Klinke ergreift und ich die Tür zu einer anderen Welt öffne, so als schreite ich durch den Schrank, wie in *Die Chroniken von Narnia*. Ich stelle mir vor, dass ich in einer kleinen Hütte lebe, dass meine verstorbenen Freunde und Verwandten vorbeikommen, um Guten Tag zu sagen, während ich in meinem kleinen Haus mit meinem Schöpfer (der je nach meiner Fantasie unterschiedliche Formen annimmt) auf dem Sofa sitze und wir miteinander sprechen. Wir plaudern über das Leben, die Liebe, Liebeskummer, meine jüngsten

Triumphe, meine Ängste und meine aktuellen Probleme. Was immer mir einfällt, teile ich ihm im Stillen mit und dann warte ich auf eine Weisheit, die mein rationales Verständnis übersteigt, eine unbeschreibliche Empathie und Gnade, die mir helfen, meine Gedanken und Handlungen in eine positive Richtung zu leiten. Ich schwöre, dass die Dinge wirklich heller und leuchtender erscheinen, wenn ich meine Augen wieder öffne. Außerdem fühle ich mich sicherer, geerdeter, selbstbewusster und bin mehr bei mir – wie es so schön heißt – als vorher. Mein Herz schlägt stärker und in meinen Adern pumpt das Blut besser. In diesem Moment habe ich eine engere Verbindung zu den besten Teilen meines Ich und kann sie in all ihrem unendlichen Glanz sehen.

Das mag alles albern klingen, aber irgendwie macht mich dieses kleine Sofa in dieser kleinen Hütte, in der ich einfach nur still dasitze und mit meinem Schöpfer spreche, zu einem besseren Menschen. Unabhängig davon, ob das auch für dich funktioniert, habe ich jedenfalls etwas gefunden, das sich für mich bewährt hat, das zu Empathie und nicht zu Ungeduld, zu Liebe statt Angst und zu Kreativität statt Starrheit anregt. Ich weiß nicht, wie du am besten Verbindung zu dir selbst aufnimmst. Einigen Menschen gelingt das, indem sie ihre vertraute Kirche, Synagoge oder Moschee besuchen. Für andere Menschen ist Jogging »Religion«; beim Laufen klärt sich ihr Geist. Einige unternehmen einen langen Spaziergang, lesen ein inspirierendes Buch, trinken Kaffee mit einem lieben Freund, machen Yoga, sehen sich Fernsehpredigten an, arbeiten ehrenamtlich in einem Obdachlosenheim oder machen irgendetwas anderes, das sie zu sich selbst zurückbringt und ihnen ermöglicht, Liebe zu empfinden und zu geben. Es kommt nur darauf an, dass du lange genug in Stille verharrst, um deine eigenen Gedanken zu hören.

Ich glaube daran, dass unser göttlicher Schöpfer in jedem von uns existiert, also tue ich mein Bestes, um so lange still zu sein, bis ich meine innere Stimme höre, die mich meistens in die richtige Richtung weist. Ein Gebet muss nicht aufwendig und eine Meditation nicht kompliziert sein.

Und in Stille zu verharren kann so einfach sein, man muss nur das unterbrechen, was man gerade macht, und auf die eigene Atmung achten. Welchen Weg du auch wählst, ich ermutige dich dazu, deine eigene tägliche Mediationspraxis zu entwickeln. Ich nehme mir dafür jeden Morgen zwanzig Minuten Zeit, bevor ich ins hektische Tagesgeschäft eintauche. Zwar gibt es Tage, an denen ich dazu überhaupt keine Lust habe, aber wenn ich es erst mal gemacht habe, merke ich, dass die Meditation eigentlich der schönste Teil meines Tages ist.

Wir haben nie die Kontrolle, selbst nicht in Momenten, in denen wir uns als Beherrscher des Universums fühlen. Alles, was du tun kannst, ist, hart zu arbeiten und dich anzustrengen, daran zu glauben, dass das Unmögliche möglich ist, und dann die Augen zu schließen und einfach auf das Schicksal zu vertrauen. Wie Indiana Jones habe ich festgestellt, dass die Brücke unter meinen Füßen auftaucht, wenn ich sie brauche, auch wenn sie mich vielleicht an einen anderen Ort trägt, als ich zunächst angenommen hatte.

Lebe dein eigenes Leben
(Das Gras ist nirgendwo grüner)

Die Kehrseite davon, große Träume und hehre Ziele zu verfolgen und für ihre Erreichung keine Anstrengung zu scheuen, ist, dass du immer nur neuen Abenteuern entgegenfieberst und vergisst, die Abenteuer zu genießen, die du gerade erlebst. Träumen ist wichtig für die geistige Vorwegnahme der Zukunft, aber du musst aufpassen, dass du nicht in die Falle tappst zu glauben, woanders warteten immer die besseren Abenteuer. Teil des Träumens ist die Zufriedenheit mit dem, was man hat, und jetzt in diesem Augenblick glücklich zu sein, anstatt die eigene Zufriedenheit immer auf den Zeitpunkt zu verschieben, an dem »alle Träume wahr geworden sind«.

Zwar kannst du jede Chance erzeugen, die du möchtest, aber es stimmt auch, dass du aufpassen musst, was du dir wünschst, weil sich dein Wunsch tatsächlich erfüllen könnte. Oft sieht die Realität deines Traums ganz anders aus, als du es dir ausgemalt hast. Mein Traum war zum Beispiel, Motivatorin zu werden und Vorträge zu halten, die Welt zu bereisen und Bücher zu schreiben. Nun, das ist genau das, was ich mache, und dieses Leben hat zwar große Vorteile, aber ich lebe nur noch aus dem Koffer. Ich habe nun genau das Arbeitsleben, das ich mir gewünscht habe – viele Reisen, einen abwechslungsreichen Alltag, keine Vorgesetzten, kein festes Büro. Damit sind zwar einige wirklich schöne Vorteile verbunden, aber ein unkonventioneller Alltag birgt auch gehörige Herausforderungen. Erst als ich das Leben hatte, das ich mir immer gewünscht hatte, begann ich die Schönheit der Routine und Einfachheit zu entdecken – und alle Dinge, denen ich einst abgeschworen hatte, erschienen mir plötzlich äußerst begehrenswert. Ich musste akzeptieren, dass ich ein Leben in Unsicherheit gewählt hatte. Ich hatte auf diesen Lebensstil hingearbeitet und geduldig gewartet, bis er Wirklichkeit wurde. Wie könnte ich ihn also heute infrage stellen? Dann hatte ich eine Erleuchtung.

Es hängt nicht von meinem Job ab, nicht davon, ob ich damit noch zufrieden oder schon ausgebrannt bin. Es hängt nicht von den Vor- oder Nachteilen ab, die ich aufschreiben und über denen ich brüten kann, und es hat nichts mit dem Leben anderer Leute und eventuellen Vergleichen zu tun. Es hat auch nichts mit den vielen Reisen oder dem zunehmenden Druck zu tun, irgendwann ein geregeltes Leben zu führen und eine Familie zu gründen, oder mit irgendeinem anderen äußeren Faktor, auf den ich verweisen könnte. Es hat damit zu tun, dass ich mich entscheide, das Leben, das ich jetzt gerade führe, mit all seinen Vor- und Nachteilen zu genießen. Und das erfordert jeden Tag, tief in die hineinzugehen und die Entscheidung, sich zu freuen – nicht weil ich den perfekten Job habe, die Liebe meines Lebens gefunden oder im Lotto gewonnen habe, sondern weil ich es mir so ausgesucht habe.

Theoretisch ist es ganz einfach, »den Augenblick zu leben«. Die praktische Umsetzung ist viel schwieriger. Wir müssen damit aufhören, unser Leben mit dem zu vergleichen, was wir stattdessen tun könnten oder mit wem wir unser Leben teilen könnten. Vertraue einfach darauf, dass du in der Lage bist, gute Entscheidungen zu treffen. Und wenn du in eine schwierige Situation gerätst oder beginnst, an dir selber zu zweifeln, dann erinnere dich daran, dass du auf Basis der Informationen, die dir zu dem jeweiligen Zeitpunkt zur Verfügung standen, die beste Entscheidung getroffen hast. Wenn wir immer in dem Bewusstsein leben, dass das Gras auf der anderen Seite des Zauns grüner ist, dann ist nie irgendetwas gut genug. Dann wirst du immer unter einem unstillbaren Durst nach der nächsten großen Sache und dem nächsten großen Abenteuer leiden. Unsere Herausforderung als junge Frauen des 21. Jahrhunderts besteht darin zu lernen, den Spatz in der Hand wertzuschätzen und nicht immer nach der Taube auf dem Dach zu schielen. Zu lernen, für das Hier und Jetzt dankbar zu sein, ist eine tägliche Übung, die uns allen gut zu Gesicht steht.

Dasselbe gilt für unsere Erwartungen an andere Menschen, vor allem unseren Partner. Wenn wir unserer Kindheitsfantasie »und so lebten sie glücklich bis ans Ende ihrer Tage« nachhängen, üben wir nicht nur unrealistischen Druck auf unseren Partner aus, sondern programmieren auch unsere eigene Unzufriedenheit vor. Ich habe zum Beispiel eine Freundin, die immer wieder ihren Traumprinzen kennenlernt und dann immer wieder von ihm enttäuscht wird. Sobald ihre neue Eroberung irgendeine ihrer unausgesprochenen Erwartungen nicht erfüllt, streicht sie ihn sofort von ihrer Liste an »potenziellen Heiratskandidaten«. Das Verrückte dabei ist, dass ich mehrmals fand, es seien einige wirklich tolle Männer dabei, denen sie keine echte Chance gab oder die sie gar nicht erst wahrnahm, weil sie ihre (unrealistischen und unmöglichen) Vorstellungen nicht erfüllten.

Teil der Herausforderung, die mit Träumen verbunden ist, besteht darin, nicht aus den Augen zu verlieren, was man direkt vor sich hat, wenn man eine vollständige und vorgefertigte Vorstellung von einer Sache oder einer Person hat. Wenn wir uns im Geiste unseren Traummann, unseren Traumjob oder irgendeinen anderen Traum fertig zurechtzimmern, sind wir anfällig für Enttäuschungen, wenn die Realität nicht mit unseren Träumen übereinstimmt. Das ist eine ganz schlimme Angewohnheit, die uns einschränkt, weil wir damit von vornherein einige tolle Dinge aussortieren, nur weil die Verpackung von außen vielleicht anders aussieht, als wir es uns vorgestellt haben. Sei offen für die Chancen, die sich dir auf deinem Weg bieten, lass dich vom Leben überraschen und akzeptiere, dass das, was du dir in deinem Kopf vorgestellt hast, unter Umständen nicht das Beste für *dich* ist.

Maia Sharp singt: »Du warst meine ganze flache Welt, bis zu dem Tag, an dem ich herausgefunden habe, dass die Welt rund ist. Du warst mein Lieblingsfilm, bis der Tonfilm erfunden wurde.« Sei bereit, über den Tellerrand hinauszublicken, und vertraue darauf, dass das, was hinter dem Horizont liegt, besser ist als alles, was du dir derzeitig vorstellen kannst. Ein Traum, den du beginnst zu träumen, wird nur sein ganzes Potenzial entfalten, wenn du ihm die Freiheit lässt, sich auf seine eigene Weise zu entfalten.

Das Timing des Lebens ist auf merkwürdige Weise perfekt und nicht unbedingt auf unsere eher ungeduldige innere Uhr abgestimmt. Wenn du alles vergessen kannst, was du über das vermeintlich richtige Leben gehört hast, und darauf vertraust, dass es genau so sein wird, wie es sein soll, dann wirst du ein zufriedeneres Leben führen.

Hör auf zu warten

Die Welt wird versuchen, dich davon zu überzeugen, auf Nummer sicher zu gehen und keine großen Träume zu hegen oder große Sprünge zu wagen. Hör einfach weg. Es gibt nichts Lebensbedrohlicheres als Resignation, denn in dem Moment, in dem du dich selbstgefällig zur Ruhe setzt oder dich ängstlich mit dem Status quo bescheidest und faule Kompromisse eingehst, hast du den besten Teil deines Lebens verloren und das Potenzial verschleudert, das in dir schlummert. Glaube nicht, dass es in Ordnung ist, wenn du jeden Tag zu einer Arbeit gehst, die du nicht gerne oder nur des Geldes wegen machst. Schüttele die Erwartungen anderer Leute ab und halte an deinen eigenen fest. Die Schönheit des Lebens besteht darin, dass es dein Leben ist, also habe den Mut, es zu leben.

Entscheide dich, was du willst und womit du dich nicht abfindest, nicht nur, was andere Menschen betrifft, sondern auch was dich selber angeht. Werde das, woran du glaubst. Setze die Prioritäten in deinem Leben danach, was dein Herz ehrlich erfreut. Liebe ohne Angst. Zögere nicht. Mach alles. Fantasiere. Erschaffe Neues. Überrasche dich selbst. Diejenigen, die bereit sind, das Schicksal herauszufordern und vertrauensvoll große Sprünge zu wagen, und die in unbequemen Situationen erst richtig aufblühen und gedeihen, erwartet ein unkonventionelles Leben. Es lohnt sich. Das Leben ist magisch und mit seinen abwechslungsreichen Kurven und Wendungen berauschend überraschend. Bereite dich auf ein ungewöhnliches Leben vor, auf Wege, die bisher noch von niemandem gegangen wurden. Akzeptiere dein Schicksal, sei dir aber auch darüber bewusst, dass dein Leben das ist, was du daraus machst. Hole tief Luft, es beginnt auf dein Kommando!

INGRID VANDERVELDT (Dell Entrepreneur in Residence und Gründerin des Dell Innovators Credit Fund): Wenn ich die Möglichkeit hätte, mit mir selber im Alter von 21 Jahren zu sprechen, würde ich mir sagen, dass alles perfekt ist. Ich würde mir sagen, dass alles eine göttliche Ordnung hat und dass das Sprichwort »Die Dinge geschehen immer so, wie sie sollen« tatsächlich zutrifft. Hätte ich das schon früher gekannt, hätte ich meine (und auch deine) ganze innere Großartigkeit akzeptiert und mich noch mehr angestrengt. Oder nicht?

Als ich 21 war, trieb ich mich zu immer größeren Leistungen an. Ich hatte (beziehungsweise war dabei) den Master-Abschluss in Architektur erworben und leitete das Büro des National Director of the American Institute of Architecture Students. Außerdem wurde ich zur nationalen Studentenvertreterin des American Institute of Architects gewählt. Doch trotz aller äußeren Errungenschaften stellte ich meine Fähigkeiten immer wieder infrage und war bei jedem Rückschlag sofort niedergeschlagen. Anstatt ein Nein als Teil des Prozesses zu betrachten, zum abschließenden Ja zu gelangen, fragte ich mich immer wieder, ob ich überhaupt gut genug war.

Hätte ich stattdessen meine »Großartigkeit« mit 21 erkannt, wäre ich nach der Schule ins Auto gesprungen, nach Los Angeles gefahren und hätte mir viel früher den Weg ins Fernsehgeschäft gebahnt. Hätte ich das getan, hätte ich die Business School und die Chance verpasst zu lernen, dass ich nicht nur aus dem Nichts eine schöne Umgebung schaffen kann (Architektur), sondern auch ein finanzielles Gleichgewicht bewahren und außerdem lernen kann, wie man sich mit seinem eigenen Geschäft Wohlstand aufbaut und nebenbei eine TV-Sendung bekommt.

Hätte ich meine »Großartigkeit« mit 21 erkannt, hätte ich eine zweite Jenny McCarthy[1] werden können (zumindest glaubte ich das). Wäre ich eine Jenny 2.0 geworden, hätte ich vielleicht nie dem Vorurteil entgegenwirken können, dass ich ein Partygirl bin, und hätte nie das Vertrauen von Investoren, Kunden und Mitarbeitern gewonnen, denen gefällt, dass ich lustig und trotzdem ernsthaft genug bin, um zu gewährleisten, dass wir gemeinsam etwas Großartiges erreichen können.

---

1 Amerikanische Schauspielerin, Model, TV-Moderatorin und Aktivistin (A.d.Ü.).

Hätte ich meine »Großartigkeit« mit 21 erkannt, hätte ich einen reichen und berühmten Mann heiraten können und hätte den beeindruckendsten, selbstbewusstesten, stärksten und großzügigsten Mann verpasst, der heute mein Ehemann ist. Sein Selbstvertrauen gibt unserer Familie ein Fundament und ist ihr Rückgrat, was mir wiederum ermöglicht, hinaus in die Welt zu ziehen und Einfluss auf Milliarden Menschen zu nehmen.

Hätte ich meiner »Großartigkeit« vertraut, hätte ich meine ganzen Millionen für Autos, Häuser und Reisen verpulvert (habe ich zum Teil auch) und die Chance verpasst zu lernen, dass ich stattdessen das Leben eines anderen Menschen verändern kann, indem ich mein Geld dafür verwende, Chancen für andere Menschen zu ermöglichen und sie zu inspirieren.

Hätte ich meiner »Großartigkeit« vertraut, hätte ich vielleicht die Gelegenheit verpasst zu lernen, dass das totale »Scheitern« bei einigen Vorhaben mich zu der Person gemacht hat, die ich bin. Ich hätte nicht gelernt, dass es nicht Geld und Reichtum sind, die uns die Möglichkeit geben, Einfluss auf das Leben anderer zu nehmen, sondern die Bereitschaft, sich in den Dienst der Gesellschaft zu stellen.

Wenn ich also mit meinem 21-jährigen Ich sprechen würde, würde ich ihr sagen:»Nimm deine Großartigkeit an und lass zu, dass dein Selbstvertrauen große Dinge zur Entfaltung bringt. Bring dieses Verständnis mit dem tiefen Wissen ins Gleichgewicht, dass alles einer göttlichen Ordnung gehorcht. Der schnellste Weg zu deiner vollen Selbstverwirklichung besteht darin, die Hände vom Steuer zu nehmen, aber dennoch den Überblick zu behalten, viel zuzuhören und dein Leben selbstbewusst zu leben.«

Ich würde ihr sagen, dass sie damit aufhören soll, mehr auszugeben, als sie verdient (einen Kredit und die Kreditzinsen abzuzahlen ist oft wichtiger als der tolle Ausverkauf, den du einfach nicht »verpassen« wolltest).

Ich würde ihr sagen, sie solle immer wieder in sich gehen und in Dankbarkeit handeln.

Und ich würde ihr sagen, sie solle aufhören, einteilige Jogginganzüge von Laura Ashley zu tragen.

Wagemut ist das Fahrzeug, das dich von A nach B bringt, von deiner derzeitigen Realität an den Ort, an dem deine Träume wahr werden. Niemand wird dir diesen Weg abnehmen und die Erkenntnis, wer du sein willst, ist aussagekräftiger als jeder noch so tolle Lebenslauf. Wenn du also etwas möchtest, dann musst du deine Vorstellungen laut äußern. Niemand kann deine Gedanken lesen, bis du sie aussprichst, und je mehr Leute sie kennen, desto größer die Chancen, dass sie dir dabei helfen können, deine Ziele zu erreichen.

Bescheidenheit ist eine schöne Sache, aber wenn du nicht bereit bist, etwas zu wagen, dann wirst du oft übersehen werden. Zwischen der selbstbewussten Äußerung deiner Wünsche und der Fähigkeit, mit den entsprechenden Kompetenzen und dem nötigen Wissen darauf hinzuarbeiten, verläuft jedoch eine feine Linie. Nichts ist überzeugender als die Kombination aus dem Wissen, was du kannst und dass du die beste Kandidatin für einen bestimmten Job bist, und der Fähigkeit, deinen zukünftigen Arbeitgeber selbstbewusst von deinen Qualitäten zu überzeugen.

Als ich vor Kurzem von einer Küste zur anderen flog, saß neben mir eine Frau, die ungefähr ein halbes Jahrhundert älter war als ich. Sie hieß Joyce, ihre Haare waren glänzend weiß und ihre Hände waren faltig, weich und mit Altersflecken bedeckt. Schon wenige Minuten nach dem Start wusste ich, wie viel ich hier lernen konnte, und in den folgenden Stunden ließ mich Joyce an ihrer Weisheit und ihren Lebenslektionen teilhaben – Erkenntnissen, die man nur mit Lebenserfahrung gewinnt, und Ratschlägen, die nur eine Frau ihres Alters erteilen kann. Ich werde nie vergessen, mit welchem Nachdruck sie davon sprach »wirklich zu leben«. Sie sagte, wenn ich auch nur eine einzige Sache aus unserer Unterhaltung mitnähme, hoffe sie, dass ich mich daran erinnere, welche Bedeutung es habe, nach dem eigenen Takt durchs Leben zu tanzen, ohne sich darum zu kümmern, wer zusieht, ob es andere beeindruckt oder ob man andere in den Schatten stellt. Tanze mit Glanz und Gloria, mit Inbrunst und Hingabe, so als hinge dein Leben davon ab. Joyce sagte, wenn sie auf ihr Leben zurückblicke, bereue sie nur die Dinge, die sie aus einem Mangel an Mut nicht gemacht habe; die Gelegenheiten, die sie aus

Angst nicht ergriffen, und die Abenteuer, die sie habe vorbeiziehen lassen. Sie sagte: »Tanze mit aller Kraft und für all die Tänze mit, die diese kleine alte Lady ausgelassen hat.«

Das Leben ist zu kurz, als dass du es mit der ängstlichen Frage »Was ist, wenn …?« verschwenden solltest. Das hat Joyce mich gelehrt. Hab also Mut. Wir alle tragen diesen Mut in uns – auch du, meine Liebe, ob du dir dessen bewusst bist oder nicht. Du musst nur die Entscheidung treffen, deinen Stolz zu überwinden, zu vergessen, was »die Leute« denken werden, und den Stier bei den Hörnern packen. Es bedeutet, die Entscheidung zu treffen, unermüdlich zu arbeiten und nie aufzugeben, sich nicht ablenken oder gar abschrecken zu lassen. Wagemut ist eine Möglichkeit, die wir alle haben; ein Geisteszustand, ein Seinszustand. Wenn du es nicht versuchst, wirst du keinen Erfolg haben. Wenn du nicht irgendwann abdrückst und schießt, wirst du nie treffen. Wenn du den Sprung nicht wagst, wirst du nie wissen, aus welchem Holz du geschnitzt bist. Dann wirst du am Ende eines sehr langen Lebens plötzlich wünschen, du hättest mehr Zeit auf der Tanzfläche verbracht als am Rand.

Sei wagemutig, und ich verspreche dir, dass wir gemeinsam Berge versetzen können.

KAPITEL 6

SEI WIDERSTANDSFÄHIG

»Vielleicht musst du Niederlagen erleiden, damit du dich
selbst wirklich kennenlernst und lernst, wie du dich
wieder aufrappelst und diese Niederlagen überwindest.«
Maya Angelou

Oft hat man das Gefühl, etwas zu finden, das einen mit Leidenschaft erfüllt, beziehungsweise sich dazu aufzuraffen, aktiv zu werden, sei die größte Hürde auf dem Weg zur Verwirklichung der eigenen Träume. Wenn du diese Hürde erst genommen hast, wirst du vielleicht überrascht sein, dass sich die Türen plötzlich wie von alleine öffnen. Doch es kann gut sein, dass deine Arbeit gerade erst begonnen hat. Das erlebte Shaun Robinson zu Beginn ihrer Journalistenkarriere.

SHAUN ROBINSON (Mit dem Emmy ausgezeichnete Journalistin und Autorin von *Exactly as I Am*): Junge Nachwuchsreporterinnen fragen mich oft, was sie mitbringen müssen, um eine erfolgreiche Journalistin zu sein. Meine Antwort ist immer ganz einfach: Beharrlichkeit. Ich erinnere mich an den Beginn meiner Laufbahn in Michigan. Ich arbeitete für einen ganz kleinen Sender als Reporterin und Moderatorin. Es war einer meiner ersten Jobs und ich lebte alleine – weit weg vom Komfort meines Elternhauses – und musste mich sehr abstrampeln, damit mein Gehalt bis zum Monatsende reichte. Obwohl ich wenig Geld hatte, war ich über dieses neue Kapitel in meinem Leben sehr aufgeregt.

Ich brachte in die Redaktionskonferenzen Ideen für neue Storys ein, lernte, Artikel zu redigieren, konnte meine schriftliche Ausdrucksfähigkeiten perfektionieren und wichtige Kontakte in der Pressewelt knüpfen – alles, was ich brauchte, um eine gute Reporterin zu werden. Trotz aller Anstrengungen erntete ich aber immer nur Kritik vom Nachrichtenleiter. Obwohl ich alles versuchte, um eine großartige Journalistin zu sein, hatte er stets etwas zu beanstanden. Das war zutiefst entmutigend, denn für mich war der Journalismus meine Berufung; schon als junges Mädchen hatte ich Journalistin werden wollen.

Eines Tages, nach einer sehr langen Woche und gerade zwei Monate nachdem ich eingestellt worden war, teilte mir der Nachrichtenchef mit, ich sei entlassen. Er gab mir zwei Wochen, und danach sollte ich meinen Arbeitsplatz räumen. Außerdem sagte er mir, seiner Meinung nach sei ich als Journalistin völlig ungeeignet. Das war ein harter Schlag. Ich erinnere mich, dass für mich in diesem Augenblick die Welt unterging. Ich hatte die Chance meines Lebens erhalten, so glaubte ich, und stattdessen sagte mir die Person, die mich eingestellt hatte, ich tauge nicht für meinen Traumberuf! Ich erinnere mich auch, dass ich in meine Wohnung ging und mir die Augen ausheulte. Mir war dieses Scheitern so peinlich, dass ich nicht einmal meinen Eltern davon erzählte.

Aber ich versank nicht lange in Selbstmitleid. Stattdessen sagte ich mir: »Okay, diese Situation gefällt mir überhaupt nicht, aber ich weiß, was mein Herz fühlt und will, und ich weiß, dass mich nichts und niemand davon abhalten kann, meinen Traum zu verwirklichen.« Und so begann ich am nächsten Tag alle Branchenmagazine nach freien Stellen für Journalisten zu durchforsten. Ich erstellte eine Liste der Ausschreibungen, die so klangen, als passten sie zu meinem Profil, und versandte Demobänder (ich hatte gelernt, sie selbst zu bearbeiten). Innerhalb von zehn Tagen bekam ich ein Angebot von einem Radiosender mit einer wesentlich größeren Reichweite! Ich erinnere mich, dass ich zu meinem Nachrichtenchef ging – vor Ablauf der zweiwöchigen Gnadenfrist, die er mir eingeräumt hatte – und ihm mitteilte, ich hätte ein tolles Jobangebot als Radioreporterin in einer größeren Stadt. Ihm fiel die Kinnlade herunter. Die Schadenfreude schluckte ich trocken herunter, dankte ihm für die Chance, die er mir geboten hatte, und erledigte meine Arbeit für diesen Tag. Das war ein tolles Gefühl.

Mit Beharrlichkeit wirst du sehr weit kommen. Sie macht den großen Unterschied in deinem Leben; den Unterschied zwischen der aktiven Zielverfolgung und dem passiven Herumsitzen in dem Wunsch, die Dinge mögen sich von alleine ändern. Beharrlichkeit bedeutet, kein Nein als Antwort zu akzeptieren. Sie bedeutet, dass dein Enthusiasmus nicht nachlässt, nur weil eine einzige Person nicht an deine Träume glaubt. Es gibt eine Redensart, die ich mir auf einen kleinen Haftzettel an die Wand geklebt habe. Sie lautet: »Denk immer daran, dass du mutiger bist, als du glaubst, stärker, als du scheinst, und klüger, als du denkst.« Ich finde, das trifft insbesondere auf Frauen zu. Oft passen wir nicht in die männerdominierte Welt oder müssen uns doppelt so hart anstrengen, um auch nur als halb so gut wie ein Mann zu gelten. Das sollte dich aber nicht entmutigen. Sorge nicht selbst für dein Scheitern, indem du frühzeitig aufgibst.

Wenn du so etwas noch nicht erlebt hast, dann habe ich schlechte Nachrichten für dich: Du wirst es erleben. Wir alle werden von Zeit zu Zeit vom Wind zerzaust, enttäuscht, betrogen, belogen, manipuliert, abgewiesen oder fallen gelassen. Misserfolg und Ablehnung sind Teil des Lebens, wenn du dein Leben wirklich lebst (wenn du nie etwas riskierst, bleiben dir diese Erfahrungen vielleicht erspart, aber ich bezweifle es). Deswegen ist es so wichtig, Widerstandsfähigkeit zu entwickeln, die Gewissheit, dass du wieder aufstehen kannst und wirst, egal, was passiert.

Genau in dem Moment, in dem alles auf den Kopf gestellt wird, haben wir die Chance, etwas zu verändern, uns weiterzuentwickeln und zu wachsen. Es geht im Leben nicht darum, Hindernissen auszuweichen und Verletzungen und Enttäuschungen zu vermeiden. Und manchmal gehören dazu eine geballte Faust, ein tränenüberströmtes Gesicht und einige unfeine Schimpfworte sowie die feste Entschlossenheit weiterzumachen, auch wenn es schwierig wird.

Das Leben wirft dich manchmal in Situationen, über die du keine Kontrolle hast, aber was du daraus machst und wie du darauf reagierst, ist deine Entscheidung. Wir haben keinen Anspruch auf irgendetwas und niemand hat eine Garantie auf ein gesundes Leben bis weit in die Neunziger. Das Einzige, was wir selber bestimmen können, sind die Entscheidungen, die wir treffen, und die Haltung, die wir an den Tag legen. Sei stark und beharrlich und du wirst den Lohn deiner Überzeugung ernten, dass du kein Opfer der unberechenbaren Launen des Lebens, sondern eine aktive Teilnehmerin am Leben mit all seinen hellen und dunklen Seiten bist.

Wie Phoenix aus der Asche

Widerstandsfähigkeit – auch Resilienz genannt – ist die Fähigkeit, sich nach einem Misserfolg oder Schicksalsschlag wieder aufzurappeln. Das kann ein schwerer und schmerzhafter Schlag sein, zum Beispiel der Verlust eines geliebten Menschen. Doch unabhängig davon, wie leicht oder schwer der Schlag ist, musst du die Gewissheit entwickeln und pflegen, dass du dich wie Phoenix aus der Asche immer wieder erheben wirst.

Meine Erfahrung bei der TV-Realityshow *Survivor* war die größte Lektion in Widerstandsfähigkeit meines Lebens. Vielleicht waren es die dreizehn Tage ohne eine richtigeMahlzeit, der Umstand, dass ich mir schon am ersten Tag den Finger gebrochen hatte, mir am siebzehnten Tag mit einer Machete in den Fuß hackte oder mir am einunddreißigsten Tag das Knie verletzte. Vielleicht waren es auch die sechs Tage Tropenregen, die Tage ohne Trinkwasser oder die Wälder, in denen es nur so vor Skorpionen wimmelte, sodass ich dreimal gestochen wurde. Egal, was es war, irgendetwas an diesem majestätischen Land Mikronesien und diesem äußerst anstrengenden und fordernden Wettkampf haben mich für immer verändert.

Bei *Survivor* hatte ich das Gefühl, Mutter Natur habe es darauf angelegt, mir zu beweisen, um wie vieles stärker sie ist als die kleine alte Alexis. Glaub mir, sie ist stärker. Wenn ich mit weniger als 65 Moskitostichen aufwachte, war es eine gute Nacht (anders als die eine Nacht, in der sich eine neugierige Ratte in meinen Haaren verfing). Irgendwann versuchten wir eine Fledermaus zu kochen, nachdem uns von vergammeltem Fisch schlecht geworden war. Ich hatte jeden Grund der Welt herumzuzicken. Den hatten wir alle. Wir waren eine Truppe durchweichter, hungernder Asphaltpflanzen aus der Stadt, die wochenlang auf dem kalten, feuchten Boden schliefen. Aber mich auf all das zu konzentrieren, was ich nicht hatte oder mir zu haben wünschte, half mir in dem Moment einfach nicht weiter.

Ich werde nie den Sturm vergessen, der am siebten Tag losbrach. Es war der schlimmste Sturm, den wir je erlebt hatten. Immer wieder prasselte eiskalter Regen auf uns herunter, während wir hilflos unter unserer lächerlichen Schutzplane kauerten. Zuerst bahnten sich die Regentropfen den Weg durch die Löcher in unserem zusammengeflickten Dach. Bevor wir uns versahen, ergossen sich die Wassermassen in unseren Unterschlupf, als sei ein Damm gebrochen.

Das Ganze wurde dadurch verschlimmert, dass ich tagelang nicht geschlafen hatte und zu halluzinieren begann, ich könne die Stimme meines Vaters hören – wahrscheinlich ein Versuch meines Hirns, mit der Situation fertig zu werden. Jedes Mal, wenn ich die Augen schloss, hörte ich ihn sagen: »Mein süßes Mädchen, komm, ich hole dich da raus.« Und dann sah ich, wie er die Hände nach mir ausstreckte. Aber als ich meine Augen öffnete, war er nicht da. Nach mehreren Stunden hatte ich nicht einmal mehr Tränen. Ich fürchtete mich zu Tode, es war dunkel, und ich zitterte unkontrolliert. Ich war zu fast allem bereit, damit dieses Leiden aufhörte. Der Sturm tobte noch weitere neun Stunden, bis er endlich nachließ. Jede Minute dieser neun Stunden (insgesamt fünfhundertvierzig) musste ich einen Grund finden, um nicht völlig durchzudrehen.

Ich erinnere mich, dass ich am nächsten Tag mit völlig steifen Gliedern aufwachte, weil ich auf Mikey B – einem meiner besten Kumpel während dieses Abenteuers – geschlafen hatte, um nicht auf dem Boden schlafen zu müssen. Ich kroch aus unserem bemitleidenswerten Unterschlupf und sah die Sonne. Ein Lächeln machte sich auf meinem Gesicht breit, begleitet von einigen Tränen der Dankbarkeit. Ich hatte den schlimmsten Sturm meines Lebens erlebt und war auf wundersame Weise nicht gestorben. Zum ersten Mal im Leben hatte Daddys kleines Mädchen keinen Daddy, der sie rettete. Dort stellte ich fest, aus welchem Holz ich geschnitzt war, und entdeckte, dass ich zäher bin, als ich dachte. Ich bin stärker, als ich für möglich gehalten hatte, und ob es nun stimmte oder nicht, ich hatte über Mutter Natur gesiegt (zumindest hatte ich neun Runden überlebt).

Während meiner Teilnahme an *Survivor* stellte ich mich dreiunddreißig Tage lang ständig mentalen, körperlichen, spirituellen und emotionalen Herausforderungen an. Jeden Tag musste ich mit Prellungen, blauen Flecken, durchgefroren, demoralisiert, hungrig, durstig und müde aufstehen und ei-

nen Grund finden, um weiterzumachen. Natürlich hätte ich aufgeben können, und es gab Tage, an denen eine Kapitulation die einzig vernünftige Lösung zu sein schien. Aber ich beschloss jeden Tag aufs Neue, mich nicht
unterkriegen zu lassen. Ich lernte, dass Widerstandsfähigkeit nicht bedeutet, dass man immer ruhig bleibt, sich niemals aufregt, nie enttäuscht oder
verletzt ist; es bedeutet, dass man den Mut und die Stärke besitzt, eine positive Haltung zu bewahren, egal, wie widrig die äußeren Umstände sind. Es
bedeutet, dass man sich entscheidet, ob man sich auf die Verletzung und
den Schmerz konzentrieren oder an dem Glauben festhalten will, dass die
Sonne irgendwann wieder aufgeht. Echte
Widerstandsfähigkeit bedeutet, dass man
sich selbst im schlimmsten Sturm des Lebens zusammenkauert, die Füße fest in den
Boden rammt und Böe um Böe widersteht,
bis am Horizont der Regenbogen auftaucht.

> *»Glaube an dich selbst*
> *und alles, was du bist, in*
> *dem Wissen, dass in dir*
> *etwas schlummert, das*
> *größer ist als jedes Hin-*
> *dernis.«*
>
> Christian D. Larson

Ob es eine gerade erfolgte Trennung ist
oder die Absage für den ersehnten Job, ein
besonders erbitterter Streit mit einem geli-
ebten Menschen, der Rückfall in eine ungesunde Angewohnheit oder irgendein anderer der chaotischen und komplizierten Momente des Lebens, die
wir alle irgendwann erleben – widerstehe dem Drang, dein Superwoman-Cape
anzuziehen und so zu tun, als wäre alles in Ordnung. Erstens kannst du damit
niemanden täuschen und zweitens kommst du nicht weit. Gib stattdessen
einfach zu, dass du gerade harte Zeiten durchmachst, und nutze diese kostbare Gelegenheit, um schonungslos ehrlich zu sein. Lüge dir nicht in die eigene Tasche, was die Situation und deine Befindlichkeit angeht, nur um dir
selbst die Situation erträglicher zu machen. Atme in den Schmerz hinein und
hab den Mut, ihn ganz und gar zu empfinden, so lange zu weinen, wie du
das Bedürfnis hast, dich im Bett zu verkriechen und dir die Decke über den
Kopf zu ziehen, bis du so weit bist, dass du der Welt wieder ins Gesicht blick-
en kannst. Und nachdem du dir selber die Möglichkeit eingeräumt hast, den
Kummer ganz und gar auszuleben, steh wieder auf und mach weiter.

Ich glaube dir, dass du dich ängstlich, unsicher und wackelig fühlst, aber selbst das ist ein guter Ausgangspunkt. Das einzige echte Risiko für einen Misserfolg besteht darin, dass du nicht genügend an dich glaubst und dir die Überzeugung fehlt, dass du stärker bist, als du denkst. Aber so weh es in diesem Moment auch tut, mit jedem Tag, der vergeht, lässt der Schmerz ein wenig nach.

Eine Freundin sagte mir einst, der Schmerz sei unser Freund. Ich weiß, wie lächerlich das klingt. Aber je mehr ich darüber nachdenke, desto sinnvoller erscheint mir dieser Satz. Wenn wir körperliche Schmerzen empfinden, versucht unser Körper, uns mitzuteilen, dass irgendetwas nicht in Ordnung ist. Die Schmerzen verhindern, dass wir uns selbst ernsthaften Schaden zufügen. Das Gleiche gilt für emotionale Schmerzen. Sie sind das Signal, dass wir etwas in unserem Leben ändern müssen. Wir müssen Schmerz nicht gut finden, können aber erkennen, dass er ein großartiger Weg ist, um unsere Aufmerksamkeit zu wecken und uns mitzuteilen, dass eine Veränderung nötig ist. Wenn ich heute irgendeinen Schmerz empfinde, achte ich auf ihn und untersuche, wo und wie ich in meinem Leben eine schnelle Veränderung herbeiführen kann. Das ist zwar nicht angenehm, aber ich bin dafür dankbar. Anstatt die Enttäuschung und Instabilität zu vermeiden, die er in deinem Leben verursacht, unterbrich, was du gerade tust, und achte darauf, was dir der Schmerz mitteilen will. Wenn du das nicht tust, verpasst du eine großartige Gelegenheit, eine Entscheidung zu treffen oder eine Veränderung vorzunehmen, die deine Zukunft bestimmen kann.

Drei Schritte zur Steigerung der Widerstandsfähigkeit

Im Lauf der Jahre habe ich durch zahlreiche Misserfolge und viel Herzschmerz gelernt, dass die Entwicklung von Widerstandsfähigkeit aus drei grundlegenden Elementen besteht. Ohne diese Strategien kann man seine Widerstandsfähigkeit zwar auch steigern, aber es geht wesentlich leichter, wenn man eine positive Haltung wahrt, bereit ist zu scheitern und sich und anderen Fehler verzeiht.

1. Schritt: Pflege eine positive Einstellung

Das Sprichwort »Alles ist eine Frage der Einstellung« ist nicht ohne Grund ein Gemeinplatz. Es stimmt. Eine positive Einstellung ist der erste Schritt zu einer größeren Widerstandsfähigkeit aufgrund der schieren Kraft deiner Gedanken. Allein durch positives Denken kannst du eine dunkle Situation schon aufhellen. Selbstverständlich trifft auch das Gegenteil zu. Eine negative Denkhaltung ist so, als hättest du Bleischuhe an den Füßen. Eine negative Einstellung kann nicht nur verhindern, dass du eine unangenehme Erfahrung überwindest, sie kann sogar eine potenziell positive Erfahrung in eine Sackgasse verwandeln. Indem du dich bewusst dafür entscheidest, die Kraft deiner Gedanken für gute statt für schlechte Zwecke zu nutzen, bist du auf einem guten Weg, dich zu einer Person zu entwickeln, die sich nach einer Niederlage mit einer größeren Tiefe und Erfahrung wieder aufrappelt. Wenn du daran glaubst, dass jede negative Erfahrung dich etwas Wichtiges lehrt, wirst du einen Weg finden, dass es genau so ist.

Von Kindesbeinen an hören wir diesen trügerischen Märchenschluss »Und so lebten sie glücklich bis ans Ende ihrer Tage«, der uns verspricht, dass wir an einem bestimmten Punkt in der Zukunft alles haben und von da an wunschlos glücklich sein werden. Wenn wir irgendwann den »perfekten« Körper, Job oder Partner oder die schicke Wohnung haben, *dann* werden wir endlich glücklich sein. Immer auf die eine Sache zu warten, die uns noch fehlt, bedeutet, dass wir stets eine Ausrede haben, um unzufriedene Zaungäste unseres eigenen Lebens zu sein, die den Horizont nach einem Fantasiegebilde absuchen und dabei alle potenziellen Möglichkeiten verpassen, die das Leben jeden Tag bietet. Traurigerweise habe ich oft erlebt, dass Frauen ihr ewiges Lamento damit rechtfertigen, dass sie dies oder das nicht haben. Die Realität ist, dass du 95 Prozent der Zeit nicht *alles* haben wirst, was du willst, und solange du deine Zufriedenheit von äußerlichen Dingen abhängig machst, wirst du nie zufrieden sein.

ANONYME FRAU: Meine Familie mit ihrem engen Zusammenhalt ist stets mein Fels in der Brandung gewesen. Immer wenn ich einen schlechten Tag habe, rufe ich meine Mutter oder meinen Vater an und rede zehn oder fünfzehn Minuten mit ihnen, selbst wenn wir dann über völlig andere Dinge reden als darüber, wie mein Tag verlaufen ist. Mein Vater hat so eine Art, alles in die richtige Perspektive zu rücken. Wenn ich morgen aufwachen würde und die Welt würde untergehen, würde ich mir dann immer noch Gedanken über den schrecklichen Rechtschreibfehler machen, der mir in einer extrem wichtigen E-Mail an eines meiner Kundenunternehmen aus der Fortune-500-Liste unterlaufen ist und der mich wie die inkompetenteste Mitarbeiterin des Unternehmens aussehen lässt? Ich würde mir nicht halb so viele Gedanken über diesen albernen Fehler machen wie über das Wohlergehen meiner Familie. Jobs kommen und gehen, wir machen Fehler, um daraus lernen zu können, und wir müssen Schlimmes durchleben, damit wir eine Chance haben aufzusteigen.

Insbesondere eine Erfahrung hat mich geprägt und mich viel stärker und weiser gemacht, als ich mir je zugetraut hätte. In meinem ersten Jahr an der Highschool ging ich mit einem Jungen aus einem höheren Jahrgang aus. Ich wollte unbedingt cool und beliebt sein und dieser verzweifelte Drang ließ mich einige sehr dumme Entscheidungen treffen. Im

Alter von 15 Jahren hatte ich Sex mit ihm. Dann ging er aufs College und wir gingen weiter miteinander. Irgendwann fuhr ich zu ihm, um ihn zu besuchen, und während meines Besuchs erlaubte ich ihm, Fotos von mir zu machen, weil er sagte, für die Zeit, in der wir uns nicht sehen konnten, hätte er gerne eine schöne Erinnerung an mich. Ich willigte ein. Als wir uns ein Jahr später trennten, war er stinksauer und zeigte die Fotos seinen Freunden, die sie ihren Freunden zeigten und so weiter. Die Fotos verbreiteten sich wie ein Lauffeuer an meiner Highschool. Selbst die Absolventen früherer Jahrgänge sahen sie.

Ich fand das alles erst ein halbes Jahr später heraus. Am schlimmsten war der Moment, in dem ich herausfand, dass all meine Freunde (alle bis auf meine beste Freundin, die mich schließlich darauf aufmerksam machte) davon wussten oder die Fotos selbst gesehen hatten, mir aber nie einen Hinweis gegeben hatten, obwohl ihnen klar war, dass ich keine Ahnung hatte. Ich fühlte mich total erniedrigt und zu einem Objekt degradiert. Irgendwelche Typen, die im Schulkorridor hinter mir gingen, kicherten hinter meinem Rücken und ich konnte hören, wie sie sich über mich lustig machten. Die Mädchen sahen mich an, als wäre ich eine Straßenhure. Ich wusste, dass sich die Geschichte bis zu den Lehrern herumgesprochen hatte, weil sie mich behandelten, als wäre ich ein klassischer Problemteenager. In Wahrheit gehörte ich zu den wenigen Highschoolstudenten, die niemals Alkohol tranken, sich nie nachts heimlich aus dem Haus schlichen, nie Drogen nahmen und sich nie mit mehreren Jungen gleichzeitig einließen, auch nie ihre Eltern anschrien oder sich gegenüber den Lehrern oder anderen Autoritäten respektlos verhielten. Dennoch hatte ich diesen (schrecklichen) Fehler gemacht und fühlte mich, als würde ich bei lebendigem Leib verbrannt.

Ich habe daraus einiges gelernt. Ich wusste nun, wer meine echten Freunde waren. Für meine beste Freundin war es vielleicht ein wenig unangenehm, mich auf die an der Schule kursierenden Fotos anzusprechen, aber sie wusste, dass es wichtiger war, mir das mitzuteilen, als ihr momentanes Unbehagen. Bis heute sind wir die besten Freunde. Ich weiß, dass ich immer auf sie zählen kann, und das Gleiche gilt umgekehrt. Ich habe durch diese Erfahrung auch erkannt, dass Menschen die Fehler anderer gerne benutzen, um sich selbst besser zu fühlen. Sie machen sich über andere lustig und klatschen hinter ihrem Rücken, um die Aufmerksamkeit von sich selbst abzulenken. Ich erinnerte mich daran, dass mein Vater mir stets beibrachte, nicht auf den Splitter im Auge anderer zu zeigen, während man selber einen Balken vor den Augen hat. Das hat sich mir tief eingeprägt.

Anstatt zu verbittern oder ihre sogenannten Freunde anzugreifen, die nicht zu ihr standen, beschloss diese junge Frau, die Gelegenheit zu nutzen, um selbst ein besserer Mensch zu werden. Sie stärkte das Band zu ihrer besten Freundin und lernte eine wertvolle Lektion über den Umgang mit anderen Menschen. Positivität ist eine Entscheidung, die man jeden Tag aufs Neue treffen muss. Sie kann sich in Form von Zufriedenheit, Wertschätzung, Toleranz, Freundlichkeit oder Demut äußern, aber diese Entscheidung ist nicht immer leicht. Wie Integrität erfordert sie eine tiefe Erforschung der eigenen Seele und die bewusste Entscheidung, fröhlich und heiter zu sein, und zwar nicht nur an Tagen, an denen alles rundläuft, sondern auch an Tagen, an denen nichts gelingen will. Wenn du einen Fehler gemacht hast, über den alle sprechen, dann finde etwas Positives, an dem du dich festhalten kannst. Wer unterstützt dich? Was lernst du daraus? Was wirst du nie wieder oder von nun immer tun?

Es ist so leicht, außerhalb des eigenen Selbst nach Antworten zu suchen; nach jemandem, der dir ein glückliches Leben bis ans Ende deiner Tage auf dem Silbertablett serviert, aber wahre Zufriedenheit mit dem eigenen Leben und sich selbst wird einem nicht geschenkt, man muss sie sich erarbeiten, und zwar jeden Tag aufs Neue. Hör also auf, dich zu fragen, ob dich deine Arbeit, dein Körper oder deine Beziehung glücklich macht. Du bist die Einzige, die dich glücklich machen kann. Das Gras ist nur grüner, wenn du es zulässt.

Beschließe hier und jetzt, dass du trotz deiner endlosen To-do-Liste, deines gebrochenen Herzens, deines Ärgers am Arbeitsplatz, der zehn bis dreißig Pfund Übergewicht, die du mit dir herumschleppst, der schrecklichen Wirtschaftslage und all der anderen Ausreden, die du findest, um mit dir und deinem Leben unzufrieden zu sein,

»Im Leben geht es nicht darum abzuwarten, bis der Sturm vorbeigezogen ist. Vielmehr geht es darum zu lernen, im Regen zu tanzen.«

Vivian Greene

in den nächsten drei Minuten unerträglich glücklich sein willst. Stell dir eine Uhr, wenn es nicht anders geht, selbst wenn du es nur aus Spaß machst. Deine Gedanken werden deine Realität, und nur du bestimmst über dein Leben, also ändere die Einstellung auf »Glücklich« und sieh zu, was passiert.

Wenn es dir gelingt, dich auf Kommando einige Minuten lang glücklich zu fühlen, versuche dasselbe während einer langweiligen Vorlesung, eines schwierigen Meetings oder eines Abendessens mit deinem unangenehmsten Kunden oder Verwandten. Widerstehe dem Drang, mit den Augen zu rollen und zu urteilen. Sag dir selber: »Danke, [ärgerliche Person, frustrierende Situation etc.], dass du mir hilfst, geduldiger und liebenswerter zu werden.« Selbst wenn du in diesem Moment nicht daran glaubst und dein Ärger siegt, wirst du dir deiner Stärke bewusster sein. Versuche als Nächstes, einen ganzen Tag lang glücklich zu sein. Beschließe einfach, dass du heute nicht zulassen wirst, dass irgendetwas oder irgendjemand deine positive Einstellung beeinträchtigt, egal, was passiert. Denk daran, dass ich dich nicht auffordere, ein falsches Lächeln aufzusetzen und vorzugeben, alles wäre in bester Ordnung. Darum geht es nicht! Ich fordere dich auf, das Gute zusammen mit dem Schlechten zu akzeptieren und wertzuschätzen, in dem Wissen, dass beides zusammen dich stärker macht. Ich bitte dich, diesen schwierigen inneren Dialog zu führen und dann zuzulassen, dass alle Negativität von dir abfällt. Ich schlage vor, dass du zu diesem nervigen Abendessen gehst und dass du – anstatt dich über all die dämlichen Dinge aufzuregen, die deine Verabredung sagt, und dich darüber auszulassen, warum sie wirklich die Person ist, die du am wenigsten leiden kannst – entweder gar nichts sagst oder dich selbst aufforderst, mindestens so viele positive Dinge zu nennen, wie du negative gefunden hast. Schon bald wirst du gelernt haben, dich schneller und effizienter von schwierigen Situationen zu erholen. Du wirst merken, dass sich dein Gehirn auf die positiven Dinge konzentrieren wird, bevor du überhaupt deine Gedanken bewusst darauf lenkst.

Wir können die Außenwelt nicht kontrollieren. Wir haben keinen Einfluss darauf, welche Karten uns im Leben ausgeteilt werden. Das Einzige, das wir wirklich kontrollieren und bestimmen können, ist, wer wir trotz aller äußeren Ereignisse sein wollen. Hier musst du an dir selbst arbeiten, Geduld entwickeln, Mitgefühl, Akzeptanz, Vergebung, Widerstandsfähigkeit, Verständnis und bedingungslose Liebe üben. Das ist eine Art Krafttraining für die nicht greifbaren Charaktereigenschaften, die uns zu guten Menschen machen. Sei dankbar für die Chance, dich in einen besseren Menschen zu verwandeln (alternativ kannst du auch einen Wutanfall bekommen und zwei Minuten in dein Kissen schreien und anschließend dankbar sein).

Nur du allein bestimmst, durch welche Brille du die Welt siehst. Sie wird jeder Situation ihre spezifische Einfärbung verleihen. Setz also eine Brille auf, die die Welt rosa färbt. Ein Optimist zu sein ist nicht dasselbe, wie ein Naivling oder ein Ignorant zu sein. Es erfordert sehr viel Disziplin, Toleranz über Verurteilung, Glaube über Angst und Liebe über Hass zu stellen. Die wahre Herausforderung liegt in der Entscheidung, inmitten einer oft dunklen Welt oder rücksichtsloser Menschen die eigene Freundlichkeit zu bewahren. Sei eine Lichtquelle – das ist die wahre Herausforderung für ein gutes Leben.

2. Schritt: Die Bereitschaft zum Scheitern

Irgendjemand sagte mir einst, echter Erfolg sei nichts anderes als die Bereitschaft, immer wieder zu scheitern, bis man endlich die Geduld aufbringt, Erfolg zu haben. Und genau das ist Widerstandsfähigkeit, nämlich der Mumm, sich wieder aufzurappeln und darauf zu vertrauen, dass es eine Frage der Zeit ist, bis man den großen Durchbruch erlebt. Aus diesem Grund ist die Bereitschaft zum Scheitern der zweite Schritt zu einer größeren Stärke und Widerstandsfähigkeit. Eine positive Geisteshaltung und die Umwandlung dieser mentalen Stärke in konkrete Handlungen ist eine unschlagbare Kombination.

Es hat schon so viele Gelegenheiten in meinem Leben gegeben, bei denen ich dachte: »Wenn nur diese eine Sache klappen würde, dann wäre ich total glücklich.« Natürlich klappte es meistens nicht. Daher bin ich eine Expertin darin geworden, die Scherben aufzusammeln und trotz des Misserfolgs einfach weiterzumachen. In meinen letzten Highschooljahr nahm ich an einem Casting für eine neue TV-Realityshow teil. Nach vier Probeauftritten rief mich die stellvertretende Produzentin an, um mir »inoffiziell« zu gratulieren, weil ich »zu 99,9 Prozent genommen wurde«. (Kleiner Tipp am Rande: Vorsicht vor den 0,1 Prozent. Sie können dir den Garaus machen.) Natürlich rief ich sofort meine Familie und meine engsten Freunde an, um ihnen die tolle Nachricht zu überbringen. Ich war total aus dem Häuschen – mein erster Job außerhalb der Schule und ohne einen Tropfen Schweiß vergießen zu müssen. Bis mich einige Tage später die Produzentin erneut anrief und mir sagte, wie leid es ihr tue. Anscheinend habe es in letzter Minute eine Veränderung bei dem gecasteten Team gegeben, und die Einzige, die ersetzt worden sei, sei ich. Ich war am Boden zerstört. Es war mir peinlich und ich war tief enttäuscht. Das Erniedrigendste und Demütigendste daran war, dass ich all meinen Freunden und meiner Familie, denen ich voreilig meinen Triumph vermeldet hatte, nun beichten musste, dass nun doch nichts daraus werden würde.

Das war eines der ersten Male, die ich wirklich über eine verpasste Chance enttäuscht war. Es war aber auch meine erste Chance zu sehen, wie ich angesichts der herben Enttäuschung, die mir die große, schlechte Welt außerhalb von Familie und Schule beschert hatte, reagieren würde. Selbstverständlich war das bitter, aber ich erinnere mich, dass ich mich am nächsten Morgen schon ein klein wenig besser fühlte. Ich dachte: »Nun, es hat zwar nicht geklappt, aber das ist okay. Es wartet eben noch etwas viel Besseres auf mich.«

Ich ließ mich weder von dieser noch von den vielen tausend Enttäuschungen, die noch folgen sollten, herunterziehen. Und vor allem ließ ich nicht zu, dass sie in mir Angst vor weiteren Versuchen aufkommen ließ. Die Fähigkeit, schnell zu vergessen und zur Tagesordnung zurückzukehren, ist etwas, das gelegentlich auch »Erinnerungsvermögen eines Quarterbacks« genannt wird. Es heißt, der beste Quarterback sei der, der abgefangene Würfe einfach vergisst und sich weiterhin darauf konzentriert, den spielentscheidenden Touchdown zu werfen. Wenn du dich auf deine Fehler konzentrierst, dann wird die Angst, erneut einen Fehler zu machen, genau das herbeiführen. Ich habe auch gehört, die besten Leistungssportler seien diejenigen mit dem kürzesten Gedächtnis, weil das Team eines Torhüters, der einen Ball durchlässt, oder eines Softballspielers, der den Ball verschlägt, es sich nicht leisten kann, dass der Betroffene lange über seinen Fehler lamentiert. Sie müssen wissen, dass dein Kopf ganz bei der Sache – das heißt dem Spiel – ist, und darauf vertrauen können, dass du dich nicht ablenken lässt und so denselben Fehler noch einmal machst. Wenn ich beim Fußball eine Torchance versemmelte, sagte mir mein Vater immer, einen Wutanfall zu bekommen und zu toben bedeute, dass ich meinem Ego nachgebe, und sage mehr über meinen Stolz aus als über meine Demut, die verlange, zum Spiel zurückzukehren und mein Bestes zu geben. Er sagte, echte Sportler schüttelten so etwas ab und strengten sich beim nächsten Ball doppelt so an. In der Fähigkeit, schnell über einen Fehler hinwegzukommen, zeigen sich echte Grazie und Selbstvertrauen. Das ist Teil des Menschseins. Die erfolgreichsten Menschen sind diejenigen, an denen ihre Fehler abprallen wie Wasser am Gefieder einer Ente.

PAUSE! Denk wie ein Quarterback

Genauso wie ein Quarterback, der einen Fehlwurf macht, der vom gegnerischen Team abgefangen wird, kannst du es dir nach einem großen Fehler (vor allem einem, den alle im Stadion, im Raum, in deinem Leben mitbekommen haben) nicht leisten, deine Gelassenheit zu verlieren und dich auf deinen Fehler zu fixieren. Übe stattdessen, so zu denken wie ein Quarterback, um schnell wieder auf die Füße zu kommen und dich aufs Spiel zu konzentrieren. Und so funktioniert's:

- ► Übe, dir selber Mut zuzusprechen. Mache diese Worte zu deinem Fehlermantra. Meines lautet: »Du hast die Lektion verstanden.« Halte dieses Mantra schlicht und einfach. Wiederhole es so oft wie nötig, um all die Selbstgeißelung und den Hader zu vermeiden, der nach großen Missgeschicken oft einsetzt.
- ► Überlege dir, welche Lehre du aus deinem Missgeschick ziehen kannst. Sie offenbart sich vielleicht nicht sofort, aber nimm dir die Zeit, nach dem Silberstreif am Horizont Ausschau zu halten. Auch wenn du es nicht für möglich hältst, es gibt einen.
- ► Erstelle einen Plan für den Fall, dass du erneut mit der gleichen Herausforderung konfrontiert wirst, und plane dabei eine neue Strategie.
- ► Hole einige Male tief Atem und verabschiede dich von deinem Fehler. Stell dir vor, dass du mit jedem Einatmen Liebe und Mitgefühl aufnimmst und mit jedem Ausatmen harsche Kritik und Groll wegatmest. Atme so lange wie nötig, um dich innerlich zu reinigen.
- ► Triff die definitive Entscheidung (du hast die Wahl), den Fehler hinter dir zu lassen und weiterzumachen. Wenn deine Gedanken immer wieder dorthin zurückkehren, um dich daran zu erinnern, was für eine Idiotin du bist, dann sag dein Mantra auf und atme mehr Liebe und Mitgefühl ein.
- ► Geh wieder los und mach's besser.

Vielleicht bist du versucht, auf Nummer sicher zu gehen, damit dir keine Fehler unterlaufen, du nie eine schlechte Figur machst und nie scheiterst. Manche mögen sagen, wer sich nicht exponiert, habe zumindest ein sicheres und angenehmes Leben. Ich stimme dem nicht zu. Vielleicht bedauerst du das nicht heute, aber irgendwann wirst du all die Gelegenheiten erkennen, die du verpasst hast. Zwar kannst du große Niederlagen vermeiden, aber du wirst auch nie große Erfolge feiern und keine Abenteuer erleben.

Vor Kurzem saß ich in LA in einem Restaurant, als ich hörte, wie sich ein Typ am Nebentisch abfällig über die Kellnerin äußerte und sie als »eine dieser gescheiterten Hollywoodschauspielerinnen« bezeichnete. Als die Kellnerin an meinen Tisch kam, fragte ich sie, woher sie komme und was sie vorhabe. Sie war in der Tat eine mehr oder weniger verhinderte Schauspielerin, aber ihre Hintergrundgeschichte war beeindruckend. Sie kam aus einer Kleinstadt in Ohio und hatte entgegen den Überzeugungen ihrer Eltern beschlossen, Schauspielerin zu werden. Ohne jede Unterstützung, ohne irgendjemanden in Los Angeles zu kennen, ohne Unterkunft und ohne Job hatte sie ihre Sachen gepackt und war quer durchs Land gefahren, um ihr Ziel zu verfolgen. Sie war bereit, auf diesen großen Traum hinzuarbeiten und möglicherweise kläglich zu scheitern. Aber meine Güte, sie hatte einen enormen Mut.

Dann wandte ich mich zu den Typen am Nebentisch, um ein wenig tiefer nachzuhaken. Ich glaube, dass diese Typen, die so hart über andere urteilen, selbst ziemlich unsicher sind. Und tatsächlich fand ich heraus, dass der Typ, der die abfällige Bemerkung gemacht hatte, weder Los Angeles noch Kalifornien jemals verlassen hatte, im Wohlstand aufgewachsen war, derzeit nichts arbeitete und ganz bequem von dem Geld seiner Eltern lebte. Ich sagte: »Findest du es nicht ein bisschen seltsam, dass gerade du dich über die Kellnerin lustig machst, obwohl du selbst noch nie irgendetwas auch nur halb so Mutiges wie sie gewagt hast?« Sein Schweigen sagte alles.

Du siehst, es ist sehr leicht, mit dem Finger auf andere zu zeigen und sich über Leute lustig zu machen, die gescheitert sind, vor allem wenn es sich dabei um große und öffentliche Niederlagen handelt. Aber wärst du nicht lieber die Person, die so mutig ist, etwas zu riskieren, als diejenige, die als Zaungast am Spielfeldrand steht und das Leben anderer Menschen kommentiert, anstatt ihr eigenes Leben zu leben? Es wird immer Richter und Kritiker geben, die ungebetenerweise ihre Meinung kundtun, aber lass dich nicht von ihren Kommentaren von der Verfolgung deiner Träume abschrecken.

Um dorthin zu gelangen, wo du in diesem Leben hinwillst, um den großen Lohn einzustreichen, von dem du dein ganzes Leben lang geträumt hast, musst du unvermeidlicherweise Fehler machen, die dich unter Umständen wochen-, monate- oder jahrelang verfolgen werden. Die Narben, die diese Kämpfe hinterlassen, sind aber auch ein Zeichen, dass du dich aktiv am Leben beteiligt und in die richtige Richtung gezielt hast. Es gibt keinen erfolgreichen Menschen auf der Welt, dessen Leben ohne Rückschläge oder Misserfolge verlaufen ist. Ganz im Gegenteil, die erfolgreichsten Menschen, die ich kenne, haben Horrorstorys über bombastische Fehler zu berichten; herzzerreißende Geschichten über niederschmetternde Erlebnisse, von denen sich die allermeisten Menschen nie wieder erholt hätten. Doch genau darin liegt das Geheimnis ihres Erfolgs. Sie schlucken ihren Stolz herunter, schütteln die Peinlichkeit ab und kehren erhobenen Hauptes aufs Spielfeld zurück. Sie wissen, dass sie eines Tages einen Treffer landen, und dieser Glaube, der sie auf etwas vertrauen lässt, das noch nicht zu sehen ist, gibt ihnen Rückhalt.

Der Erfolg ist mit denen, die bereit sind, immer wieder zu scheitern. Erfolg ist etwas, das man sich erarbeitet. Wenn eine neue Gruppe Praktikanten in unser Unternehmen kommt, ist eines der ersten Dinge, die ich ihnen sage: »Alles, was ich von euch erwarte, ist, dass ihr scheitert.« Natürlich blicken sie mich dann völlig verwirrt an, und dann erkläre ich es ihnen. »Wenn ihr nicht regelmäßig einen Misserfolg erlebt, dann strengt ihr euch nicht genügend an, geht nicht genügend Risiken ein und wachst nicht.« Ich ziehe Menschen, die scheitern, weil sie sich bemühen, hehre Ziele zu erreichen, jemandem vor, der den ganzen Tag im Kinderbecken planscht und sich nie ins tiefe Wasser wagt, dafür aber auch nie irgendetwas Herausragendes schafft oder entdeckt.

Wenn du mit einer Herausforderung konfrontiert bist, visualisiere deine ganze Stärke, eine stärkere Version deiner selbst, die auf der anderen Seite des Ufers wartet. Ob du gewinnst oder verlierst, in jedem Fall wirst du etwas Neues, Schwieriges oder Furchteinflößendes erlebt haben, und das wird dazu beitragen, dass du dich weiterentwickelst und wächst. Dir diese Denkweise zu eigen zu machen wird dich dazu inspirieren, nach der Überwindung einer Herausforderung und selbst inmitten der Anstrengung Dankbarkeit zu empfinden. Du wirst dich auf den Nutzen konzentrieren, den du erarbeitest, anstatt in den negativen Dingen zu schwelgen, und das nächste Mal wirst du weniger Angst vor einem Misserfolg verspüren und mehr freudige Anspannung darüber, dass du etwas Neues lernen kannst, selbst wenn das bedeutet, dass der Weg zum Erfolg über zahlreiche Misserfolge führt. Erinnere dich daran, dass Enttäuschung Teil der Verwirklichung deiner Träume ist. Mach dir keine Sorgen über das Unbekannte oder die Angst vor dem, was die Zukunft bringen könnte – vergrabe dich nicht in gramvolle Gedanken! Das Einzige, das du wissen musst, ist, dass du unter keinen Umständen aufgeben wirst. Und dann pack den Stier bei den Hörnern und vertraue darauf, dass die Frau, die auf der anderen Seite des Ufers auf dich wartet, stärker, mutiger und vielleicht auch ein wenig weiser ist.

3. Schritt: Vergib dir selbst

Der dritte Schritt zu größerer Kraft und Widerstandsfähigkeit besteht darin, sich selbst zu vergeben. Widerstandsfähigkeit erwirbst du nur, wenn du bereit bist, deine vergangenen Misserfolge und Fehler hinter dir zu lassen und nicht zuzulassen, dass sie dich davon abhalten, die Person zu werden, die du sein willst – das Gleiche hast du bereits getan, als du das Fundament für deine Integrität gelegt hast.

Die Fähigkeit zu vergeben ist der unverzichtbare Baustein der Widerstandsfähigkeit. Vergebung bedarf erstaunlicher Courage, beispielloser Liebe und seltener Demut, aber sie heilt unsere Wunden besser als jede andere Methode. Denk daran, wenn du jemandem dafür vergibst, dass er dich verletzt oder im Stich gelassen hat, hilfst du nicht nur dieser Person, sondern vor allem dir selbst. Indem du vergibst, gibst du dir selber die Freiheit zurück, indem du dich von Groll, Unbehagen und der emotionalen Last befreist, die dieser Groll darstellt. Solange du mit deinen eigenen Fehlern oder den Fehlern anderer haderst, wird es dir nicht gelingen, mit einem unangenehmen Erlebnis abzuschließen.

LAUREN ELFORD (Vorsitzende der Austiner »I Am That Girl«-Vertretung): »Sitz still, halt verdammt noch mal die Schnauze und beweg dich nicht.« Ich war 14, auf Koks und befand mich gefesselt in einer Garage. Mein Mund war mit Klebeband verklebt, und als ich mich umdrehte, sah ich, dass sie gerade den Mund meines besten Freundes zuklebten. »Wenn ihr irgendjemandem von diesem Haus erzählt, bringen wir euch um.« Nachdem sie uns derart erschreckt hatten, um sicherzugehen, dass wir schweigen würden, wurden wir freigelassen, woraufhin mein Freund sagte: »Los, lass uns eine darauf rauchen.« Und damit ließ er eine weitere lebensbedrohliche Erfahrung nonchalant hinter sich.

Sechs Jahre lang lebte ich nur einen Schritt vom Tod entfernt. Ich testete jede Grenze aus. Ich war grenzenlos leichtsinnig und hatte keinerlei Sinn für Autorität. Wenn jemand dich fesseln und dein Leben bedrohen kann und du nur an den nächsten Rausch denkst, dann stimmt etwas nicht mit dir.

Ich erinnere mich an den Tag, an dem mir mein Vater sagte, er und meine Mutter hätten sich die ernsthafte Frage gestellt, ob ich wohl überhaupt meinen 18. Geburtstag erleben würde. Irgendetwas löste dieser Satz in mir aus, der mir das Gefühl gab, ich sei dazu bestimmt weiterzuleben. Ich sollte diese Nacht in der Garage überleben, ich sollte meine Alkohol- und Drogenexzesse überleben und eine ganz normale Frau werden. Mein Übergang von einem durchgeknallten Teenager zu der Erwachsenen, die ich heute bin (mit Uniabschluss, einer Vollzeitstelle, drogenfrei etc.), fand nicht über Nacht statt, und es gab keinen Augenblick, auf den ich zurückblicken und sagen kann: »Wow, in dem Moment war mir alles klar, und von da an änderte ich mich.« Nur weil ich eine außergewöhnliche Verwandlung durchgemacht habe und begann, mein Leben nach meinen eigenen Bedingungen zu leben, heißt das nicht, dass ich nicht gelegentlich in Versuchung gerate, vom rechten Weg abzukommen. Ich bin von Laster und Sünde umgeben und habe nicht vergessen, wie gut sich das anfühlt.

Doch inzwischen halte ich mich von Dingen fern, die mich nicht zu einem besseren Menschen machen. Wenn etwas in meinem Leben nichts Gutes brachte, dann musste ich mich daraus zurückziehen. Das betraf Freunde, Partner, Jobs und sogar die Stadt, in der ich lebte. Ich musste mich neu aufbauen. Und der Lohn dafür war ein Leben in Freiheit.

Der dankbarste und lohnenswerteste Teil dieser Reise ist der Blick zurück in die Vergangenheit und die Tatsache, dass ich sagen kann: »Ich habe mich selbst besiegt.« Ich habe all meine Zeit, Energie und mein ganzes Leben investiert, um high zu sein, Lügen zu erfinden, mich bei Drogentests durchzuschmuggeln etc. Und nun investiere ich die gleiche Zeit, Energie und mein Leben, um das zu werden, was ich sein will: eine Frau, auf die andere stolz sein können. Ich war das Mädchen, das zweimal zur Entziehungskur ging, Drogen verkaufte und als Schlampe bezeichnet wurde. Und nun will ich *die Frau* werden, die Klasse und Selbstvertrauen hat, die träumt und zweifelt, Fehler macht und Erfolg hat, aber ihre eigenen Schwächen akzeptieren und ihre Narben betrachten kann, die sie daran erinnern, woher sie kommt. Wenn ich es schaffe, die ich so perfekt fehlerhaft bin, dann kannst du das auch!

Ich glaube, dass die wichtigsten Tage in deinem Leben der Tag ist, an dem du geboren wurdest, sowie der, an dem du deinen persönlichen Lebenssinn entdeckst. Als ich mein erstes Meeting als »I Am That Girl«-Präsidentin von Austin verließ, hatte ich meinen Daseinsgrund gefunden. Zuvor hatte ich mich immer gefragt, warum ich überhaupt auf der Welt war, was ich tat und welche positiven Dinge daraus entstanden. Ich beschloss, dass ich meine Aufgabe in diesem Leben erledigt habe, wenn jemand anschaut, was ich erlebt habe, und beschließt, anders zu handeln.

Ich denke noch oft an das Haus zurück, in dem ich in jener Nacht gefesselt war. Das Verrückte ist, egal, wie high diese Leute heute auch sein mögen, sie werden nie dieses berauschende Gefühl verspüren, das mich erfüllt, weil es mir gelungen ist, diesem Leben den Rücken zu kehren und die Frau zu werden, die ich heute bin.

Die eigenen Niederlagen und peinlichen Momente zu ertragen stärkt die Widerstandskraft. Die Bereitschaft, die eigenen Fehler genauso anzunehmen wie die Erfolge, macht dich unaufhaltsam. Beides macht dich zu dem, was du bist, und schließlich hat die Vergangenheit eines jeden Menschen Licht- und Schattenseiten. Ist es nicht immer viel interessanter, von den Fehlern und Missgeschicken berühmter oder erfolgreicher Menschen zu hören? Zu wissen, dass sie es geschafft haben, genauso große Herausforderungen zu meistern wie die, mit denen du gerade kämpfst, ist viel inspirierender, als zu denken, sie würden einfach glatt und ohne jede Blessur durchs Leben gleiten. Warum soll das nicht auch für dich gelten? Und vor wem willst du deine Fehler überhaupt verstecken? Gib dich nicht der Selbsttäuschung hin, dass die Menschen in deiner Umgebung die Wahrheit nicht sehen oder nicht wissen, was passiert ist. Hole tief Luft und hole deine Leichen aus dem Keller, deine latente Charakterschwäche, deine Widersprüche und Unzulänglichkeiten. Wenn du das machst, bist du einen Schritt näher an der Selbstvergebung und bewegst dich auf die großen, herausragenden Momente zu, die auf dich warten.

Manchmal gelingt uns der Grand Slam und manchmal müssen wir Niederlagen einstecken. Aber niemals können wir einfach unseren Schläger abstellen und das Spielfeld verlassen. Zu viele Menschen beschränken sich darauf, Zaungäste ihres eigenen Lebens zu sein und das Geschehen vom Spielfeldrand aus zu betrachten, anstatt die Courage aufzubringen, aktiv daran teilzunehmen – aus Furcht, jeder im Stadion könne ihre Fehler auf Großleinwand sehen. Mach das nicht. Die meisten von uns haben irgendwann große Fehler gemacht, vielleicht sogar so große, dass wir uns schämen, sie überhaupt zu erwähnen. Hier ein kleines Geheimnis: Das gilt für alle, vor allem die scheinbar »perfekten« Menschen. Diese Erlebnisse heißen nicht ohne Grund Leichen im Keller; wir verstecken sie nämlich lieber an einem Ort, an dem sie hoffentlich nie jemand entdecken wird. Wir rahmen unsere Errungenschaften, Leistungen und glänzenden Momente, damit jeder sie sehen kann, und verstecken unsere Fehler, Enttäuschungen und schrecklichen Niederlagen.

Anstatt so zu tun, als wären sie nie passiert, oder sie einfach zu verdrängen, akzeptiere ich diese Leichen oder lasse sie zumindest gelegentlich aus ihrer Gruft. Anstatt zuzulassen, dass sie sich in große, Furcht einflößende Monster verwandeln, die du vor der Welt zu verstecken versuchst, solltest du diese unangenehmen Erfahrungen im Geiste immer wieder erleben, bis du sie voll und ganz als Teil deiner selbst und deines Erfahrungsschatzes akzeptieren und den Silberstreif – die Lebenslektion – erkennen kannst. Ich erfuhr, welche Bedeutung die unermüdliche Aufmerksamkeit für jedes Detail hat. Indem ich bei *Survivor* nicht gewann, lernte ich die Bedeutung von Integrität. Indem Lauren (eine meiner persönlichen Heldinnen) der Drogensucht beinahe ihr Leben opferte, lernte sie, wie wichtig es ist, jeden Tag der Gesundheit und dem Wachstum zu widmen. Und was noch besser ist: Sie fand die Demut und den Mut, ihre Geschichte mit anderen zu teilen, in der Hoffnung, dass sie nicht den gleichen Weg wählen.

Louisa May Alcott sagte einst: »Ich habe keine Angst vor dem Sturm, weil ich dabei lerne, mein Schiff sicher zu steuern.« Gilt das nicht für uns alle? Weder Alter noch Reife, Weisheit oder Intelligenz werden verhindern können, dass man Fehler macht. Wir machen sie vom ersten bis zum letzten Atemzug. Diejenigen, die das glücklichste Leben haben, entscheiden bewusst, was sie aus jedem Moment mitnehmen und wie sie diese Erfahrungen in Zukunft als Stärke nutzen. Hör also auf, so zu tun, als würdest du keine Fehler machen, hol deine Leichen aus dem Keller und beschließe, auf alle Aspekte deines Lebens stolz zu sein. Wir sind keine maßgefertigten Autos mit perfekter Wunschausstattung. Wir haben Kratzer, Schrammen und Flecken und gelegentlich sind wir überhaupt nicht funktionstüchtig. Aber mit jeder einzelnen dieser Spuren wird unser Charakter vielseitiger, schöner und einzigartiger.

Echte Courage

Wenn du oft enttäuscht wurdest oder Schläge einstecken musstest, dann braucht es viel Courage, um wieder in den Ring zu klettern. Es ist leicht, Herausforderungen aus dem Weg zu gehen, sich vor Schwierigkeiten zu verstecken und Widrigkeiten auszuweichen. Aber das bist doch nicht du! Das entspricht nicht unserer Natur und darf ganz gewiss nicht zur Angewohnheit werden, wenn wir all das erreichen wollen, was das Leben für uns vorgesehen hat. Irgendetwas in dir wird sagen, dass du ruhig aufgeben kannst, dass es besser ist, etwas gar nicht erst weiter zu versuchen, als zu scheitern. Aber wenn du dieser kleinen, gemeinen Stimme nachgibst, dann wirst du im Meer der Mittelmäßigkeit untergehen und – schlimmer noch – es irgendwann bereuen.

Um das Beste aus dir herauszuholen und zur Geltung zu bringen, musst du alle Fehler machen, die für diese Entwicklung nötig sind. Und du musst dich nach jedem Rückschlag wieder aufrappeln und darfst weder dein Selbstvertrauen noch dein Ziel aus den Augen verlieren. Was immer es ist, das du im Leben erreichen willst, du wirst es nur bekommen (und festhalten können), wenn du bereit bist, dafür zu kämpfen. Meine Mutter sagte mir einst, als ich in einer ganz tiefen Krise steckte: »Auch das geht vorbei.« Die Wahrheit ist, es wird vorbeigehen. Und es ging vorbei. Solche Krisen durchzustehen und etwas daraus zu lernen wird dich für die nächste Krise rüsten.

Wenn du Liebeskummer hast, dann lebe ihn aus, aber öffne dich wieder für eine neue Liebe. Wenn du einen Freund verlierst, dann gib der Wunde in deinem Herzen Zeit zu heilen, aber sei bereit, wieder zu vertrauen. Wenn du einen Fehler gemacht hast, der dich den Job kostet, dann lerne aus deinem Fehler und suche dir einen neuen Job. Wenn ein geliebter Mensch krank ist, dann ehre die Zerbrechlichkeit des Lebens und die Bedeutung der Liebe. Die Menschen, die am glücklichsten leben, sind diejenigen, die immer wieder aufstehen, und nicht die, die jedes Hindernis vermeiden; es sind die, die furchtlos die ultimative Herausforderung suchen, die sich in Form von Demut, Vergebung, Akzeptanz und Widerstandsfähigkeit äußert. Das Leben ist nichts für Verzagte. Widerstandsfähigkeit erfordert Mut und Tapferkeit. Hole also tief Luft und beschließe, dass du jemand sein willst, der sich wieder aufrappelt – unter allen Umständen.

KAPITEL 7

SAUG ALLES AUF
WIE EIN SCHWAMM

Demut ist eine wunderbare Sache. Ehrerbietung und Respekt den Menschen gegenüber, die uns Erfahrung voraushaben, ist unerlässlich, wenn man verstehen will, woher wir kommen und wohin wir streben. Warum willst du das Rad neu erfinden, wenn es so viele unglaubliche Menschen gibt, die es bereits erfunden und weiterentwickelt haben? Es wäre ein Hohn, wenn wir die Erkenntnisse anderer nicht nutzen würden, die manche ein ganzes Leben gekostet haben. Ob du genau weißt, was dein Ziel ist, und dazu eine Million Fragen hast oder eine kleine Hilfestellung brauchst, um deine Leidenschaft zu entdecken, umgib dich mit möglichst vielen Mentoren. Die Wahrheit ist, dass die beste Landkarte im Leben bereits in unser Herz eingeprägt ist und die großartigen Menschen, mit denen wir uns umgeben, die Leitsterne sind, die uns den Weg weisen. Sie helfen uns, unsere Ziele schneller zu erreichen und uns auf dem Weg dorthin möglichst wenige Kratzer und Narben zu erwerben.

YVONNE RANDOLPH (Lifestyle Designer): Vielleicht lag es daran, dass ich die das erste Kind war, oder daran, dass meine Eltern immer ziemlich zielstrebig gewesen sind, oder vielleicht daran, dass ich in einem sehr religiösen Haushalt aufwuchs. Woher mein Streben nach Perfektion auch immer stammte, jedenfalls war es eine verdammt harte Sache, stets über alle Fragen Gewissheit und auf alles eine Antwort haben zu wollen. Der Druck war enorm. Ich erinnere mich gut daran, dass ich mit einundzwanzig glaubte, alles zu wissen.

Denn wenn ich nicht alles wusste, wie konnte ich dann als klug, interessant oder wertvoll gelten? Es gab wenig Raum für die Schönheit des

245

Lernens. Ich hatte das Gefühl, ich sei irgendwie verpflichtet, immer auf von vornherein alles eine Antwort zu wissen und alles irgendwie durch Osmose in mir drinnen zu haben. Ich fühlte mich immer so, als drohe ein dunkler Ozean mich zu verschlingen, und die einzige Möglichkeit, mein Leben zu retten, bestehe darin, perfekt zu sein. Ich glaubte, ich sei unbedeutend, wenn ich nicht zu allem eine Meinung hätte, und die Angst vor Ablehnung ließ mich starr an meinen Standpunkten festhalten. Ein ziemlich einsames Leben. Oft kam es gar nicht darauf an, woher ich meine Informationen bezog, Hauptsache, ich hatte das Gefühl, ich könne einen Beitrag leisten und eine Stimme haben (so uninformiert oder fehlinformiert ich auch sein mochte). Wie konnte es sein, dass andere meinen Standpunkt, den einzig wahren, nicht teilten? Es war eine Last, die nicht aus Arroganz geboren worden war, sondern aus Angst. Ich wollte verzweifelt bewundert und gemocht werden. Das ging ganz schön daneben.

Heute ist mir klar, dass ich sehr wenig über sehr wenige Dinge weiß. Mein Wissen kratzt allenfalls an der Oberfläche der Themen, über die ich einst meinte, genau Bescheid zu wissen. Tatsächlich ist es so, dass ich erkenne, wie weit, tief und unendlich jedes Wissensgebiet ist, je mehr ich mich damit beschäftige. Das Bewusstsein meines fehlenden Wissens ist hart erarbeitet! Meine Unvollständigkeiten haben mich Arbeit gekostet. Das ist ein Weg gewesen, der mit schwierigen Lektionen gepflastert war, mit Misserfolgen, Ablehnung und Demut. Und ich arbeite immer noch daran. Aber wenn ich noch mal zurückgehen und mir irgendeine Weisheit mit auf den Weg geben könnte, dann würde sie lauten: Lass los. Beginne bei null. Erkenne, dass du nichts weißt, und dann beginne zu lernen. Schritt für Schritt. Langsam und mit der Anmut und dem Verständnis für dich selbst, das dir hilft, deine Fehler, Fehlschritte und Umwege zu akzeptieren. Ich würde das großartige Geschenk anbieten, diese eine Sache zu wissen: Du bist genau dort, wo du gerade sein sollst, aber du wirst dich weiterentwickeln. Strecke deine Arme weit aus, öffne dein Herz und deinen Geist. Betrachte jede Seite und jeden Winkel. Lass dich von anderen leiten. Höre zu und sauge die Schönheit des Lebens auf, indem du dich in andere Menschen hineinversetzt, in andere Kulturen, Religionen und andere Lebensstile. Sei tolerant und vorurteilsfrei. Lass mit geöffneten Händen zu, dass sich das Leben entfaltet.

In dieser neuen Haut, in der ich lebe, finde ich meine Stärke nicht im Wissen, sondern im Dazulernen. Meine Identität sehe ich eher in dem Menschen, den ich liebe, als in dem Menschen, der ich glaube, sein zu müssen. Ich kann leichthin antworten: »Ich weiß es nicht« und Kraft in meiner Akzeptanz der Größe und Ungeheuerlichkeit dieses schönen Lebens und meines schönen, lernenden Geistes finden.

Hätte ich als junge Erwachsene auf meine eigenen Ratschläge gehört? Hätte ich zugehört und gedacht: »Wow, das Leben könnte so viel mehr sein, als ich mir je habe vorstellen können!«? Wahrscheinlich nicht. Vergiss nicht, ich wusste ja schon alles.

Hab keine Angst davor, Neues zu lernen, egal, an welcher Stelle deines Weges du dich gerade befindest. Du wirst überrascht sein, wie weit dich der einfache Akt des Zuhörens und des Fragenstellens bringen kann. Selbst wenn du meinst, du wüsstest viel oder hättest viel über ein bestimmtes Thema gelesen, höre nie auf, weitere Informationen zu sammeln, insbesondere von Leuten, die dir gegenüber einen Wissensvorsprung haben. Es gibt einen gewaltigen Unterschied zwischen theoretischem Wissen und Wissen, das auf eigener Erfahrung beruht, genauso wie es zwei völlig unterschiedliche Sachen sind, ob man ein fremdes Land nur aus Büchern kennt oder es selbst bereist hat. Vor Ort zu sein, die Bilder, Gerüche und Aromen aufzunehmen und zu fühlen, was diese unmittelbaren Eindrücke auslösen, verändert dich auf eine Weise, die kein Bücherstudium je bieten kann. Mithilfe von Lektüre und Unterricht kannst du dich nur bis zu einem gewissen Grad auf das vorbereiten, was auf dich zukommt. Nur durch die eigene Erfahrung lernst du praktische Lektionen, indem du Fehler machst und auf diese Weise an dir und den praktischen Herausforderungen wächst.

Ich glaube daran, dass man so viel lesen sollte wie möglich (*Half the Sky* von Nicholas Kristof und Shery WuDunn ist mein neuestes lebensveränderndes Lieblingsbuch). Aber zu Beginn eines neuen Vorhabens wirst du logischerweiese wenig Erfahrung haben, egal, wie viel Wissen du dir angelesen hast. Und dann ist es gut, Mentoren zu haben. Du wirst von ihrer Erfahrung profitieren, während du gleichzeitig deine eigenen Erfahrungen machst, und dir werden sich neue Perspektiven eröffnen, die dir nur jemand vermitteln kann, der den Lernprozess selbst schon durchlaufen hat.

Im Lauf meines Lebens habe ich immer wieder den Rat glaub- und vertrauenswürdiger Mentoren eingeholt – von meiner Mutter bis zu meinen Lieblingsprofessoren an der Universität (vielen Dank, Christopher Smith). Aber erst als ich mich entschloss, mein eigenes Unternehmen zu gründen, habe ich den wahren Wert von Mentoren erkannt. Ich hatte gerade mein Vordiplom gemacht, als ich begann, meinen Traum eines eigenen Non-Profit-Projekts zur Selbstbestätigung und Ermutigung junger Frauen zu starten. Ich war fest entschlossen, eine Revolution zu entfachen, hatte aber nicht die leiseste Ahnung, wo und wie ich anfangen sollte. Ich besaß einen Abschluss in Internationalen Beziehungen, aber keinerlei Berufserfahrung. Ich war zwar immer gut in Mathematik gewesen, wusste aber nicht, wie man einen Businessplan schreibt, sich Kapital verschafft, wie Buchhaltung funktioniert oder wie man ein sinnvolles Organigramm erstellt.

Anstatt mich jedoch von meinem Nichtwissen erschlagen zu lassen – und ich wusste vieles nicht –, wandte ich mich hilfesuchend an Leute, die dieses Wissen besaßen. Insgesamt rief ich zwanzig weibliche Führungskräfte aus der Unterhaltungsindustrie an. Ich erklärte ihren Assistentinnen, dass ich eine frischgebackene Uniabsolventin sei, die ein zehn- bis fünfzehnminütiges Gespräch mit ihren Vorgesetzten suche, um sich zu informieren, wie man effektiv ein Unternehmen leitet. Die zwanzig Frauen, die ich anrief, waren Expertinnen auf Vorstandsebene – von Finanzen über Produktion bis zu PR. Alle hatten Spitzenpositionen und daher offensichtlich auf ihrem Weg an die Spitze einiges richtig gemacht. Ich dachte, wenn mir wenigstens drei von ihnen ein wenig Zeit für ein Gespräch einräumen würden, hätte ich die glückliche Gelegenheit, sie auszufragen.

Zu meiner Überraschung riefen mich nicht nur ein oder zwei, sondern alle Führungskräfte innerhalb einer einzigen Woche zurück und so hatte ich zwanzig Gesprächstermine mit den mächtigsten und einflussreichsten Frauen in Hollywood. Ich war irgendwie schockiert, dass sie tatsächlich bereit waren, Zeit für mich zu opfern, wusste aber auch, dass der Ball nun in meinem Feld war und es an mir lag, diese Chance zu nutzen, die richtigen Fragen zu stellen und von ihnen zu lernen.

Ich las mir ihre jeweiligen Lebensläufe genau durch, informierte mich über ihren Werdegang, ihre Unternehmen und alles, was ich sonst noch an Informationen finden konnte. Als ich zu diesen Gesprächsterminen ging, wusste ich genau, was ich von jeder einzelnen Führungskraft zu erfahren hoffte. Ich erzählte ihnen von meinem Ziel und fragte, welchen Rat sie mir geben würden. Ich befragte sie über ihren Lebensweg und die Herausforderungen, die sie hatten bewältigen müssen, welche großen Fehler sie begangen hatten und worauf sie ihren Erfolg zurückführten. Ich fragte, wer ihre Mentoren waren und welche Träume sie hatten, was sie motivierte und welche Kämpfe bei ihnen Narben hinterlassen hatten. Ich war wie ein Schwamm und saugte Jahre an Wissen, Rat, Warnungen und Anregungen auf. Das war eine der überwältigendsten Erfahrungen meines Lebens.

Zwar war für jedes Gespräch nicht mehr als eine Viertelstunde vorgesehen, aber nicht eine einzige der Führungskräfte sprach mit mir weniger als eine Stunde. Sie waren begierig darauf, mir mitzuteilen, was sie gelernt hatten, während ich aufmerksam zuhörte. Von der Vizepräsidentin von Walt Disneys bis zu einer der Finanzverantwortlichen von FOX Sports erzählten sie mir über die guten, die schlechten und die ganz hässlichen Dinge, die sie auf dem Weg zu ihrer jetzigen Position erlebt hatten. Sie beschrieben die Entscheidungen, die sie getroffen, die Opfer, die sie erbracht hatten, und erzählten von den größten Niederlagen ihres Lebens. Ich sah sie lachen und weinen, als sie wehmütig über ihre komplizierten und bisweilen chaotischen, wunderbaren und überraschenden Lebenswege berichteten.

Von ihren Ratschlägen zehre ich immer noch. »Gehe nie faule Kompromisse ein, was deine Überzeugungen betrifft«, sagte eine von ihnen. »Mach nicht das Gleiche wie ich. Ich habe mich verkauft, und ja, ich habe einen fantastischen Job, der mir weit mehr einbringt, als irgendein Mensch verdienen sollte, aber ich mache meinen Job nicht gerne, und das ist etwas, womit ich jeden Tag leben muss.« Eine andere Frau sagte: »Gutes Aussehen kann dir zwar (allenfalls) eine Tür öffnen, aber du musst dir auf Basis deiner Arbeitsethik einen Ruf erarbeiten, denn nur der wird mit der Zeit immer besser.« Mein Lieblingsrat lautete: »Nimm dir mehr Zeit für dein Privatleben! Ich wünschte, ich hätte das Leben nicht so ernst genommen, hätte an den Wochenenden mehr geflirtet, während der Woche weniger gearbeitet, wäre öfter mit meinen Freunden ausgegangen, hätte weniger Abende im Büro verbracht und den Beziehungen in meinem Leben eine höhere Priorität eingeräumt.«

Als ich meinen Gesprächspartnerinnen von meiner Vision für »I Am That Girl« und meinem an Verrücktheit grenzenden Traum der Gründung eines eigenen Non-Profit-Unternehmens, der Veröffentlichung meines ersten Buches, meiner Traumkarriere als professionelle Geschichtenerzählerin und Motivatorin erzählte, lautete der häufigste Ratschlag: »Geh an die Uni und erlerne das nötige Rüstzeug, um diesen Traum umsetzen zu können. Das Letzte, was du sein willst, ist eine weitere Träumerin mit einer tollen Idee, aber ohne das nötige Handwerkszeug, um deine Ziele umzusetzen.«

Ich war mir sicher, diese Frauen wüssten, wovon sie sprachen, also bewarb ich mich in den folgenden Wochen an der Graduate School der University of Southern California (an der ich soeben mein Grundstudium abgeschlossen hatte). Ich hatte kein Geld und war mir nicht einmal sicher, ob ich an der besten Universität für Kommunikation angenommen würde, aber was zum Teufel scherte mich das, immerhin lebt man nur einmal.

Meine Gesprächspartnerinnen wiesen mir die richtige Richtung und wiesen mir genau den Weg, der zu meinem Ziel führte. Einen Monat später bekam ich den Zulassungsbescheid der Uni und fand eine Frau (die Mutter einer Freundin), die bereit war, mir ihre Garage zu überlassen (die ich in eine Wohnung verwandelte), während ich nebenbei arbeitete, um meine sündhaft teure Ausbildung zu bezahlen. Dank der zwanzig Frauen, die mir ihre Zeit und Energie schenkten und mich anspornten, befand ich mich auf dem besten Weg, um zu manifestieren: So bin ich.

Was ich von diesen großartigen Frauen gelernt habe, war, dass man niemals unterschätzen soll, wie viele Menschen bereit sind, in dich zu investieren, sich die Zeit zu nehmen, dich an ihren Erkenntnissen teilhaben zu lassen und dir Wege zu weisen. Ich erinnere mich, dass ich bei jedem Eintreten in das Büro einer dieser Führungskräfte sagte, wie dankbar ich sei, dass sie sich bereiterklärt hatten, mit mir zu sprechen, vor allem da ich wusste, wie beschäftigt sie waren. Die überraschende Antwort aller war: »Weißt du, die meisten fragen nicht einmal. Ich wäre glücklich, mit mehr jungen Frauen zu arbeiten, aber es scheint, als nähmen die Menschen einfach an, ich sei viel zu beschäftigt, dabei (ganz ehrlich) liebe ich es, meine Geschichte mit anderen jungen Frauen zu teilen.« Ich erzähle das so gerne, weil ich immer noch total erstaunt bin, wie viele Menschen bereit waren und bereit sind, mir völlig selbstlos ihre Zeit zu schenken, nur weil ich bereit war und bin, sie darum zu bitten.

Das Leben ist ein verrücktes Abenteuer, in dem hinter jeder Ecke Fallstricke lauern. Das ist so, als befände man sich nachts ganz alleine im Urwald und versuchte, sich den Weg durch unwegsames und unbekanntes Terrain zu bahnen. Mentoren sind die Laternenpfähle, die Licht auf diesen Pfad werfen, dir die richtige Richtung weisen und dich vor einigen Hindernissen warnen, bevor du über sie stolperst. Da sie diesen Weg selber schon gegangen sind, kennen Mentoren viele Abkürzungen und versteckte Schätze. Das soll nicht heißen, dass du nicht selbst herausfinden kannst, wie du dir den Weg durch das Gestrüpp bahnst, und kein Mentor kann verhindern, dass du dich gelegentlich verirrst, verwirrt bist, rückwärts oder im Kreis läufst und von vorne beginnen musst. Es gibt bestimmte Lebenslektionen, die zu lernen dir niemand abnehmen kann, aber Mentoren können dich vor der ganz großen Schlappe bewahren und den Weg etwas angenehmer machen.

Finde Menschen, die den Weg, den du vor dir hast, schon gegangen sind, und nutze ihr Wissen, um den Lernprozess zu beschleunigen. Warum willst du alle Fehler selber machen, wenn du aus den vergangenen Fehlern erfahrener Füchse lernen kannst?

Was macht einen guten Mentor aus?

Ein guter Mentor ist jemand, der das, was du anstrebst, bereits erreicht hat. Ich habe für jeden Bereich meines Lebens Mentoren: Businessmentoren, die selber erfolgreich und bereit sind, ihre Geschäftsgeheimnisse mit mir zu teilen; Mentoren auf dem Gebiet des Glaubens an mich selbst, die mir helfen, mein Selbstvertrauen zu bewahren, und mich dazu anspornen, meinen Fokus auf das große Ganze nicht zu verlieren, und mich in schwierigen Situationen daran erinnern, warum ich tue, was ich tue. Auch für mein Privatleben habe ich Mentoren: Das sind Freundinnen, Ehefrauen und Mütter, denen ich eines Tages nacheifern möchte. Einige meiner Mentoren kennen mich schon von klein auf und andere sind neue Freunde, aber alle ermutigen mich und feuern mich unaufhörlich bei meinem verrückten Lebensabenteuer an.

Unabhängig von dem Lebensbereich, auf den du dich konzentrierst, solltest du nach Menschen Ausschau halten, die persönliches Interesse an dir haben und bereit sind, sich Zeit für dich zu nehmen. Es gibt viele »beschäftigte« Leute, du willst aber diejenigen finden, die trotzdem bereit sind, dir ihre Zeit zu schenken. Denk sorgfältig darüber nach und sei offen und aufrichtig denjenigen gegenüber, die du als Mentor gewinnen möchtest. Ich sorge stets dafür, dass sie wissen, warum ich sie ausgewählt habe, was ich an ihnen so inspirierend finde und was ich meine, von ihnen lernen zu können. Das hilft ihnen zudem, ihre Ratschläge auf meine konkrete Situation und meine Bedürfnisse abzustimmen.

Mentoren können ganz unterschiedliche Menschen sein; sie müssen auch nicht immer älter sein als du. Die Mehrheit meiner Mentoren ist älter als ich, aber wenn du einen Karrierewechsel anstrebst oder etwas Neues wagst, kann es gut sein, dass du auf jüngere Leute treffen wirst, die dir bereits eine Menge Erfahrung voraushaben. Abhängig vom jeweiligen Mentor, bespreche ich immer, wie viel ihrer Zeit ich gerne in Anspruch nehmen würde. Bei einigen ist es ein wöchentlicher Anruf, mit anderen trinke ich einmal im Monat Kaffee. Wie oft ihr euch austauscht, hängt von euren jeweiligen zeitlichen Verpflichtungen ab und davon, was du von deinen Mentoren zu lernen hoffst. Wenn du gerne hättest, dass dein Mentor dich dabei unterstützt, auf einem bestimmten Gebiet Fortschritte zu machen, könnten eure Gespräche an bestimmte Meilensteine geknüpft sein, die du dir gesetzt hast. Aber egal, wie oft oder sporadisch ihr euch austauscht, sollte dein Mentor jemand sein, der seine Lebenserfahrung nicht mit Zuckerguss überzieht oder seine eigenen Niederlagen verheimlicht. Du brauchst einen Mentor, der aufrichtig und bereit ist, dir zu sagen, was du nicht hören willst, und der dich schonungslos darauf aufmerksam macht, wenn du von deinem Weg abkommst.

Einer meiner Lieblingsprofessoren, Warren Bennis, sagte mir einst, wenn nötig, sollte man seine Mentoren »stalken«. Das hat er natürlich nicht wortwörtlich gemeint, aber wenn du jemanden findest, von dem du lernen möchtest, dann liegt es an dir, auf ihn zuzugehen. Schließlich kann dir nichts passieren, wenn du einfach fragst. Einige Menschen haben vielleicht wirklich keine Zeit; üblicherweise hat es nichts mit dir persönlich zu tun, wenn sie ablehnen. Du wärst überrascht, wenn du wüsstest, wie viele Leute einwilligen. Und diejenigen, die für dich die richtigen Mentoren sind, werden sich vielleicht sogar geehrt fühlen. Ich bin völlig schamlos, wenn es darum geht, einen neuen Mentor zu finden, und habe keinerlei Hemmungen, mehrmals nachzuhaken, wenn ich nichts von ihm oder ihr höre. Wenn sie total beschäftigt sind, kann es durchaus passieren, dass sie deine Anfrage einfach vergessen. Und wenn du sie schließlich erreichst, heißt das auch nicht, dass sie überglücklich sind, dein Mentor sein zu dürfen.

Zum Beispiel fragte mich eine junge Frau, die einen meiner letzten Vorträge über das Thema »I Am That Girl« gehört hatte, ob sie wohl mein Wissen anzapfen dürfe, denn sie habe vor, eine eigene Organisation zu gründen. Mein erster Gedanke war: »Aber sicher, ich muss ihr zurückschreiben«, aber dann machte ich etwas anderes und darüber vergaß ich zu antworten. Sie schrieb mir erneut und wieder wurde ihre E-Mail unter den vielen hundert weiteren E-Mails begraben, die ich täglich erhalte. Sie blieb aber hartnäckig und schrieb mir immer wieder, bis ich mir schließlich die Zeit nahm und ihr

Priorität einräumte. Um ganz ehrlich zu sein, wollte ein Teil von mir einfach, dass diese junge Frau aufhörte, mein Postfach zu belagern, aber andererseits bewies ihre Hartnäckigkeit, dass sie fest entschlossen war, mit mir zu sprechen. Wie könnte ich jemanden abweisen, der so unermüdlich ist? Das habe ich auch nicht. Die Komische war, dass ich mich am Ende *bei ihr* dafür bedankte, dass sie mir so »an den Fersen geklebt hatte«, weil ich einfach immer wieder erinnert werden musste.

Es dauerte zwar einen Monat, aber am Ende plante ich ein »zwanzigminütiges« Gespräch mit ihr ein. Und genauso wie meine Gespräche mit meinen ersten Mentorinnen verlaufen waren, telefonierten wir am Ende mehr als eineinhalb Stunden. Warum? Weil sie all die richtigen Fragen stellte. Hartnäckigkeit alleine genügt nicht. Wenn du das erste Gespräch mit einem potenziellen Mentor vereinbart hast, nimm seine oder ihre Zeit nicht als selbstverständlich. Diese junge Frau war äußerst gut vorbereitet und hatte ganz offensichtlich ihre Hausaufgaben gemacht. Es schien, als kenne sie meine gesamte Lebensgeschichte, von meinen ersten Tagen als Model bis zu meinem Intermezzo beim Fernsehen, was ich an der Uni gemacht hatte, mein Gastspiel bei *Survivor* sowie die Gründung und Leitung von »I Am That Girl«. Offensichtlich hatte sie Wertschätzung für meine Zeit und meine Erkenntnisse, und ich war glücklich, mit ihr über die Dinge zu sprechen, die ich auf meinem Weg gelernt hatte.

Tatsächlich fühlte ich mich so geschmeichelt, dass sie ein so großes Interesse an meiner Person hatte und so leidenschaftlich daran interessiert war, mich als Quelle zu nutzen, dass ich mich bereitfand, ihr auf jede mögliche Art und Weise zu helfen. Man konnte sehen, dass sie eine echte Mission hatte, und das ist für jeden inspirierend, der das erlebt. Am Ende habe ich sie nicht nur an den Dingen, die ich auf meinem Weg gelernt habe, teilhaben lassen, sondern ihr auch angeboten, auf unserer Homepage Werbung für sie zu machen und andere einflussreiche Leute aus meinem beruflichen Bekanntenkreis anzusprechen, die ihr möglicherweise weiterhelfen konnten. Sie war geduldig, was meinen vollen Terminkalender anging, und ganz gewiss beharrlich. Ich habe kein Problem damit, Leuten zu helfen, die ihre

Vorhaben mit Ernsthaftigkeit verfolgen, insbesondere weil ich selbst so viel Unterstützung auf meinem eigenen Weg erhalten habe.

Am Ende eines Gesprächs mit einem meiner Mentoren sagten diese oft, wie dankbar sie mir seien, dass ich ihre Hilfe erbeten hätte, weil es ihnen das gute Gefühl gebe, etwas zurückgeben zu können. Ich dachte, das sei einfach nur eine Höflichkeitsfloskel, bis ich selber zur Mentorin für andere wurde. Nichts fühlt sich besser an, als einen Beitrag zum Leben eines anderen Menschen leisten zu dürfen. Ich kann mich an alle Menschen erinnern, die eine wichtige Rolle in meinem Leben gespielt haben. Die Chance, selbst eine wichtige Rolle im Leben eines anderen zu spielen, ist einfach ein sehr schönes Gefühl.

Nimm die Selbstlosigkeit anderer und ihren Wunsch, dich zu coachen, an – du bist es wert, meine Liebe. Deine Ziele und das, was zu ihrer Erreichung nötig ist, erlauben nicht, dass du alleine im Dunkeln herumirrst. Suche dir in den Lebensbereichen, in denen du am meisten Führung brauchst, verschiedene Frauen und Männer. Finde Leute, die genau das tun, was du vorhast, und finde alles über sie heraus. Suche so lange, bis du ein einflussreiches Netzwerk an Menschen geknüpft hast, die einfach nicht zulassen werden, dass du scheiterst.

PAUSE! Vorschlag, wie man einen potenziellen Mentor anspricht

Eine Liste der Leute zu erstellen, von denen du gerne lernen würdest, und sie dann zu kontaktieren ist leichter, als du vielleicht glaubst. Durch die sozialen Medien und die jedermann zugänglichen persönlichen Informationen, die nur einen Google-Klick entfernt sind, gibt es keine Ausrede, um nicht deinen Wunschmentor anzusprechen.

Das ist der erste Schritt. Nachfolgend eine Checkliste an weiteren Dingen, die du tun musst, um zu deinem Mentor eine Beziehung zu knüpfen und sie zu pflegen:

- Bestimme fünf Personen (die du bereits kennst oder noch nicht kennst).

- Wenn du sie nicht kennst, google sie, besorge dir die Kontaktadresse und plane einen Zeitpunkt ein, an dem du sie einfach anrufst. Wenn du das nicht tust, wirst du immer Entschuldigungen finden, um sie nicht anzusprechen.

- Leite das Gespräch ungefähr mit den folgenden Worten ein: »Guten Tag, Herr oder Frau Sowieso, ich bin XY. Ich rufe Sie an, weil ich eine Liste an Wunschmentoren zusammengestellt habe, und Sie stehen auf meiner Liste an erster Stelle. Aufgrund Ihrer bewundernswerten Arbeit (führe die Leistungen und Ergebnisse auf, die dich am meisten inspiriert haben) würde ich gerne Ihr Wissen anzapfen und ein wenig über Ihre Geschichte erfahren. Ich weiß, dass Sie sehr beschäftigt sind und wie wertvoll Ihre Zeit ist, daher hoffe ich, dass Sie mir vielleicht diese oder nächste Woche zwanzig bis dreißig Minuten für ein Gespräch einräumen können. Das würde mir sehr viel bedeuten. Meinen Sie, es gäbe eine Möglichkeit, dass Sie mir über Ihre Erfahrungen berichten?« Wenn du mit der Sekretärin der betreffenden Person sprichst, dann kannst du den gleichen Text in der dritten Person verwenden. Teile der Sekretärin mit, warum du anrufst und was dich an ihrem Chef oder ihrer Chefin inspiriert. Denk immer daran, dass das Vorzimmer bestimmt, wer Zugang zum Chefzimmer erhält, also hinterlasse einen guten Eindruck im Sekretariat, danke ihnen dafür, dass sie sich Zeit für dich genommen haben,und sage ihnen, wie sehr du es schätzt, dass sie deine Anfrage weiterleiten.

- Wenn du mit deinem potenziellen Mentor sprichst, danke ihm zunächst, dass er sich für dich Zeit genommen hat, und komme dann gleich zum Thema. Achte darauf, dass du genau die vereinbarte Zeit einhältst; damit drückst du deine Wertschätzung seiner Zeit aus. Nach Ablauf der vereinbarten Gesprächszeit kannst du in der nächsten natürlichen Gesprächspause sagen: »Ich danke Ihnen sehr, dass Sie sich die Zeit für mich genommen haben, möchte aber nicht unhöflich sein und Sie über Gebühr in Anspruch nehmen. Darf ich noch einige abschließende Fragen stellen, oder drängt die Zeit?« Üblicherweise setzt dein potenzieller Mentor oder Mentorin das Gespräch fort, aber zumindest hast du signalisiert, dass du ihre Zeit wertschätzt, und das ist sehr respektvoll.

► Meine Großmutter lehrte mich, anschließend grundsätzlich eine handgeschriebene Dankesnote nachzureichen. An kaum etwas erinnern sich Leute so sehr wie an eine handgeschriebene Karte, in der sich jemand bedankt (vor allem in der heutigen Zeit, in der nur noch E-Mails versandt werden). Du kannst dazuschreiben, dass du dieses Gespräch gerne zu einem anderen Zeitpunkt fortsetzen würdest, falls dein Gesprächspartner die Zeit aufbringen kann (biete ihm ein Datum an), und falls nicht, dankst du ihm auf jeden Fall noch einmal für das stattgefundene Gespräch. Ich nehme außerdem immer noch einmal Bezug auf einen spezifischen Kommentar meines Gesprächspartners, der mich besonders beeindruckt hat.

► Menschen werden – so ist das Leben nun einmal – im Verlauf deines Weges kommen und gehen. Einige werden deinen Lebensweg nur einmal kreuzen, andere werden zu deinen ständigen Begleitern. Das Gleiche gilt für Mentoren. Du wirst instinktiv wissen, wer für einen begrenzten Zeitraum dein Mentor und wer dir dauerhaft ein Gesprächspartner sein wird. Die Vereinbarung regelmäßiger Gespräche und der Aufbau einer langfristigen Beziehung sollten erst dann zur Sprache kommen, nachdem ihr eine enge Verbindung geknüpft habt. Wie in jeder Beziehung gilt auch hier, dass dafür die beiderseitige Bereitschaft vorhanden sein muss. Gehe also nicht einfach davon aus, dass dir ein Mentor langfristig zur Verfügung steht, wenn ihr nicht explizit darüber gesprochen habt.

Mentoren aus dem Freundes- und Familienkreis: zu eng, um sich damit wohlzufühlen?

Immer wenn ich eine schwerwiegende Lebensentscheidung zu treffen habe und die Sache mit meinen Mentoren bespreche, um ihre Meinung und ihren Rat einzuholen, treffe ich im Allgemeinen bessere Entscheidungen, als wenn ich sie alleine und ohne Rücksprache treffen würde. Regelmäßig weisen sie auf Dinge hin, an die ich nie gedacht hätte, bieten mir ihr Expertenwissen dazu an und stellen all die richtigen Fragen, die mir helfen, die Situation besser zu beurteilen und zu erkennen, was für mich das Richtige ist.

Meine Mentoren setzen sich jedoch nicht nur aus berufsrelevanten Beratern zusammen; zu dieser Gruppe gehören auch viele Freunde und Familienmitglieder. Es kann natürlich schwierig sein, die Wahrheit oder konstruktive Kritik aus dem engsten Kreis der eigenen Freunde und Angehörigen anzunehmen, aber es lohnt sich, ihnen zuzuhören und für ihre Sicht der Dinge offen zu sein.

SUSIE CASTILLO (Fernsehmoderatorin, Autorin und ehemalige Miss USA): Die Unterstützung der Menschen zu erfahren, die wir lieben und respektieren, bereichert unsere Seele. Ich wurde von einer alleinerziehenden Mutter erzogen, die meine Ziele immer voll und ganz unterstützt hat – selbst als ich ihr mit sieben Jahren sagte, wenn ich groß sei, wolle ich zur Müllabfuhr gehen. Ich erinnere mich, dass sie in der Küche stand und kochte, als ich hereinkam und ihr von meinen nicht so appetitlichen Zukunftsplänen berichtete. Sie sagte: »Wenn du groß bist, kannst du alles werden, was du möchtest!« Ich erinnere mich auch daran, dass mir dieser schlichte Satz ein unendliches Selbstvertrauen einflößte. Von diesem Moment an glaubte ich ganz fest, dass ich alles erreichen könne, was ich mir von ganzem Herzen wünschte. Meine Mutter hatte es gesagt, also war es so!

Doch so wichtig es auch ist, dass man von Menschen umgeben ist, die einen uneingeschränkt unterstützen, glaube ich, dass es noch *viel wichtiger* ist, dass man an sich selbst glaubt und an das, was man im Leben erreichen will. Wenn du nicht an dich selbst glaubst, gibt es nichts, dass irgendjemand sagen oder tun kann, um dich zu unterstützen. Umgekehrt kann dich nichts in deinem Selbstvertrauen erschüttern, wenn du fest an dich glaubst und ewige Nörgler versuchen, dich zu entmutigen.

Ich schreibe das, weil ich es selber erlebt habe.

Mein Karrieretraum war immer, in der Unterhaltungsindustrie zu arbeiten, aber mit 21 Jahren suchte ich immer noch nach der richtigen Gelegenheit. Nach meinem Abschluss am Endicott College in Beverly, Massachusetts, sah ich sie – eine Chance, die mir dabei helfen konnte, von Punkt A nach B zu gelangen: der Wettbewerb zur Wahl der Miss USA. Ich recherchierte alles über diesen Wettbewerb, arbeitete hart, um mich darauf vorzubereiten, und nahm im Herbst desselben Jahres an der Wahl zur Miss Massachusetts teil, der Vorentscheidung zur Wahl der Miss USA. Ich studierte Videos von Schönheitswettbewerben (nein, ich mache keinen Witz!), übte intensiv, ernährte mich richtig, glaubte an mich selbst … und gewann! Klar war ich völlig aus dem Häuschen darüber, dass mein Traum Schritt für Schritt in Erfüllung ging.

An irgendeinem Punkt nach der Wahl zur Miss Massachusetts, als ich mich darauf vorbereitete, bei der Wahl zur Miss USA 2003 meinen Bundesstaat zu vertreten, begannen mein Freund, mit dem ich schon seit vier Jahren zusammen war, und ich heftig an zu streiten. Warum? Weil er mir sagte: »Warum machst du da mit? Du wirst sowieso nicht gewinnen.« Nun, es war nie mein Traum, eine »Miss so und so« zu sein, aber es war eine Riesenchance. Zur Miss USA gewählt zu werden wäre ein wichtiger Meilenstein, der mich dorthin bringen konnte, wo ich letztlich hinwollte. Die Medienaufmerksamkeit würde mir ausgesprochen helfen, mein lebenslanges Ziel zu erreichen, und das wusste er, daher war ich über seine Worte so schockiert.

Natürlich war ich zutiefst verletzt. Mein erster Gedanke war: »Wie kannst du es wagen, so etwas zu sagen? Das bedeutet mir so viel!« Aber das wirklich Coole ist, dass ich aufgrund meiner Erziehung zu einem unerschütterlichen Selbstvertrauen zum größten Teil einfach nur dachte, mein Freund irre sich gewaltig. Abgesehen davon, wusste ich aber, dass er mich so sehr liebte wie ich ihn, also wollte ich der Sache auf den Grund gehen und wissen, warum er etwas so Verletzendes und Entmutigendes gesagt hatte. Als ich ihm sagte, welche Gefühle sein Kommentar in mir ausgelöst hatte, entschuldigte er sich und gestand, seine Worte hätten nur seine eigenen Ängste widergespiegelt. Tatsächlich habe er das ausgeprägte Gefühl, ich würde gewinnen, zumal er meine starke Motivation erkenne. Er habe das nur gesagt, weil er Angst habe, wenn ich Miss USA würde, könne ich ihn für einen Prominenten verlassen.

Die Wahl zur Miss USA bedeutete, dass ich nach New York ziehen musste und ein Jahr lang ausgiebig reisen, Reden halten, bei öffentlichen Anlässen auftreten und mit Berühmtheiten auf Tuchfühlung gehen würde. Ich verstehe, dass das auf einen Mann bedrohlich wirken kann. Seine Angst, mich zu verlieren, hatte ihn in einem schwachen Moment zu diesem negativen Kommentar veranlasst.

Nachdem wir darüber gesprochen hatten, lernten wir beide an jenem Tag etwas sehr Wertvolles, nämlich dass, wenn Menschen sagen, dass sie nicht an dich glauben, es sehr gut möglich ist, dass sie sehr wohl an dich glauben, aber Angst haben, was dein Erfolg für sie bedeuten könnte. Ihre Zweifel haben nichts mit dir zu tun, sondern ausschließlich mit ihren eigenen Ängsten und Selbstzweifeln. Denk immer daran, dass die Menschen in deinem Leben da sind, um dich wichtige Lektionen zu lehren, unabhängig davon, ob sie dich unterstützen oder nicht. Wirf einen tiefen Blick in deine Seele und frage dich: »Was soll ich daraus lernen?« Ich glaube, dass jede Situation, ob sie gut oder schlecht ist, eine Lektion bereithält.

Ganz nebenbei ist der Freund in dieser Geschichte inzwischen mein Ehemann und wir sind schon seit elf Jahren zusammen. Wir sprechen

> über alles und sind immer ehrlich, was unsere Gefühle angeht. Damit
> geben wir uns gegenseitig eine unglaubliche Kraft und Unterstützung.

Egal, mit welchem Mentor du sprichst – ob es jemand aus deinem Berufs-
oder Privatleben ist –, denk immer daran, dass seine Meinung dir nur als
Orientierung dienen soll. Deine Mentoren sind auch Menschen und ihr Rat
gründet oft auf ihrer persönlichen Erfahrung. Das ist genau, was du willst!
Aber aus demselben Grund solltest du deine eigenen Werte und Ziele nicht
aus dem Blickfeld verlieren. Insbesondere wenn du mit engen Angehörigen
oder Freunden sprichst, könnte es sein, dass sich ihr Rat mit ihrer Zuneigung zu dir und ihrer Sorge um dich mischt. Wie in Susies Fall kann es unter Umständen Momente geben, in denen ihre Meinungen sogar von Neid,
Angst oder Furcht verzerrt ist. Denk dich in deine Mentoren hinein, bleib
wachsam und horche in dich selbst hinein, bevor du irgendeinen Rat be-
folgst. Schließlich ist es dein Lebensweg und du bist die, die in letzter Ins-
tanz für ihre eigenen Entscheidungen geradestehen muss.

Was mich betrifft, ist meine Mutter eine meiner größten Mentorinnen
in meinem Leben, weil es keine Frau gibt, die mich besser kennt, und ihre
unermessliche Lebenserfahrung hält bei Bedarf immer eine Lektion bereit.
Ich werde nie vergessen, als ich zum ersten Mal Liebeskummer hatte. Damals war ich sechzehn Jahre alt und dachte, die Welt gehe unter. Ich weinte
hysterisch in meinem Zimmer, als meine Mutter mit einem Lächeln hereinkam und sagte: »Mein Liebes, auch das geht vorbei. Ich weiß, das kannst du
dir jetzt nicht vorstellen, aber vertraue mir.« Dann rieb sie mir den Rücken
und erzählte mir von ihrem ersten Liebeskummer und dass sie damals auch
gedacht habe, sie würde nie wieder einen Mann kennenlernen, den sie mehr
lieben würde als den, der sie verlassen hatte. Dann erzählte sie mir, wie sehr
sie sich mit dieser Annahme geirrt habe, und erinnerte sich an all die »Lieben ihres Lebens« (ja, im Plural). Trotz allem, was ich mit sechzehn Jahren
glaubte, behielt sie recht und ich verliebte mich irgendwann neu. Und ja, als
ich wieder einmal Liebeskummer hatte, war sie da, um mit mir die Scher-

ben meiner Liebe aufzusammeln, und erinnerte mich erneut daran, dass es für mich mit der Liebe trotzdem nicht vorbei sei und jede neue Beziehung neue und aufregende Abenteuer sowie wichtige Lektionen mit sich bringen würde.

Der Rat meiner Mutter ist von unschätzbarem Wert, nicht weil sie eine Prophetin, Psychologin oder ein Genie ist, sondern weil sie das alles selbst schon erlebt hat. Es gab Zeiten in ihrem Leben, in denen sie sich hoffnungslos, verwirrt, einsam oder überfordert fühlte, aber immer schaffte sie es, ihr Lebensschiff sicher durch die aufgewühlte See zu steuern, und hat in den Momenten, in denen ich selbst in schwere See geraten bin, stets guten Rat für mich. Ihre Worte sind nicht immer die perfekte Lösung für mein Leben, aber sie bieten mir immer eine neue Sichtweise.

Meine Mentorenliste

Meine Mutter ist meine Lieblingsmentorin in allen Lebensbereichen. Sie rufe ich immer als Erstes an, und sie ist die Person, der ich am meisten vertraue. Gemeinsam mit anderen Mitgliedern meiner Familie ist sie Teil meines großartigen »Rat der Weisen«. Achte darauf, dass ich meine Liste sowohl mit männlichen als auch mit weiblichen Mentoren, die eine Vielfalt an persönlicher und beruflicher Erfahrung abdecken, aus allen Bereichen meines Lebens ausbalanciere. Das ist ein gutes Beispiel für die Vielfalt, die deine Mentorenliste widerspiegeln sollte. Nachfolgend sind einige Details über jeden Einzelnen aufgeführt, damit du dir überlegen kannst, welche Menschen in deinem Leben diese Rollen ausfüllen können und nach welchen Eigenschaften du Ausschau halten solltest. Natürlich habe ich noch wesentlich mehr Mentoren, und das wird dir im Lauf deines Lebens auch so gehen. Erstelle zuerst die Liste an Rollen und Positionen, die du abdecken willst, und suche dir dann die passenden Leute dazu.

Daddy Jones (mein moralischer Kompass)

Mein Vater ist mein erster Ansprechpartner, wenn ich weiß, dass mir jemand etwas sagen muss, was ich wahrscheinlich nicht hören will. Er ist mein moralischer Kompass und die Person, die dafür sorgt, dass ich mit beiden Beinen auf dem Boden bleibe. Du kennst diese Momente, in denen du weißt, dass du etwas tust, das du wahrscheinlich nicht tun solltest, oder du kurz davor bist, etwas zu tun, dass eigentlich nicht richtig ist, nicht wahr? Das sind die Momente, in denen ich mit meinem Vater spreche, weil er mir nicht erlaubt, dass ich eine Ausrede für das suche, was ich vorhabe, wenn ich innerlich weiß, dass ich richtigerweise etwas anderes tun würde. Mein Vater ist der Mentor, der darauf achtet, dass ich – wie er sagen würde – jemandem »in die Brust schieße« und nicht in den Rücken.

Aber was soll ich sagen?
Wenn ich mit meinem Mentor spreche

Es kann leicht passieren, dass einem die Worte fehlen, wenn man seinem Mentor zum ersten Mal gegenübersitzt. Hier einige beispielhafte Fragen, die du stellen könntest:

Wer waren deine/Ihre persönlichen Helden, als du/Sie noch jung warst/waren? Und heute?

Welches ist dein/Ihr Lieblingstraum aus der Kindheit?

Welche Person in deinem/Ihrem Leben hat/te den größten Einfluss auf dich/Sie?

Wie hast du deine/Wie haben Sie Ihre Mentoren ausgesucht? Wie hast du/haben Sie sie angesprochen? Wie oft setzt du dich/setzen Sie sich mit ihnen zusammen?

Was erfüllt dich/Sie in deinem/Ihrem Leben mit dem größten Stolz?

Was war der größte Fehler, den du/Sie beruflich und privat gemacht hast/haben? Was hast du/haben Sie daraus gelernt?

Welches ist deine/Ihre größte Stärke? Was bereitet dir/Ihnen Probleme?

Was hat dich/Sie heute Morgen gestresst aufwachen lassen? Wie gehst du/gehen Sie mit Druck, Stress und hohen Erwartungen um?

Wie sieht dein/Ihr üblicher Tagesablauf aus?

Ich bin (dein Alter) Jahre alt. Wenn du/Sie noch mal so alt wärst/wären wie ich, welchen Rat würdest du/würden Sie dir selber/sich selber aus deinem/Ihrem heutigen Wissen und Erfahrung geben?

Was inspiriert und motiviert dich/Sie persönlich und beruflich? Was tötet deinen/Ihren Geist?

Wofür möchtest du/möchten Sie anderen Menschen in Erinnerung bleiben?

Hast du/haben Sie ein persönliches Motto? Wo hast du/haben Sie es dir/sich angeeignet?

Welche Ziele verfolgst/verfolgen Sie derzeit? Hast du/haben Sie einen Plan, wie du/Sie sie erreichen willst/wollen?
Wie bringst du/bringen Sie Arbeit und Privatleben in Einklang? (Stell diese Frage insbesondere dann, wenn du mit einer toughen Geschäftsfrau sprichst, die neben ihrem Beruf auch Kinder hat.)

Illy
(mein Integritätswächter)

Illy ist einer meiner besten Freunde und einer meiner wichtigsten Mentoren in allgemeinen Lebensfragen. Er sorgt dafür, dass ich nicht von meiner Bestimmung in diesem Leben abweiche, und zwar nicht einmal für eine Sekunde. Wenn ich Selbstzweifel habe und mir Sorgen mache, ob ich es wohl schaffe, meine Ziele zu erreichen, dann erinnert mich sein beständiger Ansporn, »Natürlich wirst du das«, an mein Selbstvertrauen. Er sorgt dafür, dass ich nie aufgebe, faule Kompromisse eingehe oder mich auf meinen Lorbeeren ausruhe. Punkt. Er zieht mich stets zur Rechenschaft und redet mir selten nach dem Mund. Er ist methodisch, steht zu hundert Prozent für Integrität, Charakterstärke, Entschlossenheit, ungezügelte Kreativität und bedingungslose Zuneigung.

Seth
(Vertreter der männlichen Sicht)

Ich habe so viel aus seinen Ratschlägen und seiner Fähigkeit, Prioritäten zu setzen, zu managen und kreativ Möglichkeiten, von deren Existenz ich auf beruflicher und privater Ebene nicht einmal geahnt habe, zu erforschen, gelernt. Er ist ein Prachtexemplar von einem Mann, beruflich ein funkelnder, facettenreicher Diamant (und hat obendrein ein großartiges Gespür für Mode). Er kämpft für Frauen und unterstützt, liebt und ermutigt sie. Seine und Evas (seine Frau) Entscheidung, zwei wunderbare Kinder zu adoptieren, ist auch eine Erinnerung daran, dass Mitgefühl keine passive Eigenschaft, sondern etwas ist, dass sich in konkreter Handlung ausdrückt. Ich bewundere ihn beruflich fast genauso wie persönlich, und das will sehr viel heißen.

Emmy
(meine Seelenverwandte)

Sie ist meine beste Freundin und Mitgründerin von »I Am That Girl«. Emily ist meine Seelenverwandte, und so wie Frannie (meine beste Freundin aus Kindertagen) hilft sie mir, einen Sinn in der Welt zu erkennen. Das Gute ist, dass sie anders als die meisten Freunde bereit ist, klar zu ihrem Standpunkt zu stehen und mir zu sagen, was sie wirklich denkt und fühlt, und das ist nicht immer das, was ich eigentlich gerne hören würde. Wir sind Yin und Yang, Gegensätze auf vielen Gebieten, aber die Stärke der einen gleicht oft die Schwäche der anderen aus. Emily glaubt an mich und gibt mir den Mut, Dinge zu tun, die ich ohne sie vielleicht nie gewagt hätte. Tatsächlich sage ich oft: »Sie ist die Methode zu meiner Verrücktheit« und ohne sie wäre »I Am That Girl« heute nicht das, was es ist.

»He«
(mein Superheldenkumpel)

Ich nenne Dave »He« und er nennt mich »She«, weil wir als Kinder He-Man und She-Ra liebten und immer sagten, wir wären die Geschwister Superhelden. Dave ist der Typ, den *jeder* in seinem Team braucht, weil er zu denen gehört, die die beste Arbeitseinstellung haben, die ich kenne, und mich daran erinnert, dass niemand die Dinge besser macht als ich. Außerdem ist er einer meiner wichtigsten Unterstützer bei der Aufgabe, meinen Glauben an mich selber nicht zu verlieren. Er und seine Frau haben diesen Glauben wiederhergestellt, als ich im Chaos meines Privat- und Berufslebens in einer Stadt wie Los Angeles den Überblick verloren hatte. Dave erinnert mich immer an das große Ganze, daran, dass ich vor allem anderen meinen Glauben, meine natürliche Anmut, mein Mitgefühl, meine Demut und Freundlichkeit aktiv lebe. Er erinnert mich daran, immer das Beste von anderen zu denken und selbst im Haifischbecken Los Angeles stets das zu tun, was richtig ist, und nicht das, was einfach oder bequem ist.

Ara
(mein absolutes Postergirl)

Sie ist die große coole Schwester, von der ich immer geträumt habe, während ich mit vier älteren Brüdern aufwuchs. Ara ist die Frau, der ich in vielerlei Hinsicht nacheifere. Sie hat mich viel gelehrt über Arbeitsmoral, aussagekräftige Handlungen, die Modewelt (sie ist die bestimmt bestgestylte Frau, die ich kenne) und professionelle Durchsetzungsfähigkeit, ohne auf Feminität und Anmut zu verzichten. Sie lehrte mich, sich im Leben für die Menschen, die man liebt, wirklich einzusetzen und umgekehrt das Gleiche zu erwarten. Meine Bewunderung für Ara ist unvorstellbar groß und eines Tages, ob ihr das bewusst ist oder nicht, werden wir bei irgendeinem Vorhaben zusammenarbeiten, und das wird gigantisch sein.

Hance
(mein Traumerschaffer und Feuermacher)

Hance ist ein *ganz großer* Träumer, der in seinem Terminkalender Zeit findet, mit mir notfalls sechs Stunden beim Kaffee zusammenzusitzen. Wir sind die Mann/Frau-Version voneinander und nur wenige Menschen verstehen mich so gut wie er. Er ist meine nie enden wollende Inspiration und fordert mich mit Fragen wie dieser heraus: »Warum nicht du, Jones?« Oft glauben wir, unsere engste Vertraute müsse jemand vom gleichen Geschlecht sein, aber oft sind es einfach ganz besondere Menschen, egal, ob sie männlich oder weiblich sind. Hance ist einer von ihnen, der mir hilft, meine Träume zu strukturieren und meinem Blick, der auf die Sterne gerichtet ist, Bodenhaftung zu verleihen, damit ich meine Ziele auch wirklich erreichen kann. Er bringt zu Ende, was er sich vorgenommen hat – genau wie ich –, und erinnert mich stets daran, dass es gut ist, dass ich so bin, wie ich bin. Zwischen uns herrscht die unausgesprochene Übereinstimmung, dass es in unserem vorherigen Leben schon eine Verbundenheit zwischen uns gegeben hat, und wir sind uns beide sicher, dass das auch für die Zukunft gilt.

Die hier Genannten sind einige der zahlreichen Mentoren, die meinen »Rat der Weisen« bilden. Jeder ist anders und alle zusammen bieten eine breite Palette an Erfahrungen, Fachwissen und Einflussmöglichkeiten auf mein Leben, aber jeder von ihnen ist für mich als Person unverzichtbar und wird es immer sein. Nur wenige Dinge sind so wichtig, wie dein eigenes Dreamteam an Menschen aufzubauen, die dir buchstäblich nicht erlauben zu scheitern.

Sauge Wissen und Weisheit auf wie ein Schwamm

Sich Mentoren zu suchen und von ihnen zu lernen ist der entscheidende Schritt zur Verwirklichung deiner Träume. Gewöhne dir an, Menschen, denen du vertraust, um Rat und Hilfe zu bitten. Wenn du irgendeinen Traum hegst und dir mehr Wissen darüber aneignen solltest oder fürchtest, vor erfahreneren Menschen als Ignorantin dazustehen, ist es besonders wichtig, dass du dir angewöhnst, dir den Rat anderer einzuholen. Ich habe eine sehr kluge Frau, Professor Adler-Baeder, gefragt, was sie sich zu Beginn ihrer beruflichen Laufbahn gewünscht hätte, von einem Mentor zu lernen, und das war ihre Antwort:

> **FRANCESCA ADLER-BAEDER, PHD** (Professorin für Menschliche Entwicklung und Familienstudien an der Auburn University und Direktorin des Zentrums für Kinder, Jugend und Familie): Wovon ich mir wünsche, jemand hätte mir das in meinen Zwanzigern gesagt? Finde dein eigenes Tempo. Niemand hat das je erwähnt. Im Gegenteil – die Botschaft an vielversprechende junge Frauen lautet, ein Leben auf der Überholspur zu führen. Ergreife alle Chancen, arbeite so hart, wie du kannst, entwickele und nutze alle Talente, die dir gegeben wurden, und setze sie ein, um Großes in der Welt zu leisten. Wem viel gegeben wurde, von dem wird viel erwartet, nicht wahr? Ich gehöre zu dieser ersten Generation, die diese Art »Ansporn« auf vielen Ebenen erhielt – auf gesellschaftlicher Ebene, auf der Familien- und Freundesebene und auch was meine Erwartungen an mich selbst angeht. Nachdem wir uns von den klassischen alten Mustern weiblicher Betätigung entfernt hatten, die sich zumeist auf Heim und Herd konzentrierte, wie es uns unsere Mütter vorgelebt hatten, erschlossen wir uns eine neue Welt in Form der Berufstätigkeit – zu Hause und außerhalb –, wobei die meisten von uns bestrebt waren, unsere Lebensläufe so vollzupacken, wie es nur irgend ging.

Das ist meine einzige Klage über die Befreiung der Frau. So gut gemeint, aber mit dem Ergebnis, dass wir im Eiltempo einen täglichen Terminplan absorbiert haben, der die Grenzen zwischen Arbeit und Privatleben verschwinden lässt. Bei näherem Hinsehen würde man feststellen, dass wir eigentlich rund um die Uhr arbeiten. Wir empfinden einen (heimlichen) Stolz über die Länge unseres vollgestopften Lebenslaufes und die Zahl der Aufgaben auf unserer täglichen To-do-Liste. Wir führen Gespräche mit anderen berufstätigen Frauen, in denen wir uns gegenseitig die völlig absurde Zahl an Arbeitsstunden vor Augen führen, die wir absolvieren; den Umstand, dass wir unter chronischem Schlafdefizit »funktionieren«, sowie unsere grauenhaften Ernährungsgewohnheiten. Und das ist nicht als Klage oder Hilferuf gemeint, sondern dient eher dazu, mit der schieren Last, die wir bewältigen, anzugeben und andere zu beeindrucken.

Ich kann förmlich fühlen, wie mein Stresspegel steigt, wenn ich nur an die leidenschaftliche, fokussierte, energiegeladene junge Frau denke, die ich zwei Jahrzehnte lang gewesen bin, und ich habe Mitgefühl mit ihr. Ich denke an dich und die Art junger Frau, zu denen du gehören musst, um dieses Buch zu lesen. Ich kann deine Energie und Leidenschaft und deinen Antrieb spüren, etwas in der Welt zu bewegen. Ich möchte dich bei den Schultern packen, dich lange umarmen und sagen, mach langsam. Gönne dir genug Schlaf, treibe Sport, ernähre dich gut, verbringe Zeit mit deinen Freunden und schaffe dir Freiräume zum Nachdenken als Teil deiner täglichen Routine und nicht nur bei besonderen Gelegenheiten. Das ist auch Teil deiner Arbeit. Wenn du das nicht tust, ist die Gefahr, dass du zwischen Mitte vierzig und fünfzig an deine emotionalen und körperlichen Grenzen gerätst, sehr groß. Ich spreche aus Erfahrung. Wenn du die Diagnose Brustkrebs erhältst, wirst du von Millionen unterschiedlichen Gedanken und Gefühlen überwältigt. Ich habe durch meine eigenen Recherchen festgestellt, dass die Vorhersage einer Krebserkrankung oder irgendeiner anderen schweren Erkrankung ein komplexes Puzzle ist, in dem viele Faktoren eine Rolle spielen. Es gibt keine lineare Kausalität und auch keine einzelne Ursache. Aber ich weiß, dass mehrere dieser Mosaiksteinchen meiner Kontrolle unterliegen, nämlich all die Entscheidungen, die mit meinem Lebensstil zu tun haben, und das sind die, die meine Kortisolspiegel niedrig halten und mein Immunsystem stärken.

Während ich meinen unzähligen Leistungen und Errungenschaften hinterherjagte, sagte ich immer – und das meinte ich wirklich so –, ich sei nicht gestresst (im psychologischen Sinne). Ich liebte meine Arbeit und war einfach nur sehr beschäftigt. Das Problem ist, dass der Körper »beschäftigt« als Stress empfindet. Mein Terminkalender sieht heute ganz anders aus als noch vor fünf Jahren, und ich bin damit nicht alleine. So viele meiner weiblichen Kollegen sind »aufgewacht« und haben diese einfache, aber wichtige Wahrheit entdeckt. Arbeite weniger. Es wird immer noch genug sein. Denn es ist sehr wahrscheinlich, dass du dadurch ein längeres, dauerhaft inspirierteres Leben haben wirst, in dem du deine Visionen umsetzen kannst. Du wirst die ganzen »Ich sollte« aus deinem Terminkalender und deinen Plänen streichen und dich auf »Ich möchte« konzentrieren. Du wirst in vielerlei Hinsicht und in großen wie in kleinen Dingen besser darauf achten, dass du bei anderen etwas bewirkst und dass auch kleine Dinge Großes bewirken können. Ich glaube, dass ein gemessener, regelmäßiger Lebensrhythmus dir und der Welt am Ende am besten dient.

Frag Äsops Schildkröte, ob sie sich als Gewinner fühlt.

Es gibt Menschen wie Francesca, die bereits das tun, was du noch vorhast, die sich viele Gedanken über ihre eigenen Lebensentscheidungen machen und gerne bereit sind, sie mit dir zu teilen. Finde diese Menschen, finde heraus, was sie getan haben, studieren jeden Aspekt ihres Lebens, und wenn sie die Zeit haben, dann bitte sie, dein Mentor zu werden. Erfinde nicht das Rad neu, irre nicht alleine durch das Dunkel, in dem du über tausend Hindernisse stolperst. Wenn du etwas wirklich willst, dann setze es um.

Aus den Fehlern anderer zu lernen ist kein Betrug, sondern bedeutet, dass du die Vorteile des Systems nutzt. Vertraue mir, du wirst auch so noch genug Fehler im Leben machen. Wenn du hie und da einige vermeiden kannst, dann kommst du einfach nur schneller und mit weniger Blessuren an dein Ziel.

Auf diesem Weg können dir andere Menschen helfen. Es fühlt sich gut an, etwas zurückgeben zu können. Du bietest ihnen also genauso eine Chance, wie sie dir eine bieten. Ihre Lebenserfahrung ist für dich wertvoll; sie ist wie eine geheime Anleitung mit tausend Abkürzungen für dein Lieblingsvideospiel, das dir in wenigen Minuten all die Tricks verrät, für deren Erlernen andere Monate brauchen. Das verschafft dir einen Vorteil und rüstet dich für die unglaublichen Lebensabenteuer, die auf dich warten. Deine Geheimwaffe ist das Repertoire an Mentoren, die du um dich scharen kannst; das Dreamteam, das du zusammenstellst. Sie sind deine größten Fans, dein Unterstützungssystem, deine Leitsterne, deine Schutzengel, deine Inspiration, dein Ansporn, sie ziehen dich zur Rechenschaft und einige werden dir dein ganzes Leben lang als Cheerleader dienen.

Stell also ein unschlagbares Team an Mentoren zusammen, die dich mit ihrer Weisheit überschütten, ihre Lebenslektionen mit dir teilen und dir die richtige Richtung weisen. Wir alle brauchen ein Team aus den besten, cleversten und talentiertesten Menschen um uns. Nimm dir die Zeit, innezuhalten und ganz bewusst und sorgfältig eine Liste an möglichen Mentoren zu erstellen. So wie ein frisch gewählter Präsident beim Regierungsantritt musst du ein Kabinett aus Experten zusammenstellen, denen du vertrauen kannst und die dir auf ihrem jeweiligen Fachgebiet Orientierung und Rat bieten können.

Finde sie, lerne von ihnen und saug ihre gesamte Weisheit auf. Ich kann natürlich nicht für deine Mentoren sprechen, aber ich bin mir sicher, jeder, den du darum bitten würdest, würde sich sehr geehrt fühlen, sich als dein Mentor bezeichnen zu dürfen.

KAPITEL 8

SEI FÜR ANDERE DA

»Wir sind nicht hier, um die Welt zu retten, sondern
uns selbst. Damit retten wir aber gleichzeitig die Welt.«
Joseph Campell

So zu sein bedeutet, die bestmögliche Version deiner selbst zu sein, das heißt perfekt fehlerhaft. Oft achten wir nur auf andere und glauben, »die andere« habe alles, was wir nicht haben, aber oft erkennen wir dabei nicht, dass das, was wir an anderen bewundern, in uns selbst existiert, wären wir nur bereit, das zu erkennen und diese Erkenntnis zu nutzen. Ich wurde in zahlreichen Interviews immer wieder gefragt, wie ich Schönheit definiere, und das kann ich in zwei Worten zusammenfassen: authentisches Selbstvertrauen. Es gibt nichts Schöneres auf der Welt als einen Menschen, der seinen Wert kennt und sich in seiner Haut wohlfühlt. Authentisches Selbstvertrauen hat man, wenn man weiß, wer man ist und wofür man steht. Dann bist du unerschütterlich, und das kann dir niemand nehmen.

Viele Frauen errichten eine Fassade der Perfektion und geben vor, sie wüssten alles, während sie in Wirklichkeit die gleichen Zweifel und Unsicherheit verspüren wie wir alle. Ich weiß, dass es Zeiten gegeben hat, in denen ich intensiv versucht habe, die unrealistischen und unerreichbaren Richtlinien für das Image von Perfektion zu erfüllen, und in denen niemand mein wahres Ich kannte, nicht einmal ich selbst. Ich war so damit beschäftigt, für alle anderen alles zu sein, dass ich nie ich selbst war. Die wahrhaft schönen Menschen leuchten so hell, dass du deinen Blick nicht von ihnen abwenden kannst, und das hat überhaupt nichts mit ihrem Äußeren zu tun. Ihre Augen verheimlichen nichts, ihr Selbstvertrauen strömt aus allen Poren, ihre Schönheit erstrahlt in ihrem Lächeln und ihr Charisma drückt sich in ihrem Lachen aus. Wir alle kennen solche Menschen, die eine derart kühne, kraftvolle Präsenz ausstrahlen, dass man sich einfach magisch von ihnen angezogen fühlt.

So zu sein bedeutet, dass du Fehler machen, deine Meinung ändern, neu beginnen und dich selber neu erfinden darfst. Wir alle haben die Möglichkeit, *so* zu sein. Diese Schönheit ist die Perle, die wir gelegentlich vergessen oder verlegen, aber nie verlieren. Die meisten von uns müssen sie suchen, sie entstauben und sie ein wenig polieren, aber sie ist immer und für immer der schönste Teil von uns. Sie ist zeitlos, unterliegt nicht der Schwerkraft, bekommt keine Falten oder grauen Haare.

So zu sein bedeutet einfach nur, sein Leben so gut wie nur irgend möglich zu leben, keine Ausreden oder Rechtfertigungen zu erfinden und die eigenen Ziele beharrlich zu verfolgen. Es bedeutet auch, ein Beispiel für wahre Schönheit in dieser Welt zu sein und alle anderen Frauen in deinem eigenen Leben dazu anzuspornen, es dir gleichzutun. *So* zu sein bedeutet, dass du ständig in der Veränderung und Weiterentwicklung begriffen bist; dass du bereit bist, verletzlich, fehlerhaft und voller Mitgefühl zu sein; dass du jemand bist, der stolpert und hinfällt, aber keine Angst hat, inmitten deiner Großartigkeit die eigenen Schwächen einzugestehen.

YAEL COHEN (Gründerin von FCancer): Als meine Mutter ihre Diagnose erhielt, war ich am Boden zerstört. Ich werde nie den kleinen Raum vergessen, in dem wir saßen. Die Wände waren zugepflastert mit CT-Bildern, und dort hörten wir zum ersten Mal, dass sie Krebs hatte. In diesem Moment brach ich zusammen.

Ich nahm mich dann schnell wieder zusammen, weil es so viel Arbeit gab und ich meiner Mutter das Leben retten musste. Dachte ich zumindest. Das klingt aus heutiger Sicht natürlich vollkommen lächerlich, aber damals war das eine ehrliche Reaktion auf eine Situation, von der ich einfach überfordert war.

Wochenlang rannte ich herum wie ein Huhn ohne Kopf und traf Vorbereitungen für die anstehende Operation. Nachts aber, wenn niemand da war, um mich abzulenken, und es nichts mehr zu organisieren gab, brach ich zusammen. Ich hatte das Gefühl, ich könne keinem Freund und keiner Freundin offenbaren, was ich durchlitt, deswegen weinte ich auch nie in Anwesenheit von Freunden oder Angehörigen. Das soll nicht heißen, dass ich überhaupt nie weinte. Ich weinte sogar sehr viel, aber nur, wenn ich alleine war. Die einzige Person, mit der ich immer alles bespreche, ist mein großer Bruder Ryan, auch dieses Mal. Damals lebte Ryan in London und die Zeitverschiebung betrug acht Stunden. Ich rief ihn zu allen Tages- und Nachtzeiten an und weinte hysterisch. Manchmal schluchzte ich nur wortlos ins Telefon. Ryan war der einzige Mensch, der mich jemals über die Krebsdiagnose meiner Mutter weinen hörte. Ich glaube, der einzige Grund, aus dem ich in der Lage war, mich aufrecht zu halten, war, dass ich spätnachts loslassen und buchstäblich auseinanderbrechen konnte. Ryan schaffte es am Telefon immer, mich wieder aufzubauen. Danke, großer Bruder.

Ich sage jedem, dass es in einer traumatischen Situation ganz natürlich ist, Angst, Trauer, Wut und Sorge – neben anderen Gefühlen – zu empfinden, die in unserer heutigen Kultur gerne als »negativ« bezeichnet werden. Für unsere mentale Gesundheit ist es jedoch lebensnotwendig, schreien und klagen zu dürfen: »Es ist so schrecklich!« Denn es ist nun mal einfach schrecklich. Allerdings war ich nicht in der Lage, meinem eigenen Rat zu folgen, und wollte weder weinen noch meine tiefe Trauer zeigen, weil ich dachte, ich müsse für meine Mutter ein Fels in der Brandung sein. Ich dachte: »Ich darf nicht weinen. Ich muss für sie stark sein.« Ich lag falsch. Ich musste dringend weinen und vielleicht hätte es meine Mutter gebraucht, mich weinen zu sehen.

Eines der wichtigsten Dinge, die ich im Verlauf dieser verrückten Zeit gelernt habe, die die letzten vier Jahre angedauert hat, war, dass man ehrlich zu sich selbst sein und um Hilfe bitten muss, wenn man sie braucht. Es ist so leicht, sich einzureden, dass es uns gut geht und dass wir alleine klarkommen. Ob es darum geht, mit einer schwierigen Situation fertig zu werden, mit einem Freund, der sich eben nicht als Freund entpuppt, einem Mann, der dich gar nicht verdient, oder einer Situation, die dir Unbehagen verursacht – wir müssen zuallererst uns selbst gegenüber ehrlich sein, bevor wir anderen gegenüber ehrlich sein können.

Mir fiel es schwer zuzugeben, wie schmerzhaft es für mich war zu hören, dass meine Mutter krank war. Ich dachte, da nicht ich die Patientin war, hätte ich kein Recht, mich schwach zu fühlen, sondern müsse stark sein. Zu lernen, Schwäche zeigen zu dürfen, war wirklich das Stärkste, das ich tun konnte. Es half mir nicht nur dabei, meine Wunde zu heilen, sondern auch, eine Bewegung zu gründen, die vielen hunderttausend Menschen an einigen ihrer schlimmsten Tagen des Lebens geholfen hat.

Wie ich im Verlauf dieses Buches immer wieder erwähnt habe, beginnt dein Weg zu deinem schönsten Ich damit, dass du zuhörst und erkennst, was *du* im Leben willst, egal, ob es um die nächste Woche, den nächsten Monat oder das nächste Jahr geht. Und vergiss nicht, dein Unterstützungsteam anzurufen, selbst wenn dieses Team nur aus einer einzigen Person besteht, damit es dir hilft, deine Gedanken und Gefühle zu sortieren. Höre dir ihre Geschichten an, denk über ihre Ratschläge nach, und egal, ob sie für dich geeignet sind oder nicht, werden sie dir Hinweise auf den richtigen Weg liefern. Andere Menschen bieten uns oft auf unerwartete Weise Orientierung, und die ersehnte Weisheit offenbart sich immer in irgendeiner Form. Vielleicht ist es nicht genau die Weisheit, auf die du gehofft hast, oder sie kommt in anderer Form, als du erwartest hast, aber sie findet ihren Weg zu dir. Sie wird deinem Herzen genau das mitteilen, was es wissen muss, und deine Schritte in die richtige Richtung lenken, wenn du es nur zulässt.

Meine Mutter ist immer die Erste, an die ich mich wende, wenn ich das Gefühl habe, ich bin von meinem Weg abgekommen oder mir fehlt Kraft. Vielleicht ist es ihr Mitgefühl, ihre Widerstandskraft, ihre aus eigener Kraft gewonnene Verfassung und ihre geradezu kindliche Begeisterung für das

Leben, die mich täglich aufs Neue inspirieren. Vielleicht ist es gerade wegen ihrer Lebensumstände – ihre Herkunft aus kleinen Verhältnissen, die Erfahrung, missbraucht worden zu sein, zu heiraten und mit sechzehn schwanger zu werden, als Alleinerziehende fünf Kinder aufzuziehen und allen Widrigkeiten die Stirn zu bieten –, jedenfalls ist sie eine Kriegerin in Zivil und jemand, zu dem ich immer aufblicken werde. Wie auch immer, ich kann nicht über das Konzept »So zu sein« sprechen, ohne die Frau zu erwähnen, die mich dazu inspiriert hat. Das Komische ist, dass sie auf meine Bitte, auch etwas für dieses Buch zu schreiben, große Augen machte und sagte: »Ich glaube nicht, dass ich etwas Wichtiges zu sagen habe.« Mom, das sehe ich anders. Ich möchte hier einen Teil ihrer Weisheit zu Wort kommen lassen, die mir in all den Jahren so geholfen hat. Nachfolgend einige kostbare und kluge Gedanken meiner Mutter über die Dinge, die in diesem Leben am wichtigsten sind.

CLAUDIA MANN (meine Mutter, meine Heldin): Im Alter von 16 Jahren heiratete ich und wurde schwanger. Mein Mann ging am anderen Ende des Landes aufs College, während ich bei meinen Eltern lebte, die letzten beiden Jahre an der Highschool in einem Jahr absolvierte und unser Kind bekam. Dann folgte ich ihm ans College, arbeitete, machte den Haushalt und zog unser Kind groß, während er ausschließlich studierte. Vier Jahre später waren wir geschieden. Zu dem Zeitpunkt hatte er ein vierjähriges Studium vorzuweisen, während ich gerade einmal meinen Sekretärinnenposten hatte und kaum genug verdiente, um den Kindergarten, die Wohnung, Essen und mein Auto zu bezahlen. Ich schloss mein Studium mit 43 Jahren ab.

In den vier Jahren meiner Ehe lernte ich sehr viel. Zuallererst: Heirate nicht und werde nicht schwanger, solange du selbst noch ein halbes Kind bist. Werde erwachsen, mach deine Ausbildung, und solltest du dennoch während des Studiums heiraten, sorge dafür, dass ihr beide mit einem Diplom die Uni verlasst, auch wenn es ein bisschen länger dauert.

Sei stets ehrlich zu dir selbst und zu anderen. Vertrauen wiederherzustellen ist viel schwieriger, als Vertrauen zu erhalten, indem man sich einfach vertrauenswürdig verhält.

Sei immer pünktlich. Die Zeit eines jeden Menschen ist genauso viel wert wie deine. Wenn sich die Chance für einen Aufstieg oder eine Jobempfehlung bietet, werden sich die Menschen daran erinnern, dass du immer pünktlich und zuverlässig gewesen bist. Dein Name wird ganz oben auf ihrer Liste stehen.

Lerne, Nein zu sagen, und meine es auch so. Bleib dir immer treu. Mein Vater sagte einst, wenn du fünf Leute um Rat fragst, wirst du fünf Antworten bekommen. Finde heraus, was du willst. Du kannst es nicht jedem recht machen; mit etwas Glück kannst du es dir selber recht machen, zumindest meistens. Vertrau deiner eigenen Meinung.

Blicke den Menschen in die Augen, wenn du mit ihnen sprichst, und höre ihnen zu. Höre aufmerksam zu. Ein guter Zuhörer ist wesentlich wertvoller als ein guter Redner. Sei selbst ein guter Freund, und du wirst feststellen, dass du umgekehrt gute Freunde haben wirst. Ich habe festgestellt, dass ein wahrer Freund derjenige ist, den ich anrufen kann, wenn mein Auto in Tennessee eine Panne hat, und seine einzige Frage lautet, wo ich bin, und der sich auf den Weg macht und den ganzen Weg von Texas nach Tennessee fährt, um mir zu helfen.

Vergiss nicht, dass du ein Mensch bist. Du wirst Fehler machen. Lass nicht zu, dass sie dich bestimmen.

Unser Lebensweg ist wie ein Fluss. Er ist ein beständiger Fluss, der mal schneller und mal langsamer fließt und gelegentlich ins Stocken gerät. Du musst das Leben als Ganzes betrachten. Du kannst nicht einzelne Fehler oder Leistungen herauspicken und sagen: »Das ist alles, was oder wer ich bin.«

Verschwende keine Zeit mit Reue und Bedauern. Das ist eine rückwärtsgewandte Haltung, die sich auf Situationen konzentriert, die du ohnehin nicht mehr ändern kannst. Lerne aus deinen Erfahrungen und kehre zur Tagesordnung zurück.

Nimm dir Zeit für Freunde und Familie. Arbeite hart und versuche, in allem, was du tust, dein Bestes zu geben. Wenn du an einem Hamburgerstand arbeitest, dann mach den besten Hamburger der Welt, und wenn du ihn deinem Kunden überreichst, gib ihm das Gefühl, als hättest du den ganzen Tag darauf gewartet, dass er vorbeikommt.

Liebe, liebe, liebe. Liebe dich selbst, deine Familie und Freunde, liebe das Leben und die viele Segnungen, die es für dich bereithält. Sei für jeden Tag dankbar. Sei freundlich und bereit zu verzeihen. Lerne loszulassen. Wenn du dich an etwas festklammerst, verhinderst du, dass sich dir Chancen für die Zukunft bieten.

Die falsche Art von Schönheit

Meine Mutter versucht nicht, sich an irgendeine Vorstellung von Perfektion anderer Menschen anzupassen, und das ist vielleicht die wichtigste Lektion, die ich je von ihr gelernt habe. Trotz all der Hürden und tiefen Täler, die sie auf ihrem Weg überwunden hat, und all der Ausreden, die sie hätte finden können, um sich nicht bemühen zu müssen, trotz der Versuchung, mit der Begründung aufzugeben, sie habe im Leben einfach schlechte Karten gehabt, weigerte sie sich, klein beizugeben. Sie ließ nie zu, dass ihre Misserfolge oder ihre Erfolge ihre Persönlichkeit bestimmten; sie ließ nicht zu, dass andere bestimmten, wer sie war; sie stand aufrecht, arbeitete hart und erinnerte uns alle daran, dass Schönheit keine Eigenschaft ist, sondern darin liegt, was man tut. Sie erinnert uns daran, dass authentisch und menschlich zu sein weitaus beeindruckender ist als die Plastikfassade künstlicher Perfektion. Sie erinnert uns daran, dass man Zufriedenheit, Selbstvertrauen und Freude nie in äußeren Dingen findet, sondern dass sie in einem selbst liegen. Ihre Botschaft ist eine, nach der wir alle lechzen, denn falls du es nicht bemerkt hast, uns geht es gerade nicht sehr gut.

Wohin ich auch blicke, sehe ich Kampagnen für spindeldürre Models, ein weiteres Starlet, das erneut in die Entzugsklinik muss, und die Nachrichten aus der Unterhaltungsbranche feiern Opulenz, Reichtum, Ruhm und ein spezielles Schönheitsideal, als wäre das unsere Lebensmission. Ich lese die Statistiken über zunehmende Essstörungen und einen Anstieg der Mobbingfälle, die inzwischen bereits in der Grundschule auftreten. Ich sehe, wie sich meine Freunde mit sogenannten Partnern begnügen, von denen sie überhaupt nicht respektiert werden, weil sie lieber irgendjemanden an ihrer Seite haben, als alleine zu sein. Ich bin von jungen Frauen umgeben, die kaum essen oder sich bei jedem Bissen so schuldig fühlen, dass ihre negativen Gedanken ein kraftvolles Leben verhindern. Ich sehe Konsumrausch und den allgegenwärtigen Druck, dass immer alles noch größer und besser sein muss.

Ich kann keine Gesellschaft mit Substanz erkennen. Ich sehe keine Gesellschaft, die sich durch Integrität und Zufriedenheit auszeichnet. Ich sehe keine Kultur, die junge Frauen für das feiert, was uns wirklich schön macht: ihre Persönlichkeit, sondern eine Gesellschaft, die uns fertigmacht, weil wir körperlich »nicht perfekt« sind. Ich sehe täglich eine Flut von Ablenkungen, die uns unsichtbare Fußfesseln anlegen, wo wir uns doch in den Himmel erheben sollten. Unsere enge Definition von Schönheit verlangt, dass junge Frauen Augenbrauen zupfen, Haare färben, bleichen, schneiden, sich rasieren, waxen, Diät halten, shoppen und sich auf immer und ewig misstrauisch und neidisch vergleichen. All das lässt uns keine Zeit, wirklich zu erstrahlen. Was wir nicht gemerkt haben, ist, dass wir in einen lebenslangen Schönheitswettbewerb gezwungen werden, den wir nie gewinnen können und an dem wir eigentlich auch nie teilnehmen wollten.

Ich bin es leid. Und glaube mir, ich war nie immun gegen diesen Konkurrenzkampf und bin es auch heute noch nicht. Auch ich muss immer wieder daran erinnert werden, dass mein Selbstwert nicht davon abhängt, ob meine Haare heute besonders toll aussehen oder ob ich diszipliniert Sport getrieben habe und dünn aussehe. Ich muss hart an mir arbeiten, um mich daran zu erinnern, dass ich großartig bin, ob ich nun fünf Pfund zu viel auf den Rippen habe oder einen Pickel im Gesicht, weil ich so bin, wie ich bin, und nicht, weil ich irgendwie aussehe. Die Hülle meines Körpers birgt das Kostbarste in seinem Inneren, und wie die Perle in einer Muschel ist unser wahrer Schatz unser schönes Herz.

In unserer heutigen Gesellschaft ist es nicht leicht, all die unrealistischen Erwartungen zu ignorieren, weil sie überall auf uns einprasseln und von allem, angefangen bei den Werbeplakaten auf der Straße, bis zu den Gesprächen mit unseren Freunden und unserer Familie, verstärkt werden. Wir müssen täglich kämpfen, um unseren angeborenen Wert zu erkennen, anstatt zuzulassen, dass unser Selbstvertrauen von der Zustimmung Dritter, unseren Handtaschen, Berufsbezeichnungen, Partnern oder Leistungen abhängt.

Für eine lange Zeit setzte ich mich selbst unter Druck, um aus diesem Dilemma herauszufinden. Ich wollte in der Lage sein, »das Problem« zu benennen, mit dem wir alle kämpfen. Warum können wir uns nie gut oder hübsch genug fühlen? Dann habe ich aber schnell erkannt, dass es keine »Medizin« gegen die Unsicherheit gibt, die uns heute alle plagt, geschweige denn ein Rezept, das jungen Frauen ein unerschütterliches Selbstvertrauen verleiht. Ich musste einfach nur das Gespräch auf dieses Thema bringen.

> *»Du glaubst, du bist das Problem, dabei bist du die Lösung. Du glaubst, du bist das Schloss an der Tür, aber du bist der Schlüssel, der sie öffnet. Zu schade, dass du immer jemand anderes sein willst. Du hast kein Auge für dein Gesicht und deine Schönheit. Dabei ist kein Gesicht schöner als deines.«*
>
> Rumi

Also hisste ich die weiße Fahne und schwenkte sie wild, damit alle sie sehen konnten. Ich gab auf. Ich kapitulierte. Ich stieg aus diesem Wettrennen um Perfektion aus und fragte mich: » Wer hat mich bei diesem Wettrennen überhaupt angemeldet?« Ich war's nicht. Ich glaube nicht, dass irgendeine von uns sich freiwillig gemeldet hat, aber irgendwie rennen wir alle mit und wissen nicht einmal genau, warum und in welche Richtung. Das Verrückte ist, sobald ich zu den Menschen in meinem Leben ehrlich war und aufhörte, so zu tun, als wüsste ich alles und hätte alles unter Kontrolle, fühlten sich diese frei, es mir gleichzutun.

Es war so, als könnten wir alle tief Luft holen und sagen: »Ja, es ist sehr ermüdend, immer so zu tun, als wären wir jemand, der wir nicht sind, und vorzugeben, alles wäre perfekt.« Und dann waren wir frei, über die Dinge zu sprechen, die wirklich wichtig waren. Wir konkurrierten nicht mehr länger in einem blödsinnigen Wettrennen, bei dem wir sowieso nie mitmachen wollten. Plötzlich waren wir Kameradinnen, Schwestern, die sich gegenseitig unterstützten, und fähig zusammenzuarbeiten, anstatt uns zu bekämpfen. Wir konnten über all die Dinge sprechen, die wir in dieser Welt tun wollten und empfanden uns nicht mehr gegenseitig als Bedrohung. Ich teilte meine Leidenschaften, meine Ziele und meine Ambitionen mit anderen Frauen, und sie erzählten mir von ihren. Und ich erkannte, wie engstirnig unsere Gespräch gewesen waren und wie unoriginell, bis ich das Handtuch geworfen und beschlossen hatte, nach anderen Spielregeln zu spielen. Ich wollte das Spiel der Weltveränderung spielen und andere Frauen finden, die sich mir anschließen wollten.

»I Am That Girl« organisierte eine Veranstaltung im Weißen Haus, an der eine Reihe höchst einflussreicher Frauen teilnahm. Bei so vielen tollen selbstbewussten und erfolgreichen Alphafrauen in einem Raum erwartete ich zugegebenermaßen gelegentliche Anflüge von Stutenbissigkeit oder Arroganz. Genau das Gegenteil war jedoch der Fall.

Wie bei einem Duell aus einem alten Western herrschte in den ersten Minuten unangenehme Stille. Doch dann ließ eine Frau nach der anderen die anstrengende Fassade der Perfektion fallen, nahm die schwere Rüstung und das Superwoman-Cape ab, das wir gegenüber der übrigen Welt tragen. Dann passierte das Magische, und das Authentische kam auf den Gesichtern zum Vorschein, nämlich als wir offen und aufrichtig über die persönlichsten Kämpfe unseres Lebens sprachen – die guten, die schlechten, die ruhmreichen und die richtig hässlichen. Die Egos lösten sich in Luft auf, der Stolz schwand und offenbarte unsere schönste Eigenschaft, das Mitgefühl.

Plötzlich fanden die Hollywoodstarlets, die einflussreichen Produzentinnen und Vordenkerinnen unserer Generation eine gemeinsame Basis, die nichts mit Berufsbezeichnungen und Modelabels zu tun hatte. Plötzlich waren wir so viel mehr als unsere eindrucksvollen Lebensläufe; wir hatten uns in eine Gruppe Frauen verwandelt, die sich geduldig die einzigartigen Lebensgeschichten der anderen anhörten, die alle von den unvermeidlichen Kämpfen und Triumphen, Liebesgeschichten und gebrochenen Herzen, Höhepunkten und tiefen Tälern geprägt waren. Am Ende fühlte ich mich von einer Gruppe Frauen inspiriert, die sich auf gegenseitige Unterstützung verpflichtet hatten, anstatt sich zu bekämpfen, und aufgrund dieser Selbstverpflichtung verließ jede Einzelne von uns das Weiße Haus als bessere Version ihrer selbst; ausgegraben, abgestaubt und bereit, sich wieder ins Getümmel zu stürzen.

Zur Hölle mit dem Stereotyp stutenbissiger Frauen, die sich gegenseitig angreifen und sich voneinander bedroht fühlen. Das mag für viele zwar immer noch Realität sein, ich glaube aber, dass die Frauen für eine neue Beziehung zueinander bereit sind, in der wir uns gegenseitig unterstützen und ansporn; in der wir uns gegenseitig inspirieren und herausfordern und zur Seite stehen, anstatt uns feindselig zu begegnen und böse Blicke zuzuwerfen. Wenn Frauen beschließen, sich zusammenzutun und ihre Kräfte zu vereinen, stehen, ihnen endlose Möglichkeiten offen. Wenn sie dagegen auf unproduktive Weise miteinander konkurrieren, werden die zersetzenden Gefühle unsere Treibstofftanks schwer belasten und uns am Ende ohne jede Energie am Straßenrand zurücklassen – und ohne Aussicht, irgendein Ziel zu erreichen.

Ich weiß, dass es möglich ist, dass Frauen sich gegenseitig stärken. Ich habe es erlebt und es ist atemberaubend. Es vergrößert jede phänomenal kraftvolle Eigenschaft, die uns einzigartig macht. Ich glaube an eine Welt, in der sich Frauen wertvoll fühlen, in der wir die Kühnheit besitzen, große Träume zu verfolgen, und Zugang zu den Mitteln und der Unterstützung haben, um diese Träume umzusetzen. Ich glaube an eine Welt in der die gläsernen Decken zerbersten, in der Stereotypen begraben werden, stutenbissige Blicke durch ein unterstützendes Lächeln ersetzt werden und Frauen überall daran erinnert werden, dass wir in derselben Mannschaft spielen. Ich glaube an eine Welt, in der Mitgefühl über das Ego siegt, eine Welt, in der Frauen sich wagemutig gegenseitig anspornen und als Ressource nutzen anstatt als Mittel zum Zweck.

Ich glaube, dass wir in einer einzigen Generation die Zukunft für junge Frauen drastisch verändern können und dass sich unsere Töchter und Enkelinnen nicht vorstellen können, dass wir irgendwann etwas anderes waren als unsere gegenseitigen größten Fans. Ich glaube, wenn man junge Frauen stärkt, dann verändert man die Welt. Ich fordere dich auf, mit mir zu träumen.

Der Feind sind wir

Der furchteinflößendste und schrecklichste Aspekt des Kriegs, in den wir derzeit verwickelt sind, ist der Kampf, den wir gegen uns selbst führen. Es ist schwierig, einen Feind zu besiegen, der dir jeden Morgen aus dem Spiegel entgegenblickt. Wir haben gelernt, so selbstkritisch und hart im Urteil gegen uns selbst zu sein, dass wir uns zu Gefangenen unserer eigenen Gedanken gemacht haben. Wir sind Gefangene unserer eigenen Gedanken und blicken überallhin auf unserer Suche nach Zustimmung und Wohlwollen – nur nicht in uns selbst. Es ist leicht, die Unterhaltungsindustrie und die Medien für ihre einseitige und objekthafte Darstellung von Frauen verantwortlich zu machen; wir können auf alle mit dem Finger zeigen, aber wenn ich ganz ehrlich zu mir selbst bin, weiß ich, dass die kleine Stimme in meinem Kopf die erbarmungsloseste Kritikerin meiner selbst ist, die mir ständig einredet, dass ich nicht genüge, dass ich scheitern werde, oder die mir so lange Angst einjagt, bis ich aufhöre, überhaupt etwas zu wagen.

Am Ende sind wir selbst für unsere Handlungen verantwortlich. Wir müssen aufhören, darauf zu warten, dass die Veränderung von außen kommt. Natürlich sind wir massiven äußeren Einflüssen, Erwartungen und Druck ausgesetzt, aber uns diesen Kräfte zu unterwerfen ist unsere Entscheidung. Deine größte Herausforderung liegt in den Tiefen deiner Selbstzweifel; in dem Teil deines Ichs, der einen halben Schokoladenkuchen in sich hineinstopft und dich dann von der Lüge überzeugt, du hättest keine Willenskraft, schließlich hättest du nichts dagegen tun können. Die wahre Herausforderung bist du selbst, der es an Integrität fehlt und die Handlungen ankündigt und sich dann selbst keine Rechenschaft über ihr Nichthandeln ablegen will. Dein größter Mobber bist du, die in den Spiegel blickt und sofort alle sogenannten körperlichen Mängel entdeckt und dich mit Worten verletzt: »Ich wünschte, meine Nase hätte eine andere Form, mein Bauch wäre straffer, mein Busen größer, meine Oberschenkel dünner.« Die unattraktivste Version deiner selbst ist die, die über andere Frauen herzieht, anstatt sie anzuspornen und zu ermutigen, und die in Begriffen wie »ich kann nicht« und

»unmöglich« redet. Am Ende müssen wir erkennen, dass der wahre Feind die Stimme in unserem Kopf ist, die uns sagt, wir wären unwichtig und ungenügend und könnten nie die Erwartungen erfüllen. Diese Stimme müssen wir zum Schweigen bringen.

Der Sieg über diese Feindin beginnt mit einem inneren Kampf, denn wenn wir nicht zum Kapitän unseres eigenen Lebensschiffes und zur Urheberin unserer eigenen Gedanken werden können, sind wir nur sprechende Papageien, die die Vorstellungen und Überzeugungen anderer nachplappern. Ja, unsere Denkmuster sind stark von unserer Kultur beeinflusst, aber ich gebe mich nicht damit zufrieden, eine weitere komatöse Barbie zu sein, passiv herumzusitzen und zuzulassen, dass alles so bleibt, wie es ist. Wir brauchen alle eine neue Programmierung, ein Update der Software in unserem Kopf.

JESS WEINER (Autorin und Social Messaging Strategist): Ich habe viel über meine Kindheit, die Aufregung, die intensiven Schmerzen und das Staunen geschrieben, die mit den unvermeidlichen Metamorphosen einhergehen, wenn deine Jungmädchenträume zur Erwachsenenrealität werden.

Ob es meine wundervolle Transformation von einem depressiven, von Selbstzweifeln geplagten und abnehmbesessenen Teenager in eine sensible, sich selbst liebende und halbwegs normale Frau war, eine Sache ist mir in meinen Zwanzigern und nun, da ich die dreißig überschritten habe, hinreichend klar geworden: Das Leben gibt dir immer, was du brauchst, aber nicht immer, was du willst.

In den Zwanzigern dachte ich, ich wolle Aufmerksamkeit. Aufmerksamkeit bedeutete Zustimmung. Zustimmung bedeutete Liebe. Und Liebe bedeutete, dass ich etwas wert war. Ich suchte diese Aufmerksamkeit, indem ich jedem Trend hinterherlief und mich ständig veränderte, um anderen zu gefallen, und – zugegebenermaßen – indem ich mich in einige herzzerreißende Liebesaffären stürzte. Aber am Ende konnte die

---

Aufmerksamkeit die große Leere in mir nie ausfüllen. Ich suchte nach einer Aufmerksamkeit, die, wie ich irgendwann lernte, einfach nicht von einem Kompliment, einer Beförderung und nicht einmal von einem Heiratsantrag kommen konnte.

In meinen Dreißigern fühlte ich, dass ich meinen Kopf höher tragen konnte, nachdem ich so einige Stürme überstanden, mir einige goldene Streifen verdient und einige schlimme Enttäuschungen überlebt hatte. Nun sollte mein Fokus auf der Erreichung meines inneren Gleichgewichts liegen. Aber auf dem Weg zu diesem Gleichgewicht merkte ich erst, wie sehr mein Leben aus dem Gleichgewicht geraten war.

Als Unternehmerin hatte ich meine Karriere zu meinem Hauptziel erhoben und musste nun darüber nachdenken, ob ich die Suche nach Aufmerksamkeit einfach durch ein hohes Arbeitspensum und berufliche Inanspruchnahme ersetzt hatte. Wenn Frauen beruflich ausgelastet und »in Anspruch genommen« sind, dann erhalten sie Anerkennung und Bestätigung. Ich schien in der olympischen Disziplin der Überkompensation um die Goldmedaille zu kämpfen.

Ich liebte meine Karriere. Ich hatte unglaubliche Erfolge erzielt, die mich wirklich mit Stolz erfüllten. Aber irgendetwas fehlte mir. Hatte ich das Gleichgewicht kompromittiert, um meinen Ehrgeiz zu befriedigen? Und gab mir das Gefühl, viel beschäftigt zu sein, das Gefühl, mehr geliebt zu werden? Würde ich in meinem Leben überhaupt genug Platz lassen, um die wahre Liebe hereinzulassen, wenn sie an die Tür klopfte? Wahre Liebe. Nicht die Art Liebe, die man in Kitschfilmen sieht, sondern die Art von Liebe, die dich zu Tiefgründigkeit bewegt, dich zwingt, erwachsen zu werden, und für eine echte Balance zwischen Arbeit und Spiel sorgt.

Doch bevor ich für irgendjemanden Platz schaffen konnte, musste ich erst einmal Platz für mich selbst schaffen. Denn egal, mit wem ich am Ende eine Beziehung haben würde, würde ich selbst immer *meine eigene vorrangige wahre Liebe* sein müssen.

Der erste Schritt zu einem liebevollen inneren Gleichgewichts besteht in einem Waffenstillstand zwischen dir und deinen Kindheitsängsten. Das sind die Ängste, die dich an die Vergangenheit ketten; die Ängste, die dir immer noch eine Überdosis Selbstzweifel verpassen und dich in alten Konzepten gefangen halten. Wenn du den Weg zu größerer Authentizität gehen willst, musst du herausfinden, wie du wirklich du selbst sein kannst.

Sei so kühn und wagemutig, deine eigenen Visionen zu träumen, deine eigenen Träume auszusprechen und dein eigenes Selbstvertrauen mit einer tiefen inneren Liebe zu verstärken. Einer Liebe, die von innen kommt und nicht von äußerer Aufmerksamkeit oder einem vollgepackten Terminkalener herrührt, sondern eine Liebe, die aus einem Leben in Ehrlichkeit, schonungsloser Selbstbetrachtung und milder Vergebung entsteht.

Das ist nicht leicht und dauert möglicherweise länger. Aber daraus entsteht eine Beziehung zu dir selbst, die die Mühe lohnt. Die gute Nachricht ist, dass du hier und jetzt mit dem Aufbau dieser Beziehung beginnen kannst. So wie Dorothy in *Der Zauberer von Oz* gibt es wirklich keinen Ort, der dem eigenen Zuhause vergleichbar wäre. Und es gibt niemanden, der so ist wie du. Dein wahres Zuhause ist ein Körper, der sich im Gleichgewicht befindet, ein wacher, suchender Verstand, ein authentischer Geist und ein gutes Verhältnis zu dir selbst.

Wenn wir uns darauf konzentrieren können, mehr von dem zu werden, was wir sind, entdecken wir womöglich, dass wir diejenigen sind, auf die wir selbst gewartet haben. Und dieses Warten lohnt sich.

Hör also auf, andere für die Hindernisse in deinem Leben verantwortlich zu machen oder dich selber dafür zu geißeln, dass du nicht irgendeinem lächerlichen Ideal entsprichst. Behandle dich selbst gut, höre aufmerksam zu und achte darauf, wer du bist. Wie Jess' Geschichte zeigt, kann es einige Zeit und Lebenserfahrung in Anspruch nehmen, bis du das nötige Selbstvertrauen und Verständnis für dich selbst entwickelt hast. Aber warum nicht jetzt gleich versuchen, die Lektion der Selbstliebe zu lernen? Es ist nie zu früh oder zu spät, um die Schützengräben zu verlassen, in denen du dich verbarrikadiert hast. Sei jeden Tag die erste und letzte Person, die dich unterstützt und dich um deiner selbst willen liebt. Warum sollte uns schließlich eine andere Person lieben, wenn wir uns nicht einmal selbst lieben?

Kämpfe für etwas, das größer ist als du

Es ist ein Luxus, sich darüber Sorgen zu machen, ob du in dieser oder jener Hose dick aussiehst, ob du über die neuesten Trends auf dem Laufenden bist oder wie es dir gelingt, dass dein neuer Schwarm auf dich aufmerksam wird. Ich hatte zuvor nie darüber nachgedacht, bis ich in Kambodscha arbeitete, wo ich mit Mädchen zu tun hatte, die nichts hatten. Ich beobachte, wie junge Mädchen um ihr Leben kämpften, wie sie mit acht Jahren zwölf bis vierzehn Stunden arbeiteten, um ihrer Familie zu helfen, den Lebensunterhalt zu verdienen. Nie habe ich mich so demütig gefühlt. Plötzlich fiel mir auf, dass ich sechs verschiedene Cremes für unterschiedliche Körperteile besaß, mehr als dreißig Paar Schuhe und genügend Kleidung, um ein Jahr lang jeden Tag ein anderes Outfit zu tragen. Ganz zu schweigen von einem Dach über meinem Kopf, ausreichend Nahrung und einer Familie, die mich liebt und beschützt.

Diese Mädchen hatten nichts und dennoch stammt eine der wichtigsten Lektionen, die ich je gelernt habe, von einer wunderschönen Fünfjährigen namens Srey No. Sie lehrte mich die Kunst der Wertschätzung. In den USA sind wir daran gewöhnt, unglaublich viel zu besitzen, aber die Konsequenz unserer konsumgetriebenen Mentalität ist, dass wir unfähig sind, unsere Besitztümer wertzuschätzen. Wir lernen, dass hinter jeder Straßenecke etwas noch Größeres und Besseres wartet. Ich erinnere mich daran, als ich Srey No zum ersten Mal einen Luftballon für zwei Cent kaufte. Sie hatte noch nie einen Luftballon gesehen, und während ich ihren kleinen Körper in den Armen hielt und ihre rechte Hand die dünne Schnur festhielt, leuchteten ihre Augen, während sie den schwebenden magischen Ball anstarrte. Es war so, als erlebte ich das Phänomen von Luftballons ganz neu, nur dieses Mal mit ihren Augen. Dieses unbedeutende Ding hatte gerade einmal zwei Cent gekostet, aber ich erkannte, dass Srey No mehr als den Luftballon als solchen vor allem das Gefühl genoss, geliebt zu werden, und dankbar war, von mir auf dem Arm getragen zu werden. Der Ballon war nur das Sahnehäubchen.

Als ich in Kambodscha mit diesen Mädchen arbeitete, machte ich mir keine Gedanken darüber, welche Kleidungsstücke ich vorteilhaft kombinieren könnte oder ob ich an diesem oder jenem Tag vielleicht zu viele Kalorien gegessen hatte, und ich blickte nie länger in den Spiegel als für die Dauer des morgendlichen Zähneputzens. Der Wert, den ich für diese Mädchen hatte, hatte weniger mit meinem Aussehen zu tun als mit meinem Herzen und der Art und Weise, wie ich ihnen das Gefühl gab, dass sie etwas wert waren. Ich war voll ausgefüllt von etwas weitaus Größerem als dem Versuch, irgendwelche Leute zu beeindrucken; ich war davon ausgefüllt, diese Mädchen zu lieben, ihnen grundlegende Gesundheitspflege beizubringen und sie dazu zu ermutigen, Schreiben und Lesen zu lernen. Mein Leben widmete sich einer viel größeren Sache als der Person Alexis Whitney Jones.

»Wie wunderbar ist es, dass niemand auch nur einen einzigen Moment warten muss, bevor er beginnen kann, die Welt zu verbessern.«

Anne Frank

Im Lauf der Jahre habe ich festgestellt, dass der einfachste Weg zu einer größeren Selbstzufriedenheit darin besteht, mich mit einer Person oder einer Sache zu beschäftigen, die größer ist als ich. Wenn ich so mein Ego, meinen Stolz und meinen Wunsch, andere zu beeindrucken, vergessen kann, finde ich echte Zufriedenheit und das authentische Selbstvertrauen, das mich erstrahlen lässt. Als ich beschloss, ein Leben zu leben, das sich meinen Mitmenschen widmet, anstatt mich selbst in den Mittelpunkt zu stellen, fühlte ich mich rundherum erfüllt. Das soll nicht heißen, dass mein Ego mir nicht trotzdem noch gelegentlich ein Bein stellt oder mein Stolz mich gelegentlich behindert, aber ich tue ganz gewiss jeden Tag mein Bestes, um mir Gedanken um andere Menschen zu machen.

Die lebensverändernde Erfahrung, die ich in Kambodscha machte, rüttelte mich aus meinem Dornröschenschlaf auf. Ich hatte mich von den glamourösen Hollywoodstorys beeinflussen lassen und geglaubt, wenn mein Körper die richtigen Maße hätte, meine Schuhe die richtigen Farben hätten und meine Handtasche die richtige Marke besäße, dann würde ich auch zur

Glitzerwelt gehören. Irgendwann dachte ich, ich hätte nun alles, fühlte mich aber immer noch schmerzhaft einsam und unsicher. Nach Reisen wie der nach Kambodscha wurde mir plötzlich klar, dass weder Ruhm noch Reichtum, noch Einfluss mir die gleiche Erfüllung bieten konnte wie die, die ich in Kambodscha empfand. Wenn wir uns kurzsichtig auf uns selbst konzentrieren – und damit meine ich nicht, dass man sich selbst voranstellt, sondern dass man sich eine Welt erschafft, in der man »die einzige Sonne im eigenen Universum« ist –, ist das ein sicherer Weg zur Selbstzerstörung. Du brauchst mehr als nur den richtigen Ehemann, perfekte Kinder, den Traumjob oder den perfekten Körper, um zu messen, ob du erfolgreich bist oder nicht. Wenn wir unsere einzigartige Leidenschaft entdecken und sie mit Zähnen und mit Klauen verteidigen, wenn wir unsere Ziele verfolgen, und zwar mit Herzblut, und wenn wir uns nicht nur für uns selbst, sondern vor allem für andere einsetzen, finden wir die Zutaten für aufrichtige Freude und das Gefühl der Ganzheitlichkeit.

BRITT DEBEIKES (Tochter, Schwester, Anwältin der Träumer): Ich erwischte ihn in flagranti mit einer anderen Frau. Der Mann, den ich liebte und mit dem ich eine Zukunft aufbauen wollte, brach mir das Herz und zog mir in Sekunden den Boden unter den Füßen weg.

Zuerst fuhr ich zu meinen Eltern und brach in den Armen meines Vaters zusammen. Er hob mich aus dem Fahrersitz meines Autos und trug mich ins Haus, wo er und meine Mutter die folgenden zwei Stunden ihr Bestes taten, um meinen hysterischen Weinkrampf zu beruhigen. Dann war es Zeit für mich, zurück in meine Wohnung zu fahren und ins Bett zu gehen und zu akzeptieren, dass ich am folgenden Tag aufwachen und einen neuen Tag in Angriff nehmen musste.

Als ich in meine Straße einbog, signalisierte mein Mobiltelefon den Eingang von zwei neuen Textnachrichten. Meine Freunde konnten noch nichts von den schrecklichen Ereignissen und meinem anschließenden großen Kummer erfahren haben, da das Ganze gerade einmal zwei Stunden her war. Ich griff nach dem Telefon und las mit tränenüberströmtem Gesicht eine Nachricht einer meiner besten Freundinnen vom College. Sie hatte sich soeben verlobt. Die nächste Nachricht stammte von ihrem neuen Verlobten, der mich zu einer Überraschungsverlobungsparty einlud, die er am folgenden Abend für seine Zukünftige organisieren wollte. Ich fühlte mich einfach nur leer und gebrochen und war zu nichts weiter in der Lage, als ins Bett zu kriechen und das Telefon auszuschalten.

Und das war der Beginn der besten Jahre meines Lebens.

Mein Bruder sorgte dafür, dass mir nicht die Tränen kamen, als er seinen Arm um meine Schultern legte und mich am folgenden Abend zu der Überraschungsparty begleitete. In den darauffolgenden Wochen erhielt ich überwältige Zuneigungsbekundungen, so wie ich sie noch nie kennengelernt hatte. Es war unglaublich, wie viele Leute auf mich zukamen und mir ihre Liebe und Loyalität bekundeten. Wenige Wochen nach der schicksalhaften Nacht traf ich die Entscheidung, mich in den folgenden sechs Monaten in den Dienst anderer zu stellen und all die selbstlose Zuneigung zurückzugeben, die ich empfangen hatte.

Meine erste Amtshandlung war der Erwerb eines Flugtickets, um alle engen Freunde im ganzen Land zu besuchen, weil ich aus erster Hand die Tiefe der emotionalen Unterstützung erfahren hatte, die aus physischem menschlichen Kontakt entsteht. Das ist eine Nähe, die sich einfach nicht durch eine E-Mail oder eine Textnachricht herstellen lässt.

Eine meiner langjährigen Freundinnen aus der Kindheit lebte damals schon fast zehn Jahre in Colorado und in all den Jahren war ich nur einmal zu ihr geflogen. Kurz zuvor hatte ich erfahren, dass sich ihre Eltern inmitten eines fürchterlichen Scheidungskriegs befanden, der reichlich Stoff für lokalen Klatsch bot. Meine Freundin behielt all ihre Kümmernisse völlig für sich und öffnete sich selbst gegenüber ihren engsten Freunden kaum, in der Hoffnung, auf diese Weise könne sie ihren Familiennamen vor dem Gerede der Frauen aus ihrem Ort schützen, die sich bei ihren Chardonnay-Mittagessen gerne über andere ausließen.

Ich besuchte sie und wir verbrachten ein Wochenende zusammen und ließen es uns richtig gut gehen Wir blieben lange auf, tranken viel Wein und hörten Musik. Tagsüber liefen wir bis mittags im Schlafanzug herum und verfolgten gebannt eine Marathon-Kuppelshow im Fernsehen. Am Nachmittag unternahmen wir mit ihrem Hund auf den Bergwanderwegen von Colorado lange Spaziergänge. Am letzten Tag aßen wir lange zu Mittag und plötzlich erzählte sie mir von den Kämpfen und den Schmerzen, die mit all den Veränderungen einhergingen, die sich allmählich in ihrer Familie vollzogen. Ich fühlte mich geehrt, dass sie sich mir gegenüber offenbarte, und tat mein Bestes, um sie aufzumuntern. Es lastete ein gewaltiges Gewicht auf ihren Schultern und ich versuchte intensiv, ihr diese Last, so gut es ging, zu nehmen.

Daneben gab es noch zahlreiche weitere Freunde, denen ich meine Zuneigung zeigen und moralische Unterstützung anbieten wollte, weil sie gerade mit großen Veränderungen oder Herausforderungen konfrontiert waren. Ich schrieb Briefe, buk Muffins und bastelte Geschenke aus meinem persönlichen Briefpapier, versehen mit einer Karte, auf der ich aufmunternde Worte schrieb und ihnen sagte, sie sollten immer mit den Menschen in Kontakt bleiben, die sie liebten.

Eine besonders schöne Erinnerung habe ich an einen Abend, an dem ich die Gelegenheit hatte, einer lieben Freundin und frischgebackenen Mutter ein Buch mit Briefen zu überreichen. Enge Freunde und Angehörige hatten diese Briefe geschrieben, während sie mit ihrem Sohn schwanger war. Darin drückten sie ihre Wünsche, Hoffnungen und Träume für sein zukünftiges Leben aus. Wir umarmten uns mit tränenfeuchten Augen, bevor ich ihr für einige Stunden die elterlichen Pflichten abnahm, sodass sie und ihr Mann ihren ersten schönen Abend zu zweit seit Wochen genießen konnten.

Meine Beziehungen gewannen an Stärke und Komplexität. Meine Bemühungen, anderen zu helfen, schlugen in bestehenden Freundschaften völlig neue Kapitel auf. Mit jedem Monat, der verging, fühlte ich mich wieder lebendiger.

Meine Absicht ist nicht, dich dazu anzuspornen, dich zu deiner eigenen persönlichen Zufriedenheit um andere zu kümmern. Vielmehr will ich dir einfach nur mitteilen, welche persönliche Befriedigung es mir gebracht hat, meine Gedanken von meiner inneren Befindlichkeit auf die Außenwelt abzulenken. Du kannst das natürlich als Aufruf verstehen, es ebenfalls auszuprobieren.

Ob du dich in einem weit entfernten Land um andere Menschen kümmerst oder wie Britt die Bande zu geliebten Menschen in deinem eigenen Land stärkst, suche dir einen Weg, auch anderen etwas zu geben. Insbesondere wenn du dich niedergeschlagen, festgefahren oder orientierungslos fühlst, ist das manchmal der beste Weg, um deinen Geist wiederzubeleben, in der Hoffnung, dass du darüber deine eigenen Sorgen und Routine vergessen kannst, indem du dich für etwas Sinnvolles einsetzt, das andere Menschen betrifft.

Meine abschließende Botschaft

Einst sagte mir jemand, die beiden wichtigsten Fragen, die man uns je stellen würde, lauteten: »Wen hast du geliebt?« und »Für wen hast du dich eingesetzt?« Die Idee ist, dass die einzigen Dinge, auf die es im Leben wirklich ankommt, die Menschen sind, mit denen du dich umgibst, und die Lebensphilosophie, die du verfolgst. Umgibst du dich mit negativen Einflüssen oder einfühlsamen, kreativen, freundlichen, herausfordernden und demütigen Menschen mit einem sozialen Bewusstsein? Bist du an dir selbst interessiert, an Geld, Prestige, Erfolg und Bestätigung von außen, oder willst du anderen dienen, einen Beitrag leisten, anstatt nur zu konsumieren, willst du deine Leidenschaft und deine Ziele verfolgen, anstatt in Autopilotfunktion durchs Leben zu dümpeln?

Wer willst du in diesem Leben sein? Ich würde mir wünschen, dass du die Courage besitzt, diese Frage zu beantworten, die Courage, dich selbst kennenzulernen und uneingeschränkt anzunehmen, an deine eigenen Träume zu glauben und dein Potenzial auszuschöpfen. Ich möchte, dass du das Leben deiner Träume führst, weil du bereit bist, dafür zu kämpfen. Ich möchte, dass du dein Glück und deine Zufriedenheit findest oder dich (wie einer meiner liebsten Freunde, Seth Matlins, sagt) »mehr besser fühlst«. Ich erwarte nicht, dass du die chaotischen, komplizierten und Angst einflößenden Stürme des Lebens vermeidest, sondern inmitten eines solchen Wirbelsturms das feste Vertrauen besitzt, dass dein kleines Boot niemals untergehen wird. Das Boot vollgelaufen? Schwankend im Sturm? Vielleicht sogar mit Schlagseite? Sicher, aber unsinkbar. Ich möchte einfach, dass du dich in deiner Haut wohl- und behaglich fühlst, dein Leben gemäß deinen Erwartungen steuerst und das Wort »unmöglich« aus deinem Wortschatz streichst.

Vor allem möchte ich, dass du dich auf deiner Reise stets daran erinnerst, dass du nicht alleine bist. Es gibt so viele von uns – genauer gesagt, eine ganze Generation – sowie Generationen vor und nach uns, die mit den gleichen Dingen gekämpft haben und mit den gleichen Dingen kämpfen werden wie du in diesem Augenblick. Es geht in unserem Leben nicht nur darum, wie wir die Welt verändern und der Geschichte unseren Stempel aufdrücken können, sondern vor allem darum, wer wir im Verlauf unserer Abenteuer und unseres täglichen Lebens sein wollen. Unser Leben ist viel einfacher und gleichzeitig viel komplizierter, als uns bewusst ist. Im Wesentlichen – das lerne ich gerade – geht es darum, dass wir jeden Tag eine neue Chance haben, etwas daraus zu machen. Gestern hat keine Auswirkungen auf heute, und was heute ist, ist kein Hinweis auf das, was morgen sein wird. Wir haben keinen Anspruch auf eine bestimmte Lebenszeit, also können wir nur lernen, die Kostbarkeit des Lebens sowie die Kostbarkeit unserer Beziehungen und Erfahrungen in diesem Augenblick wertzuschätzen. Ich glaube fest daran, dass ein gutes Leben bedeutet, dass man einfach schätzt, was man hat.

Das Leben ist eine Achterbahn mit Hochs und Tiefs und allen Phase zwischen den beiden Extremen. Es ist uns vorbestimmt, Großartiges, aber auch Enttäuschungen, Inspirierendes und Herausforderndes zu erleben, um alle Nuancen, die das Leben bietet, auszukosten. Einige Dinge werden uns zwar nicht schmecken, dafür werden andere umso köstlicher sein. Doch wie dem auch sei, wir werden das nicht erfahren, bis wir jede Situation erlebt haben; habe daher keine Angst vor Menschen, Erfahrungen, Chancen, Erfolg oder potenziellen Niederlagen, Liebeskummer und Enttäuschungen. All die Lektionen, die wir aus ihnen lernen, die Farbschattierungen, die wir auf unserer Palette an Lebenserfahrungen sammeln, und die Vielfalt der Zutaten, die wir auf unserem Teller aufhäufen, machen unsere Welt strahlender, interessanter und vielfältiger. Salzig, süß, bitter, würzig und fad; wir müssen alles ausprobieren. Wir *wollen*, denn Vielfalt ist der Herzschlag des Lebens.

Zwar betrachte ich mich als die größte »Anwältin des Träumens« der Welt, allerdings besteht deine größte Herausforderung darin, dass du deine eigene Traumanwältin bist, weil du in diesem Leben machen kannst, was du willst. Und rolle nicht mit den Augen, weil ich wie deine Mutter klinge, die dir sagt, dass dein langweiliges Fingerfarbenbild aus der dritten Schulklasse im Museum hängen sollte. Ich meine es so. Wenn du bereit bist, Opfer zu bringen, hart zu arbeiten, deine Integrität zu wahren und für deine Ziele zu kämpfen, kannst du deine wunderschönen Träume wahr werden lassen.

Vergiss nie, dass du wirklich großartig bist, egal, was du in diesem Leben leistest. In einer Welt, die davon besessen ist, was du tust, auf welchem Zeitschriftencover dein Gesicht erscheint, wie viel Geld du auf der Bank hast oder ob du eine Traumfigur hast, bin ich hier, um dich daran zu erinnern, dass du einfach toll bist, weil du bist, wie du bist.

Ich bin zwar nicht deine Märchenfee, die deine kühnsten Träume wahr werden lassen und all deine Probleme lösen oder mit einer einzigen Bewegung ihres Zauberstabs dein Leben auf wundersame Weise verändern kann, aber ich kann dir meinen unerschütterlichen Glauben an dich anbieten. Wenn du dich selbst nur für zwei Sekunden mit meinen Augen sehen könntest, würdest du sehen, wie unendlich wertvoll und geliebt du bist. Wenn du dich mit meinen Augen sehen könntest, würdest du keinen weiteren Augenblick deinen Wert, deine Schönheit oder dein Potenzial infrage stellen. Deine Ängste würden durch das Gefühl, geliebt zu werden, und deine Unsicherheiten durch Frieden und Selbstvertrauen ersetzt, die deine chronischen Befürchtungen zum Verschwinden bringen würden. Die Lügen, die man dir dein ganzes Leben lang erzählt hat, nämlich dass du nicht genügst, würden durch die Tatsache ersetzt werden, dass du absolut und rundherum außergewöhnlich bist. Deine neue Wahrheit würde lauten: »Ich habe genug, ich tue genug und ich bin genug.«

Mit einem unverwüstlichen, selbstbewussten Gefühl für deine eigene Persönlichkeit würdest du die Freiheit finden, nach der du gesucht hast, die Erlaubnis, die du dir selbst schon so lange erteilen wolltest – du wusstest nur nicht, wie du es anstellen sollst. Und dann, ganz ohne die Hilfe irgendeiner guten Fee, wirst du die Fähigkeit haben zu fliegen. Du wirst Zeugin der Magie werden, zu der wir alle Zugang haben, und das Wissen erwerben, dass du und jeder andere in Wirklichkeit die Waffen sind, mit denen wir all die großen Herausforderungen meistern können, die unsere Welt, unsere geliebten Menschen und uns selbst bedrohen. Deine Kleidung wird sich in ein Superheldenkostüm verwandeln, über dessen Existenz du dir immer sicher warst. Zu wissen, wer du bist, wofür du stehst, für deine Ziele zu kämpfen, neue zu entdecken und zu verfolgen, kann ein inspiriertes Leben bedeuten, das es wert ist, dass du jeden Morgen aufwachst. Unsere Träume sind nur möglich, wenn wir unsere eigene Großartigkeit akzeptieren und das verzagte Mädchen in uns zur toughen Frau werden lassen.

Wenn du an diesem Punkt bist, wirst du erkennen, dass die Sache, über die du so lange nachgedacht, die du von allen Seiten betrachtet und von der du geträumt hast, *tatsächlich* möglich ist. Ob das die Gründung deines eigenen Unternehmens ist, die Bewerbung an deiner Traumuniversität, der Umzug in ein fremdes Land, um deiner Liebe zu folgen, die Kündigung deines Jobs, der Beginn des Sporttrainings, von dem du schon so lange gesprochen hast, der lang ersehnte Besuch einer Tanzschule oder einfach nur die täglichen zehn Minuten Meditation – wenn all diese Dinge möglicherweise nicht passieren, liegt das nur daran, dass du nie den Sprung ins kalte Wasser gewagt hast. Hör also auf, Ausreden zu erfinden, glaube an dich und deine Fähigkeiten und sage dir, dass du es wert bist, deinem Traum eine echte Chance zu geben, und zwar nicht in einem Jahr, einem Monat oder in einer Woche; nicht wenn du genug Geld hast, den richtigen Partner triffst oder sich die richtige Tür öffnet, sondern *jetzt gleich*. Die Welt braucht dich, weil du einfach großartig bist. Hol also tief Luft und pack den Stier bei den Hörnern.

Lass die Vergangenheit los, lebe im Hier und Jetzt, und mach dir keine Gedanken über das, was kommen mag. Wirf die ewigen Bedenken über Bord, breite deine Flügel aus und fliege, meine Liebe, weil du dazu auserkoren bist, dich in den Himmel zu erheben. Du wurdest in diese Welt geboren, um deine einzigartige Berufung zu finden, dich selbst und die Menschen in deiner Umgebung zu lieben und die Welt einfach nur dadurch ein klein wenig schöner zu machen, dass es dich gibt. Es ist deine Bestimmung, deine Leidenschaft zu finden und sie mit ansteckender Begeisterung zu verfolgen, weil du von innen leuchtest. Du sollst träumen und deine funkelnden Träume wahr werden lassen, damit am Ende eines langen Lebens der kleine Verbindungsstrich zwischen deinem Geburtsdatum und deinem Sterbedatum auf deinem Grabstein für eine Frau steht, die im Leben alles gegeben hat.

Ich brauche dich, du brauchst dich, die Welt braucht dich, wir alle brauchen dich als tougheste, couragierteste und durchsetzungsfähigste Version deiner selbst, also finde sie und erinnere sie daran, dass sie jeden einzelnen Tag mit aller Kraft glänzt.

Meine einzige Bitte lautet:

Misch diese Welt auf und sei *so, wie du bist!*

»I AM THAT GIRL«

Es gibt kaum etwas, das mich mehr inspiriert, als eine Gemeinschaft – eine sogenannte Community – zu bilden. Der Begriff »Gemeinschaft« hat irgendwie etwas Akademisches, so als beziehe er sich auf die Arbeitsteilung bei Urvölkern: Die Männer jagen und erbeuten, und die Frauen »bilden eine Gemeinschaft«. Die schiere Zahl an Büchern, Artikeln, Texten, statistischen Fokusgruppen und Studien über die Bedeutung von »Gemeinschaft« und »Zugehörigkeit« würden dir Schwindel erzeugen. Natürlich hätte ich sämtliche Philosophien zitieren können, die sich damit beschäftigen, warum es wichtig ist, einen Kreis von Menschen um sich zu scharen, in dem man willkommen ist, und das Ganze mit Statistiken über die negativen Auswirkungen auf das menschliche Selbstvertrauen, die das Fehlen einer solchen Gemeinschaft auslöst, unterfüttern, aber ich führe lieber eine Unterhaltung mit dir, als dich zu belehren.

Die Wahrheit ist, dass es auf der Hand liegt, dass das Leben besser ist, wenn man Freunde hat, die es mit einem teilen. Wie viele Filme alleine stützen dieses Argument? Immer ist es der beste Freund oder die beste Freundin, die einem aus der Patsche hilft und dem Ganzen ein anderes Gesicht gibt, die einem die Liebeskummertränen trocknet und tröstet und irgendwie immer genau weiß, was sie sagen muss, um eine untröstliche Freundin aufzumuntern. Wenn ich auf die Gründung von »I Am That Girl« zurückblicke, war das die unbewusste, aber leitende Kraft hinter dieser Idee. Lange Zeit hatte ich auf die Frage, warum ich »I Am That Girl« anstieß, eine sehr eloquente und lange Antwort parat. Die wahre, knappe Antwort lautet: weil ich es brauchte. Ich brauchte eine Gruppe an jungen Frauen, die mir dabei halfen, einen Sinn in diesem Leben und der Welt zu erkennen, ja eine Gemeinschaft, der ich mich zugehörig fühlen konnte.

Nachdem ich in meinem ersten Jahr am College für eine Rolle in *Die Vagina-Monologe* ausgewählt worden war, verbrachte ich – soweit ich mich erinnere – geraume Zeit in einem Schockzustand. Mithilfe dieses progressiven Theaterstücks erfuhr ich von all den schlimmen Dingen, die Mädchen und Frauen auf der Welt angetan werden – Kinderheirat in Äthiopien, Genitalverstümmelung in Afrika und Säureattacken im Iran. Anstatt herumzuschreien und all meinen Freundinnen zu sagen, es sei unsere Pflicht als Frauen, etwas gegen diese schrecklichen Dingezu unternehmen, erinnere ich mich, dass ich einige meiner Freundinnen fragte: »Wusstest du davon? Ich hatte keine Ahnung.« Und fuhr fort: »Ich meine, wir unterhalten uns so viel über unwichtiges Zeug (Klamotten, Schuhe, Jungs, Filme, Klatsch etc.). Wie wäre es, wenn wir uns einmal die Woche über wichtige Dinge unterhalten würden? Wärt ihr interessiert? Würdet ihr kommen?« In der ersten Woche kamen die wenigen Frauen, mit denen ich zuerst gesprochen hatte. Nach einigen Wochen war die Zahl der Teilnehmerinnen an unseren Gesprächen schon deutlich gewachsen. Diese Frauen lechzten genau wie ich nach einer Gemeinschaft.

Einmal die Woche schlug ich ein Thema und eine Reihe von Fragen vor. Ob es wirtschaftliche oder soziale Probleme waren, Dinge, die vor Kurzem in der Tageszeitung standen, oder etwas, das in der Unizeitung stand, ich nahm diese Themen als Aufhänger für unsere Gespräche. Die Absicht war, über dieses Thema zu diskutieren. Ich stellte dann eine Reihe von Fragen und wir diskutierten darüber. Letztendlich war es so, dass, selbst wenn wir zunächst über die Dinge sprachen, auf die wir uns vorbereitet hatten, wir am Ende immer auf unser persönliches Leben zu sprechen kamen. Noch nie hatte ich so etwas erlebt. Da war diese riesige Gruppe an jungen Frauen, die sich sicher, anerkannt und akzeptiert fühlten. Es war so, als hätten all die jungen Frauen, die erschienen waren, sich gegenseitig die Erlaubnis erteilt, authentisch zu sein und ihre Maske abzulegen, die sie gegenüber der Außenwelt tragen.

Außerdem kamen auch junge Männer zu unseren Treffen, die damit zum Ausdruck brachten, dass sie ihre Lebensgefährtinnen unterstützten. Ich erkannte, dass wir alle normale junge Menschen waren, die wie alle anderen mit ihren Zweifeln und Unsicherheiten zu kämpfen hatten, aber in diesem Kreis konnten wir endlich offen darüber sprechen und uns gegenseitig unterstützen. Dieser heilige Raum bot die Gemeinschaft, über die ich in zahlreichen Klassen meines Anthropologieunterrichts gelesen hatte. Da waren nicht nur Sportler, Mitglieder verschiedener Studentenverbindungen, prämierte Hochleistungsstudenten, Einzelgänger oder die aus der Theatergruppe, sondern wir kamen aus *allen* Bereichen, und gemeinsam waren wir mehr als die einzelnen Stereotypen; wir waren Aktivisten. Obwohl wir alle eine unterschiedliche Weltsicht hatten, aus ganz unterschiedlichen Kontexten stammten und einen unterschiedlichen Lebensstil pflegten, kamen wir im Namen einer Sache zusammen, die größer war als wir selbst. Wir kamen zusammen als eine integrierende, ermutigende, bestärkende und inspirierende Gruppe an jungen Frauen und Männern, die ehrlich daran glaubten, die Welt verbessern zu können.

Und da wurde mir klar, dass wir nicht einfach eine Gruppe Studenten auf dem Campus sein konnten. Da musste noch viel mehr sein. Meine anfängliche Leidenschaft für die Stärkung junger Frauen begann hell aufzuleuchten, als ich die Veränderung sah, die sich in den jungen Frauen vollzog, weil sie nicht mehr alleine waren. Und vor allem sah ich die Veränderung bei mir selbst, jetzt, da ich mich einer derart besonderen Sache zugehörig fühlte. Dadurch wurden meine persönlichen Kämpfe zwar nicht weniger, aber erträglicher. Irgendetwas an der Bildung dieser Art von Gemeinschaft verlieh mir ein Gefühl von Sinn und Zweck, wie ich es noch nie zuvor empfunden hatte. Warum muss man erst eine schwere Sucht entwickeln, einen geliebten Menschen bei einem tragischen Unfall verlieren oder an Krebs oder einem anderen schweren Leiden erkranken, um eine Gruppe von Menschen um sich versammeln zu können, die einen unterstützen? Wo können alle jungen Frauen, die jeden Tag kleine und große Lebensprobleme zu bewältigen haben, Ansporn, Ermutigung und die Unterstützung anderer junger Frauen in ähnlichen Situationen erhalten?

Dieses Phänomen kam für mich zwar ganz überraschend, aber mir wurde klar, dass ich ganz genau wusste, was ich wollte im Leben. Ich wollte eine solche weltumspannende Gemeinschaft bilden, und ich würde sie »I Am That Girl« nennen. Ich würde lokale Initiativen ins Leben rufen. Und das würde eine coole Mischung aus Pfadfinderverband und Buchklub sein mit einem aktivistischen Element. Ich wusste nur, dass diese Art Gemeinschaft gebraucht wurde und ich ein besserer Mensch sein würde, wenn ich andere junge Frauen an meiner Seite hatte, sodass wir uns alle nicht so alleine fühlte.

Mein Weg zur Umsetzung dieser verrückten Idee führte mich zum Graduiertenstudium an die Universität, an der ich ein zweijähriges Programm absolvierte, das speziell auf meinen Plan, »I Am That Girl« zu gründen, zugeschnitten war. Jeder Kurs, den ich belegte, und jedes Projekt, mit dem ich mich beschäftigte, diente »I Am That Girl«, der Weiterentwicklung einer Idee, eines winzig kleinen Samenkorns, zu dem, was »I Am That Girl« heute ist. Nach der Uni und meinem verrückten Gastspiel in der Realityshow *Survivor* traf ich auf einer langweiligen Geburtstagsparty meine beste Freundin, und im Rahmen dieser Freundschaft lernte ich meine größte Lektion über Gemeinschaft.

Ich erinnere mich daran, als ob es gestern gewesen wäre, weil man nicht oft auf seine Seelenverwandte trifft – erneut vereint nach vielen Leben der gemeinsam bestrittenen Tänze und Kämpfe mit dem Ziel, die Welt ein wenig zu verbessern. Ich war gerade drauf und dran, mich von der Party zu verabschieden. Ich war müde und es war schon sehr spät. Als ich meine Handtasche nahm und mich auf den Weg machen wollte, kam plötzlich dieses quirlige Mädchen mit schwarzer Lockenmähne auf mich zu und sagte: »Alexis, oder?« Meine Reaktion auf diese sprudelnd quirlige Erscheinung war ein zögerliches und müdes »Jaaa«. Ihre enthusiastische Antwort lautete: »Oh, perfekt, ich bin übrigens Emily! Ich habe so viel von dir gehört. Geh nicht weg, ich bin gleich wieder zurück!« Zwei Sekunden später schob sie einen Stuhl an den Tisch, und der Rest ist Geschichte.

Sie fragte mich, was ich mache, und ich erzählte ihr von »I Am That Girl«. Über ihr Gesicht ging ein Leuchten und dann beschoss sie mich mit Fragen. Ich erzählte ihr, mein Büro befinde sich im Coffeeshop von Beverly Hills und sie könne jederzeit vorbeikommen und mir helfen. Ich ertrank in Arbeit, die ich vor der offiziellen Gründung von »I Am That Girl« noch erledigen musste, die nach meinem Auftritt in der Realityshow *Survivor* stattfinden sollte. All meine Freundinnen waren selbst viel zu beschäftigt gewesen, um Artikel für die Website zu schreiben. Jedenfalls tauchte meine neue Freundin bereits am nächsten Tag auf – neugierig und zu jeder Schandtat bereit. Sie war glücklich, mir helfen zu können, glücklich, einen Artikel schreiben, glücklich, egal, was machen zu können. Was es auch immer zu tun gab, sie tat es. Wir machen heute noch Witze darüber, wie viele verschiedene Jobtitel sie in unserem ersten gemeinsamen Arbeitsjahr hatte.

Bald wurde mir klar, dass unser neuer gemeinsamer Traum immer größer wurde und wir Unterstützung brauchten. Ich schrieb online eine Praktikumsstelle aus (in der Hoffnung, einige Reaktionen zu erhalten) und war völlig schockiert, als wir über dreihundert Bewerbungen bekamen! Wir führten viele Gespräche und entschieden uns schließlich für dreiundzwanzig Kandidatinnen, die von meiner Wohnung aus arbeiteten. Das Projekt nahm immer größere Ausmaße an. Emily half mir, »I Am That Girl« aufzubauen, und wenn ich nach sieben Jahren zurückblicke, muss ich sagen, dass ich es ohne sie niemals geschafft hätte. Und wir beide hätten es ohne die Unterstützung und die bedingungslose Liebe unserer Familien, das Engagement all unserer Praktikantinnen, Mentoren, Ratgeber und auch ohne unsere ewigen Kritiker nicht geschafft, denn alle waren das Brennholz, das das Feuer unserer Leidenschaft lodern ließ.

Es ist verrückt, auf die ursprüngliche Frage zurückzublicken, die diese globale Gemeinschft an jungen Frauen entstehen ließ: »Wir unterhalten uns so viel über unwichtiges Zeug. Was wäre, wenn wir uns über wichtigere Dinge unterhalten würden? Wärt ihr interessiert? Würdet ihr kommen?« Die Wahrheit ist, dass wir über wichtige Dinge sprechen, weil *wir* wichtig sind. Unsere Gedanken, Ideen, Zweifel, Ängste, Hoffnungen und Träume sind wichtig, und wir sollten einen Platz, eine Gruppe junger Frauen und Freundinnen und eine Gemeinschaft haben, mit der wir all das teilen können. Wir sollten einen Platz haben, an dem wir alle möglichen Ideen zusammentragen und austauschen können, wie wir alle zusammen die Welt verbessern können. »I Am That Girl« war eine Idee, mit deren Hilfe dieser Platz geschaffen werden sollte; etwas, das junge Frauen täglich daran erinnert (sei es mithilfe der sozialen Medien, unserer Kampagnen, Veranstaltungen, lokaler Initiativen oder auf irgendeine andere Weise, auf die du dich mit uns und für uns engagierst), dass sie einen ihnen eigenen Wert besitzen. Es sollte etwas geschaffen werden, das ihnen eine Gemeinschaft an gleichgesinnten jungen Frauen bietet, die auch *dir* dabei hilft, einen Sinn in deinem Leben und der Welt zu entdecken.

»I Am That Girl« ist größer geworden, als ich es mir je hätte vorstellen können. Emily und ich haben das Zehnfache unseres Einsatzes zurückerhalten. Es gab himmlische Hochs und einsame, frustrierende und herzzerreißende Tiefpunkte. Wir sind ins Weiße Haus marschiert, haben kleine Dorfkirchen besucht, wurden in prestigeträchtigen Presseorganen vorgestellt und haben unsere Vision mit obdachlosen Männern auf dem Bürgersteig vor Starbucks-Coffeeshops geteilt. Wir haben wie andere beste Freundinnen mit unseren Egos und unserem Stolz gehadert und erlebten größte Demut und Gnade. Ich glaube, die, die sich in dem Prozess, die Welt für Mädchen und Frauen verändern zu wollen, am meisten verändert haben, sind wir selber. Allein über meine bisherigen unternehmerischen Abenteuer, die vergangenen Jahre und die Höhen und Tiefen eines Start-ups könnte ich schon einen Roman schreiben, aber im Sinne dieses Buches ist die größte Lebenslektion, die ich nie vergessen werde und die mich und unsere Mission vorantreibt, die Lektion über die Bedeutung von Gemeinschaft.

Nachdem Emily und ich die vergangenen vier Jahre mit jungen Frauen an vorderster Front gekämpft haben, witzele ich immer, dass wir in dem Fach »junge Frauen« promoviert haben. Als hartnäckige Unternehmerin, die Emily nun einmal ist, wagte sie den Sprung in die Welt der Speaker und begann, mich für alle Veranstaltungen an allen Orten zu vermitteln, an denen man mich hören wollte. Ich habe in Milliionenstädten wie in kleinen Dörfern, vor den Pfadfinderinnen, in Harvard und vor der UNO gesprochen. Vom Innovationsgipfel der NASA über die Fashion Week in New York bis zum G8-Gipfel, von den Fidschi-Inseln bis nach Kanada – überall habe ich Vorträge gehalten. Ich bin auf der ganzen Welt aufgetreten. Und inmitten unseres Lebens als moderne Nomadinnen des 21. Jahrhunderts konntest du zwei Superheldinnen sehen, die ein Team bildeten und ihre Kräfte und Talente zusammenwarfen. Ich sagte immer mit einem Lachen, Emily verstehe meine verrückten, visionären Energieausbrüche, aber auch meine Unbeständigkeit und Erschöpfung. Sie glaubte an mich, als ich keinen Glauben an mich hatte, hauchte meinem Traum Leben ein und macht ihn sich zu eigen. Sie sorgte dafür, dass ich die Bodenhaftung behielt, als mein Kopf so mühelos und leicht in den Wolken schwebte. Emily und ich sind das ultimative Beispiel dafür, wie eine Gemeinschaft aus jungen Frauen aussehen kann und was sie alles möglich macht. Selbst wenn wir nur zu zweit wären, könnten wir so viel mehr erreichen als jede von uns alleine. Sie ist meine Schwester, meine Freundin und ein Elternteil unseres Babys »I Am That Girl«.

Zwar hat »I Am That Girl« als Ein-Frau-Projekt begonnen, aber schon bald wurden daraus zwei Frauen, und inzwischen haben Emily und ich daraus ein Projekt gemacht, an dem sich mehr als 100 000 Frauen weltweit beteiligen, und es wächst noch immer. Am Ende ist die Gemeinschaft das, worauf es im Leben wirklich ankommt. Eine Gruppe von Freunden, denen du vertraust, und eine Familie (ob sie mit dir blutsverwandt ist oder ob es eine selbst gewählte ist) verleihen dem ganzen Lebensabenteuer echten Wert. Ob himmelhoch jauchzend oder zu Tode betrübt, alles ist besser, wenn wir eine Kameradin, eine Kopilotin, eine beste Freundin, eine Seelenverwandte an unserer Seite haben. Emily ist mir all das. Sie und ich sind einzigartige Fäden, die zu dem Stoff »I Am That Girl« verwoben sind, und das Schöne ist, dass das für jede einzelne Person gilt, die sich beteiligt hat und sich noch beteiligen wird. *Wir* sind eine Organisation mit unzähligen Namen und Gesichtern – für dich und von dir geschaffen.

Zu lernen, sich in eine Gemeinschaft einzufügen und Teil des Ganzen zu sein, gemeinsam auf der Bühne zu stehen, das Mikrofon zu ergreifen und weiterzureichen, sein Ego zurückzunehmen, Menschen zu integrieren und die Krone der Bienenkönigin abzunehmen sind Herausforderungen, mit denen jede junge Frau konfrontiert ist. Bewusste Selbstlosigkeit und Rücksichtnahme zu praktizieren lohnt sich jeden Tag. Wir leben in einer Welt, die versucht, uns einzureden, dass wir niemanden brauchen. Wir leben in einer Welt, die von Bequemlichkeit bestimmt ist; und sich Zeit für andere zu nehmen und in andere Menschen zu investieren ist nicht immer bequem. Aber wenn wir nur noch darauf schauen, individuell schneller voranzukommen, vergessen wir, worauf es wirklich ankommt. Emily hat schon immer eine beneidenswerte Selbstlosigkeit gezeigt. Ihre Unfähigkeit, sich zu verschließen, hat mir oft Unbehagen verursacht, aber ihre Fähigkeit zur Bildung von Gemeinschaft ist so groß, wie ich es selten erlebt habe. Ich kannn noch so viel von ihr lernen und habe noch so viele Dankeschöns für sie auf Lager.

Ob du dich also an der Gemeinschaft von »I Am That Girl« beteiligst und an deinem Ort deine eigene lokale Initiative gründest oder nicht, versprich mir nur, dass du dich *irgendwo* einklinkst. Ein Nest bauen zu können, in dem man sich warm und sicher, geliebt und anerkannt fühlt, liegt uns Frauen im Blut; es ist Teil unserer DNA und unsere größte Stärke als weibliches Geschlecht. Unsere Superkraft liegt darin, dass wir Menschen lieben, bis wir sie wiedergefunden haben, bis sie ins Leben zurückkehren und ihre Träume wahr machen, und sie auch dann lieben, wenn sie sich bereitmachen für den Höhenflug.

Ich glaube, das Fundament der Gemeinschaft ist zerbrochen, weil wir uns haben einreden lassen, dass wir uns voneinander bedroht fühlen sollen, weil wir überzeugt wurden, dass wir Feindinnen sind und keine Freundinnen. »I Am That Girl« will das ändern. Die Gemeinschaft besitzt die Fähigkeit, die Welt zu verändern, weil zwei Menschen gemeinsam schon deutlich mehr erreichen können als jeder für sich alleine. Stell dir nur vor, was dann zehn, Hunderte, Tausende oder Millionen von Menschen bewirken können.

»I Am That Girl« sollte nie einfach nur eine webbasierte und lokale Non-Profit-Gemeinschaft sein. Das Ziel hinter meiner ursprünglichen Idee war, junge Frauen überall auf der Welt an ihren angeborenen Wert zu erinnern. Ich wollte junge Frauen anspornen und sie davon überzeugen, dass sie absolut die Macht besitzen, ihre Ziele zu verfolgen, Magie zu erzeugen, ihre leidenschaftlichen Träume zu verwirklichen, den Funken für eine Veränderung zu entfachen, die Welt zu inspirieren und so hell zu strahlen, dass die Menschen ihren Blick nicht von ihnen abwenden können.

Mein einziges Ziel mit »I Am That Girl« war, *dich* daran zu erinnern, dass du einfach toll bist und einfach nur *sein* musst. Denn, meine Liebe, falls es heute noch niemand zu dir gesagt hat, du bist mehr als genug.

QUELLEN

Kapitel 1: SEI LEIDENSCHAFTLICH

Eve Ensler, *The Vagina Monologues*.

Alle, die mehr über Jackie Tohns Musik wissen wollen, finden Informationen unter www.jackietohn.com. Mir gefallen besonders der Song und das dazugehörige Video von »Got It In Me«. Leicht und luftig, wunderschön und sehr inspirierend!

Kapitel 2: DU BIST DAS WICHTIGSTE

Julie Shannan ist stellvertretende Direktorin einer tollen Organisation namens »Girlstart«, die junge interessierte Frauen in den Bereichen Wissenschaft, Technologie, Ingenieurswesen und Mathematik stärkt. Besuche ihre Website unter www.girlstart.com. Dort findest du alle relevanten Informationen.

Der Film *Die Braut, die sich nicht traut* mit Julia Roberts und Richard Gere macht auf perfekte Weise die Gefahren deutlich, die damit verbunden sind, das Leben zu leben, das andere für dich ausgesucht haben (okay, es ist die Hollywoodversion dieser Gefahren, aber du verstehst schon, worauf ich hinauswill). Ich liebe besonders die Szene, in der Julia in ihrer Filmrolle als Maggie ganz viele verschiedene Möglichkeiten ausprobiert, Eier zuzubereiten, nachdem ihr klar geworden ist, dass sie sich immer an ihre jeweiligen Partner angepasst und sich dabei derart von sich selbst entfremdet hat, dass sie nicht einmal mehr weiß, wie sie ihre Eier am liebsten isst. Natürlich hat die Geschichte ein Happy End, dennoch enthält sie eine wichtige Botschaft. Viel Spaß!

Im Jahr 2011 veröffentlichte Gina Rudan ein beeindruckendes Buch mit dem Titel *Practical Genius: The Real Smarts You Need to Get Your Talents and Passions Working for You*.

Leon Neyfakh, *The Power of Lonely: What We Do Better Without Other People Around*, Boston Globe, 6. März 2011.

Ich stieß auf Neyfakhs Artikel durch einen Post mit dem Titel »The Hard Facts: The Benefits of Alone Time« vom 23. März 2011, der in Rachel Bertsches Blog (www.mwfseeking.bff.com) erschien. Rachel schreibt dort eine Menge interessante Dinge – sieh dir Research Wednesday an! – und hat ein tolles Buch mit demselben Titel geschrieben. Danke, Rachel!

Kapitel 3: MACH ERNST

Gretchen Rubin, die Bestsellerautorin von *Das Happiness-Projekt* und *Happier at Home*, empfiehlt eine Strategie für die Inangriffnahme großer Projekte, die sie als »15 Minuten Leiden« bezeichnet. Lies Gretchens Blogeintrag vom 17. Mai 2011 und sieh dir das Begleitvideo an unter www.happiness-project.com/happiness_project/2011/05/sufferfor-fifteen-minutes.

Kapitel 4: MACH DICH UNBELIEBT

Geh auf YouTube und schau dir Remi Nicoles Musikvideo zu ihrem Song »What Is Your Dream?« an: www.youtube.com/watch?v=JTkwSL1jWv8.

Kapitel 5: SEI WAGEMUTIG

Sheryl Sandberg, »Why We Have Too Few Women Leaders«, Rede auf der TED-Women-Konferenz im Dezember 2010. Sieh dir Sheryls herausragendes Video auf der Website von TED an: www.ted.com/talks/sheryl_sandberg_why_we_have_too_few_women_leaders.html.

Drei meiner Lieblingsjungs und guten Freunde gründeten eine Non-Profit-Organisation, um den endlosen Krieg in Uganda zu beenden und die Kindersoldaten des Rebellenführers Joseph Kony zu befreien. Informiere dich unter www.invisiblechildren.com.

Adam Braun ist einer der inspirierendsten Menschen, die ich kenne, und das gilt auch für seine Lebensgeschichte. Informiere dich über »Pencils of Promise« unter www.pencilsofpromise.org, wenn du ein Herz für Kinder und ihre (Aus)Bildung hast.

All diejenigen, die sich für die Länder der Dritten Welt interessieren und mithelfen wollen, den Dörfern Zugang zu sauberem Trinkwasser zu verschaffen, sollten sich unter www.charitywater.com über meinen Freund Scott Harrison und »Charity Water« informieren.

Penny Abeywardena leitet das »Girls and Women Program« der »Clinton Global Initiative«. Sieh dir ihre Website an unter www.clintonglobalinitiative.org, um mehr über die zahlreichen Initiativen zu erfahren, die die Stiftung ins Leben gerufen hat, und dich zu informieren, wie du dich daran beteiligen kannst.

Mein Freund und Sportkamerad Yogi Roth hat immer unterhaltsame und inspirierende Dinge vor. Informiere dich unter www.yogiroth.com und lies mehr über sein aufregendes Leben und seine Karriere in seinem Buch *From PA to LA*, erschienen im September 2010.

Kapitel 6: SEI WIDERSTANDSFÄHIG

Wenn du Pixars Kurzfilm von 2003 mit dem Titel *Boundin'* noch nicht gesehen hast, dann schau ihn dir jetzt an. Der Film wurde von dem Animator Bud Luckey erdacht und umgesetzt und ist ein großartiger Muntermacher, wenn du dich niedergeschlagen fühlst oder einfach nur etwas zum Lächeln möchtest.

Kapitel 7: SAUG ALLES AUF WIE EIN SCHWAMM

Nicholas D. Kristof und Sheryl WuDunn, *Die Hälfte des Himmels: Wie Frauen weltweit für eine bessere Zukunft kämpfen.*

Seth Matlins, mein Mentor und Freund, gründete mit seiner Frau Eva die coole und inspirierende Website www.feelmorebetter.com. Ihre selbst gewählte Mission lautet: »Es Mädchen und Frauen auf dieser Welt zu erleichtern, glücklich zu sein.« Ziemlich beeindruckende Sache.

Kapitel 8: SEI FÜR ANDERE DA

Brené Brown, »The Power of Vulnerability«, Rede, die er im Juni 2010 am TedxHouston gehalten hat. Sieh dir dieses witzige und inspirierende Video auf der Website von TED an: www.ted.com/talks/lang/en/brene_brown_on_vulnerability.html.

WEITERE QUELLEN

Videos

Gib bei YouTube »I Am That Girl« ein (www.youtube.com/iamthatgirl) und sieh dir tonnenweise beeindruckende, inspirierende, unterhaltsame, hysterische und erkenntnisreiche Videos an. Nachfolgend eine kurze Liste an Videos, die mir besonders gut gefallen haben:

The Finish Line:

www.youtube.com/watch?v=OrTtDxd-4iY

Simon Sineks TED-Vortrag mit dem Titel »How Great Leaders Inspire Action«:

www.ted.com/talks/simon_sinek_how_great_leaders_inspire_action.html

Eve Enslers TED-Vortrag mit dem Titel »Embrace Your Inner Girl«:

www.ted.com/talks/eve_ensler_embrace_your_inner_girl.html

Aimee Mullins TED-Vortrag mit dem Titel »It's Not Fair Having 12 Pairs of Legs«:

www.ted.com/talks/aimee_mullins_prosthetic_aesthetics.html

Nike Women, » Keep Up« mit Sofia Boutella:

www.youtube.com/watch?v=gguOffpsImU&list= PL3CA7E13F6BD2AB02&index=13

Bethany Hamilton:

www.youtube.com/watch?v=MWeOjBCi3c4&feature=player_embedded

»I Will Wait for You« der Dichterin Janette ... IKZ:

www.youtube.com/watch?v=igCj3jsbcqs&list= PL36C38C120DA9E059&index=7

Flawz von Caitlin Crosby

www.youtube.com/watch?v=R_PpRpYME10

»Are you Happy Now?« Musikvideo von Megan und Liz

www.youtube.com/watch?v=Lq3iagZzloU

The Girl Effect

www.youtube.com/watch?v=WIvmE4_KMNw

Bücher

Hier eine Liste einiger meiner derzeitigen Lieblingsbücher. Die Liste ist endlos, aber diese würde ich wirklich empfehlen:

Eat, Pray, Love von Elizabeth Gilbert

Practical Genius: The Real Smarts You Need to Get Your Talents and Passions Working for You von Gina Rudan

What Do You Want to Do Before You Die? Von The Buried Life, Ben Nemtin, Dave Lingwood, Duncan Penn und Jonnie Penn

Dokumentarfilme

Ich bin ein großer Fan von Dokumentarfilmen, die von aktuellen Problemen handeln, aber auch aufzeigen, dass eine Veränderung möglich ist. Nachfolgend einige Dokumentarfilme über das eigene Körperbild, die derzeitige Mobbingsituation, unser Bildungssystem, die Bedeutung, die es hat, was wir konsumieren, und über das Leben im Zeitalter von Facebook.

Harte Schule

Catfish

Food Inc.

Miss Representation

Waiting for Superman

Organisationen

Nachfolgend eine Liste an Organisationen, die Freunde von mir gegründet haben und leiten. Wenn du dich bei einer von ihnen engagieren willst, empfehle ich dir, sie zu googeln und dir die Zeit zu nehmen herauszufinden, welche der Organisationen zu dir passt. Sie suchen immer nach Praktikanten, Fürsprechern, Spendern und Unterstützung.

30 Project
Charity Water
FCancer
Fallen Whistles
FEED
Friends of TOMS
Girl Talk
I Am That Girl
Invisible Children
The Kind Campaign
Mama Hope
Movember
Pencils of Promise
The Sold Project
The Somaly Mam Foundation
Students of the World
The Trevor Project
The United Nations Foundation, Girl Up
To Write Love on Her Arms

WEITERE UNGLAUBLICHE GESCHICHTEN UNGLAUBLICHER FRAUEN

ÜBER RADIKALE LIEBE ZU SICH SELBST– VON FAY WOLF (Singer-Songwriter, Schauspielerin, professionelle Organisatorin): Ich habe mich nicht immer selbst geliebt und akzeptiert. Ich glaube, das geht vielen so. Aber was daran noch schlimmer war: Ich war mir darüber nicht einmal im Klaren.

In dem Sommer, in dem ich zwanzig wurde, war mein Leben verdammt gut. Ich war kurz davor, mein zweites Studienjahr an einer hochkarätigen Schauspielschule anzutreten, und war eine der wenigen in meiner Klasse, die nicht auf der »Warnliste« standen, was mir das Gefühl gab, ich würde als große Zukunftshoffnung gehandelt. Ich begann mich mit dem Gedanken anzufreunden, dass mich die Leute vielleicht tatsächlich äußerlich attraktiv fanden, meine Freunde waren supercool (mit vielen bin ich heute noch eng befreundet) und meinen Kommilitonen und mir stand ein tolles Semester in London bevor.

Und dennoch begann ich zu zerbrechen. Ohne jeden Grund oder zumindest schien es keinen äußerlich erkennbaren Grund zu geben. Oft schloss ich mich ein, in Panik oder totaler Apathie, brach wegen nichts in Tränen aus und wollte auf die Wände einschlagen (… was ich oft genug auch tat). Eine gute Freundin lieh mir das Buch *Verdammte schöne Welt* und ich kam zu dem Schluss, dass ich unter Depressionen litt. Und das war tatsächlich so. Nachdem ich aus London zurückgekehrt war, begann ich mit der Einnahme von Antidepressiva. Zehn Jahre später habe ich aufgehört, Medikamente zu nehmen. Sie hatten mir definitiv geholfen, aber nach einem Jahrzehnt hatte ich das Gefühl, ich würde irgendetwas verstecken. Ich versteckte mich vor mir selbst.

Meine Antwort auf die Frage, warum ich mich die ganze Zeit so mies fühlte, obwohl mein Leben und mein Alltag praktisch perfekt waren? Mangelndes Selbstwertgefühl.

Meine Lösung zur Beseitigung dieses Problems ohne Medikamente? Die Entwicklung meiner Liebe zu mir selbst.

Insgeheim verabscheute ich zahlreiche Aspekte meiner Persönlichkeit und machte sie für alles verantwortlich. Allerdings war mir gar nicht klar, dass ich das tat! Ich könnte viele Worte darüber verlieren, wie ich diese unschätzbare Lösung gefunden habe (Meditation und eine esoterische Reise, die mir inzwischen zur zweiten Haut geworden ist, haben viel damit zu tun gehabt), aber für den vorliegenden Zweck ist ausschließlich von Bedeutung, dass es mir am Ende gelungen ist.

Es ist ein ziemlich besch… Weg, sich nackt und bloß den wahren Tatsachen zu stellen, und meine dunklen Tage sind ohne den Trost von Psychopharmaka noch finsterer. Aber allmählich gelingt es mir, eine wachsende Zufriedenheit zu empfinden, weil ich glaube, dass ich in diese Welt gehöre. Ich verdiene es, hier zu sein, und zwar in guten wie in schlechten Zeiten. Ich soll hier sein und ich soll Liebe pflegen und geben. (Außerdem ist die Zuneigung, die dir andere entgegenbringen, viel spannender, wenn man sich selbst mag.)

Und eine noch bessere Nachricht: Wir sollen uns gegenseitig durchs Leben helfen!

Lehrer und wirklich enge Freunde haben mir den Mut dazu gegeben. Spaziergänge um den Block machen wir Mut. Nett und freundlich zu jemandem zu sein, der seinerseits ein Arschloch ist, macht mir Mut. (Manchmal ist das ziemlich hart, ich bin ja nicht perfekt.) Hunde und frühreife Kinder machen mir Mut. Schlangenmenschen geben mir Mut. Mein Neffe, der älter ist als ich, macht mir Mut. Meine traurigen Songs geben mir glücklichen Mut. Und meine einzigartigen Besonderheiten (als gemischtrassige, bisexuelle, halb jüdische, auf Hochtouren laufende, organisierte Künstlerin) haben mir dazu irgendwie einen verrückten Drall gegeben.

Ja, meine Depressionen sind eine lange Geschichte. Ja, bei jedem verlaufen sie anders. Ja, es gibt chemische Stoffe in unserem Gehirn, die die Depressionen verschlimmern oder lindern können. Ja, meine Ernährung hat dabei eine Rolle gespielt. Ja, gewiss, ja und okay, ja. Inzwischen sind vier Jahre vergangen, seit ich keine Medikamente mehr nehme, und ich weiß intuitiv, dass mein Herz siegen wird. Ich brauche es, dass dieses kostbare Organ wach und bewusst ist, dass es nach innen und außen und alle Seiten blickt und dem Körper, in dem es schlägt, seine tiefste Liebe entgegenbringt.

Vielleicht geht es dir auch so.

ÜBER DIE SITUATION, EINE BERUFSTÄTIGE MUTTER ZU SEIN – VON ELIZABETH GORE (Resident Entrepreneur, United Nations Foundation): Ich wusste schon immer, dass ich eine berufstätige Mutter sein würde. Die UNO ist seit weniger als zehn Jahren mein Arbeitgeber. Ich hatte die Gelegenheit, durch die Welt zu reisen, beeindruckende Menschen kennenzulernen und an gigantischen Abenteuern teilzunehmen. Während eines dieser Abenteuer – dem Friedenskorps in Bolivien – traf ich die Liebe meines Lebens, meinen Ehemann Jimmy. Das war der Moment, in dem ich feststellte, dass einige Abenteuer schöner sind, wenn man sie teilt. Tatsächlich möchte ich derzeit nur an Abenteuern beteiligt sein, die ich teilen kann. Ich hatte keine Ahnung, dass mein größtes Abenteuer darin bestehen würde, Mutter zu werden. Vor einigen Jahren bestieg ich den Kilimandscharo, um das Bewusstsein der Öffentlichkeit für die globale Trinkwasserkrise zu wecken. Als ich auf dem Gipfel angekommen war, beschloss ich, dass es Zeit wäre, ein Kind zu bekommen. Einige Jahre später wurde ein sieben Pfund schweres Paket purer Freude geboren. Meine Tochter hat den geballten Abenteuergeist ihrer beiden Eltern geerbt. Sie ist nun vierzehn Monate alt und hat mit uns schon mehr als dreißig Flugreisen absolviert. Ja, ich wusste immer, dass ich eine berufstätige Mutter sein würde, aber ich wusste nicht, dass meine Antwort auf das Problem, Privat- und Berufsleben miteinander in Einklang zu bringen, folgendermaßen lauten würde: Wenn ich gefragt werde, wie ich sowohl für meine Karriere als auch für meine Tochter genügend Zeit finde, ist die Antwort leicht – da gibt es keine Diskussion, meine Tochter geht immer vor. Wenn meine Karriere deswegen leidet, dann ist es eben so. Meine Aufgabe besteht darin, anderen Müttern auf der Welt, die gegen Malaria, Missbrauch und Benachteiligung kämpfen, eine Stimme zu verleihen. Wir Mütter wollen alle das Beste für unsere Kinder und das, was Kinder am meisten brauchen, ist das Gefühl von Sicherheit und das Gefühl, von ihrer Umgebung geliebt und angenommen zu werden. Ich freue mich, sagen zu können, dass mein Job intensiver ist als je zuvor, aber die häuslichen Abenteuer stehen den Abenteuern in Afrika in nichts nach. Ich werde auch weiterhin die globale Karriereleiter erklimmen, aber der beste Teil meines Lebens fängt an, wenn ich abends zur Tür hereinkomme und »Mama!« höre.

WIE MAN LERNT, SEINER WAHRNEHMUNG ZU VERTRAUEN – VON TAWNEY BEVACQUA (Erforscherin): Vom ersten Augenblick an, als ich ihn sah, war ich in ihn verliebt, aber ich wollte auf keinen Fall, dass er es merkte. Ich wollte einfach nur, dass er zu meinem Leben gehörte, und mir gefiel der Gedanke, dass wir zuerst Freunde waren, *sollte* sich daraus jemals mehr entwickeln. Ich war Anfang zwanzig und lernte mich gerade erst selbst kennen, begann herauszufinden, was ich wollte, und entdeckte die Macht der Wahlmöglichkeiten. Ich entwickelte mich zur Frau (eine kraftvolle, aber manchmal auch zerbrechliche Rolle), ich wollte Zufriedenheit, Glück und Stabilität und begann mich mit der Vorstellung zu beschäftigen, wählen zu können, ob ich die Hindernisse, auf die ich in meinem Leben treffen würde, überwinden oder vorher umkehren wollte. Ich lernte, Verantwortung für jede zerbrochene Beziehung in meinem Leben zu übernehmen. Eine Freundin aus Kindheitstagen zum Beispiel schnappte völlig über und ging Aktivitäten nach, die ich gefährlich und unverantwortlich fand. Für mich wäre es leicht zu behaupten, sie hätte sich »verändert« oder tue dies oder das nur, um mich aufzuregen. Und wenn ich nicht so dachte? Wenn ich sie stattdessen als genau dieselbe Person betrachtete, die sie immer gewesen war und die einfach nur einen Pfad für sich wählte, den sie gehen musste, um das Beste aus sich zu machen? Diese Vorstellung schuf den gedanklichen und emotionalen Raum für Verständnis, Vergebung und bedingungslose Zuneigung – soll heißen für die Überwindung des Hindernisses, anstatt davor zurückzuschrecken und sich abzuwenden.

Nach einem Jahr Freundschaft fand der Freund, von dem ich eingangs erzählt habe, meine heimliche Schwärmerei für ihn heraus (wie sich herausstellte, hatte er sich auch in mich verliebt) und so begann unsere traumhafte Beziehung. Ich sage absichtlich »traumhaft«, weil es sich zwar wie zweijährige Flitterwochen anfühlte, dennoch gab es Löcher, die ich mit Liebe und Naivität zu füllen versuchte. Romantische Beziehungen bergen immer Hindernisse. Wir bauschen irgendwelche Dinge auf oder haben alte Wunden, die uns misstrauisch, unsicher, eifersüchtig etc. werden lassen. Er war kein typischer Frauenheld. Er war kein Typ, der immer unterwegs war, Partys feierte und Frauen anmachte. Er war eher die introvertierte künstlerische Variante eines Frauenhelds. Es gab Musen, E-Mail-Korrespondenzen und Geschenke, die er per Post erhielt, so perfekt eingepackt und mit Hoffnung versiegelt. Diese Beziehungen existierten nur verbal. »Ich muss mir keine Gedanken machen«, beschwichtigte ich mich selber. Ich wollte vertrauen und die Verantwortung für meine Eifersucht und meine Sorge bei mir lassen. Ich wollte *die Hürde überwinden!*

Seine Freunde begannen mir anzuvertrauen, sie hätten das Gefühl, er sei eigentlich nie wirklich für sie da. Seine engsten Freunde wussten nicht, ob sie überhaupt noch befreundet waren. Er hatte keine besonders gute Beziehung zu seiner eigenen Familie und zu meiner auch nicht. Allmählich erkannte ich, dass irgendetwas an seiner Karriere ihn davon abhielt, die Person zu sein, die er sein wollte, trotz seines Ruhms und seines Reichtums. Ich wollte ihm all diese Entscheidungen verzeihen. Ich wollte *die Hürde überwinden!*

Es gab Momente, da legte er sein Herz in meine Hände und offenbarte mir seinen Wunsch, ein großartiger Freund, Sohn und irgendwann auch Ehemann und Vater zu sein. Ich war da, mit offenen Armen, und entschied, zu vertrauen und seinen Weg zu unterstützen, mittels dessen er versuchte, der bestmögliche Mensch zu sein. Ich wollte versuchen, bedingungslos zu lieben, und er war die perfekte Person dafür.

Was ist falsch daran, Verantwortung zu übernehmen, zu verzeihen und bedingungslos zu lieben? Nichts! Was lief dann falsch?

Du kennst dieses Gefühl tief in deinem Magen, das sich manchmal wie eine dumpfe Angst anfühlen kann? Dieses Gefühl wird auch als Intuition bezeichnet, und wir Frauen haben eine viel stärkere Intuition, als die meisten von uns erkennen. Ich ignorierte meine Intuition, und das führte irgendwann zu einem gebrochenen Herzen. Es war leicht, ihn dafür verantwortlich zu machen, aber die Wahrheit ist, dass ich es zugelassen habe, und deswegen verlor ich das Zutrauen zu mir selbst.

Nach vielen vergossenen Tränen heilte mein Herz schließlich und mir wurde klar, dass ich diese Beziehung gebraucht hatte, um meine ausgeprägte Intuition, unsere ausgeprägte Intuition besser zu verstehen. Wenn ich die Zeit zurückdrehen könnte, würde ich meine bedingungslose Liebe nicht zurücknehmen. Ich wertschätzte meinen Partner, aber nicht mich selbst. Ich schüttelte meine Gefühle einfach ab in dem Wissen, dass ich noch viel über Beziehungen lernen musste. Was ich allerdings lernen musste, war, das »Wissen«, das in uns allen schlummert, wertzuschätzen. Ich überwand keine Hürde, ich mogelte mich um sie herum. Entscheidungen sind von Emotionen getrieben, und ich lasse nicht zu, dass mein »Bauchgefühl« mir alle Entscheidungen diktiert, aber ich ignoriere es auch nicht. Alle Gefühle sind gültig und haben ihren Wert, ob sie aus Angst entstehen oder ob sie auf handfesten Fakten basieren. Ob es gute oder schlechte Gefühle sind, es sind immer *meine* und ganz allein *meine* Gefühle...

Schritt 1: Übernimm die Verantwortung für deine Gefühle.

Schritt 2: Teile deine Gefühle mit, egal, wie albern sie wirken mögen, wenn sie sich auf die Beziehung auswirken könnten. Vertusche keine Gefühle!

Schritt 2 ist das, was ich aus dieser traumhaften Beziehung gelernt habe. Je stärker die Liebe, desto intensiver die Emotionen. All die Tränen, die ich vergoss, verwandelten mein Selbstmisstrauen in ein tiefes Selbstvertrauen. Dieses Vertrauen ist wahrscheinlich der wichtigste Wendepunkt, oder vielleicht sollte ich besser »die größte Hürde« sagen, die ich in meiner Entwicklung zu der Frau bewältigt habe, die ich heute bin.

Höre nie auf zu lernen.

ÜBER VERWUNDBARKEIT – VON ELIZABETH KOTT (Modeunternehmerin und Gründerin von ClosetRich.com):

Liebes verwundbares Ich,

ich merke, dass ich dir eine Erklärung schuldig bin, denn mir ist schmerzhaft bewusst, wie lange wir uns nicht mehr ausgetauscht haben. Du denkst vielleicht, ich hätte dich ignoriert ... und damit hättest du sogar recht. Siehst du, als junge Frau in den Zwanzigern, die ihr eigenes Unternehmen leitet und unaufhörlich arbeitet, um ihre Ziele zu erreichen, kann ich mich einfach nicht mit dir sehen lassen – emotional, angstbesessen und selbstkritisch, wie du bist.

Du denkst wahrscheinlich: »Wie kann sie nur so tun, als würde ich *nicht* existieren? Wir gehören in diesem Leben zusammen!« Und ja, ich gebe zu, bisweilen waren wir uns sehr nahe, und zu anderen Zeiten war unsere Beziehung wahnsinnig anstrengend und kräftezehrend.

Ich werde mich immer daran erinnern, wie du zum ersten Mal Teil meines Lebens wurdest. Das war in der sechsten Klasse, als ich jeden Tag in Tränen aufgelöst nach Hause kam. Dankenswerterweise hast du mir dabei geholfen, diese Tränen in eine wertvolle Empathielektion zu verwandeln.

Du bist mir auf die Highschool gefolgt, wo ich dich zähneknirschend als Teil meines Lebens akzeptiert habe. Du schienst immer in Zeiten großer Anspannung aufzutauchen (Verlust geliebter Menschen, Verlust der ersten Liebe, Verlust von Freunden … Verlust der Jungfäulichkeit). All die Höhepunkte meiner Jugend vermittelten mir so die am dringendsten benötigten Lektionen und verfestigten meine Ideale.

Wir waren am College oft zusammen – erinnerst du dich, als ich beschloss, ein Semester Pause zu machen und die Uni zu wechseln? Du hast *jene* Auseinandersetzung mit meinen Eltern beherrscht. Und wir wollen nicht vergessen, dass du es warst, die mich zu dem Entschluss gebracht hat, im Ausland zu studieren … zweimal. Es war die Angst, die du so deutlich spürtest und die mich deshalb dazu veranlasste, mir selber zu versprechen, dass ich mich in meinen Lebensentscheidungen nie von Angst leiten lassen würde. Ich brauchte dich, Verwundbarkeit, um mir wirklich den Schubs zu geben, die Reise an die fremden Orte anzutreten. Du bliebst bei mir auf all meinen Reisen und hast mir ermöglicht, mit jedem neuen Schritt zu wachsen und mich weiterzuentwickeln.

Nach dem College wolltest du wirklich eng an meiner Seite bleiben, aber das konnte ich nicht brauchen. Ich war viel zu sehr damit beschäftigt, meine Karriere in Angriff zu nehmen, völlig absorbiert von meinen anderen Beziehungen zur Motivation, Entschlossenheit, zu Einsatz und Ego. Mithilfe dieser Freunde konnte ich meinen Traumjob an Land ziehen … und habe ihn anschließend verloren. Dieser Verlust war das ausschlaggebende Ereignis in meinem Leben, das dich wieder in mein Leben zurückgebracht hat und unsere Beziehung von einer Bekanntschaft in eine Partnerschaft verwandelt hat. Gedemütigt, arbeitslos und verloren, wie ich war, fand ich in dir Sicherheit und Stärke. Liebe Verwundbarkeit, du hast mich gezwungen, genau hinzusehen, wer ich wirklich war ohne jede äußere Anbindung. Im Ergebnis habe ich die coolste junge Lady kennengelernt, die ich kenne ... mich selbst. Dank dieser göttlichen Bekanntschaft, die du mir ermöglicht hast, war ich in der Lage, genau zu erkennen, was ich im Leben wollte und was ich nicht wollte.

Zwar tauchst du regelmäßig im Schlepptau von unangenehmen Ereignissen im Leben auf, wenn ich zulasse, dass du dein Ding durchziehst, aber du verschaffst mir eine emotionale Klarheit, die unvergleichlich ist. Hier bin ich also, einfach nur eine junge Frau, die einer ihrer wichtigsten Verbündeten im Leben in einem knallharten Buch einen offenen Brief schreibt. Öffentlich zu bekennen, sodass es jeder sehen kann, dass ich meine Verwundbarkeit als Teil von mir akzeptiere, ist für mich völlig in Ordnung. Liebe Verwundbarkeit, du bist einfach meine Freundin.

In Stärke,

Elizabeth Kott

WIE MAN LERNT, DAMIT UMZUGEHEN, NICHT IN DIE UMGEBUNG ZU PASSEN – ROBIN JONES (Senior Manager, Program Compliance, »Charity Water«):

»Ein scheuer Mensch hat zweifellos nicht gerne Fremde um sich, aber deswegen kann man kaum sagen, dass er sich vor ihnen fürchtet. Er kann so kühn und tapfer sein wie ein Held auf dem Schlachtfeld und dennoch kann es ihm in der Anwesenheit von Fremden bei den banalsten Dingen an Selbstvertrauen mangeln.«

Charles Darwin

Dies handelt davon, wie man lernt zu akzeptieren, dass man nicht hinein-
passt; davon, in einer lauten Stadt still zu sein. Es handelt davon, beständig zu sein, wenn alles andere um einen herum sich ständig verändert.

Als ich jünger war, lernte ich die Art von Menschen kennen, die gerade so sehr am Leben hingen, dass sie vor dem Tod zurückschreckten. Als Mitarbeiter internationaler Hilfsorganisationen verbrachten sie ihr Leben damit, sich in Situationen zu begeben, vor denen andere verzweifelt versuchten zu fliehen. Das war etwas, womit ich mich identifizieren wollte, und so verbrachte ich das Jahrzehnt ab meinem fünfzehnten Lebensjahr damit, Entscheidungen zu treffen, die mich zu diesem Ziel führten.

Als ich mit vierundzwanzig meine erste einjährige Hilfsmission erhielt, war ich allerdings sehr schnell desillusioniert. Ja, es gab einige heroische Charaktere. Allerdings bestand die große Mehrheit aus leicht verbitterten sogenannten Expatriates, die den ganzen Tag in ihren klimagekühlten Geländewagen herumkurvten und ausgebrannt waren von ihren zahlreichen kurzfristigen Hilfsprojekten in Regionen, die von Korruption, sozialen, religiösen und regierungspolitischen Problemen beherrscht wurden.

Durch meine Arbeit in der Entwicklungshilfe landete ich schließlich in New York City, wo ich bald feststellte, dass auch dort nur wenige Dinge stabil oder beständig waren. Die Menschen tauchen in deinem Leben auf und verschwinden plötzlich wieder, große Geschäfte wechseln monatlich die Besitzer und Arbeitsplätze, die woanders stabil wären, sind hier aufgrund des hohen Lebenstempos und der schieren Größe der Stadt unsicher. Ideen werden in einem solchen Tempo in den Himmel gelobt und dann wieder in den Staub getreten, dass es nicht einmal etwas Beleidigendes hat. Modewellen, Musiktrends, Menschen – die einzige Konstante scheint der ständige Wandel zu sein.

New York lässt nur für sehr wenige persönliche Stärken Raum. Die Stadt ist laut, und damit meine ich nicht nur das Röhren der Motorräder, das Heulen der Sirenen, das Klappern von Restaurantgeschirr und das Stimmengewirr der Unterhaltungen, die auf den Gehsteig dringen. Ich meine laut, was die verschiedenen Persönlichkeitstypen angeht – die Extrovertierten und Aggressiven, die wir so bewundern. Wenn du nicht diesem Ideal entspricht, dann tu so, als ob. Still zu sein ist nicht besonders glamourös. Wenn du dich einer bestimmten Gesellschaft nicht gerne auf eine bestimme Weise präsentierst, das trägst du sofort das Etikett schüchtern. Vielleicht bist du das sogar. Vielleicht sind diese Labels und Normen und das Konkurrenzgehabe auch so ausgeprochen einengend, dass es sich unehrlich oder betrügerisch gegenüber deiner Persönlichkeit anfühlt, mit den Wölfen zu heulen.

Ich mache weiter mit. Ich versuche es weiter, aber oft fühle ich mich entfremdet. Und ich kann mich nicht davon überzeugen, dass es daran liegt, dass ich auf irgendeine Weise weniger wert wäre. Ich bin so still und schweigsam, weil ich dich nicht kenne. Wie kann ich aus einer Reihe von beeindruckenden Fakten, Etiketten und Titeln, die mit dir einhergehen, wissen, wer du bist? Ich muss den Lebenskontext einer Person sehen, ihre Reaktionen und ihr Interaktionen, die gesammelten Beobachtungen aus einer Vielzahl von Gesprächen. Ich möchte argumentieren und diskutieren oder lieber gar nichts sagen, aber an diesem Punkt auf Basis eines reinen Augenzwinkerns oder eines diskreten Kopfnickens verstehen, wo du herkommst.

Ob bei der Entwicklungsarbeit vor Ort oder in der Stadt – ich rase seit so vielen Jahren im Lärm umher, dass ich fürchte, ich habe vergessen, wer ich ursprünglich war und was eigentlich mein Anliegen war. Seit Kurzem fordere ich mich dazu heraus, mich ganz und gar zu meiner stillen Natur zu bekennen, zu meinem eigenen beständigen Tempo und meinen langsamen, aber besonnenen Reaktionen und vor allem zu meiner Beständigkeit – auch wenn das keine Qualitäten sind, die in dieser Stadt Anerkennung finden.

Ich habe Unsicherheiten, die ich vielleicht nie völlig überwinde. Ich habe Schwächen, mit denen ich jeden Morgen aufwache. Aber wenn ich sie weiterhin als zu mir gehörig anerkenne, ihnen ins Gesicht sehe und sie beruhige, vielleicht wache ich dann eines Morgens auf und stelle fest, dass sie weg sind. Und vielleicht ist der Umstand, dass ich nicht in diese Stadt passe, vielleicht genau das, was diese Stadt braucht.

DANKSAGUNG

Wo soll ich beginnen? Ich wurde von so vielen Leuten inspiriert, dass ich fürchte, irgendeinen Namen auszulassen. Die nachfolgend aufgeführten Personen sind daher nur einige der Wunder, mit denen ich in diesem Leben gesegnet worden bin.

Mama, Daddy und Jane – ich danke euch dafür, dass ihr mich dazu erzogen habt zu glauben, dass alles möglich ist. Ihr habt mir das größte Geschenk gemacht, das Eltern machen können: den Mut zu träumen. Das verdanke ich alles euch.

Jess, Nathan, Josh, Zeke und Scott – nachdem ich schon mit derart unglaublichen Eltern gesegnet bin, seid ihr das Sahnehäubchen und die besten Geschwister, die sich ein Mädchen wünschen kann (einschließlich der Frauen, die euch ertragen müssen! Danke, Suz, Kell und Amanda! Haha). Danke dafür, dass ihr meine größten Fans seid.

BBB – ich danke dir dafür, dass du mich gelehrt hast, wieder zu lieben und geliebt zu werden. Du bist mein Fels in der Brandung, und ich könnte und wollte nicht ohne dich leben. Auf all die endlosen Abenteuer, die auf uns warten ... ich liebe *dich* von *ganzem* Herzen.

Frannie, Blake, Emmy und Illy – die vier besten Freundinnen, die sich eine Frau wünschen kann. Ihr seid meine Ergänzung und ohne jede von euch würde ich nicht funktionieren. Von meiner Kindheit bis zu meinem Erwachsenendasein seid ihr meine Wahlfamilie.

Dever, Ara, Seth und Hance – ihr seid die Kumpels meines Lebens. Danke für die endlosen Kaffeerunden, Abendessen und sonstigen Treffen, bei denen ihr mir geholfen habt, die bestmögliche Alexis zu sein.

Yogs, Erin, Robol, Bobby, Shan, Linds, KB, Susie, Tohn, Case, Soph, Jenny, Josie, Tam, Tawney, Jake, Ros, Prof. Smith, Dick, Slaby, Lauren, Fatter, Britt, Bec, Sara, Dan, E. Gore, Adam, Wado, Mikey und meine ganze Cali-Crew – wenn man tatsächlich nach seinen Freunden beurteilt wird, dann-

bin ich offiziell eine knallharte Type. Ihr bereichert mein Leben auf eine Art und Weise, wie ihr es euch gar nicht vorstellen könnt.

Die Summit-Crew, alle meine guten Freunde von Summit Series und all die beeindruckenden Leute, die ich bei den tollen Veranstaltungen von Apsen bis Eden kennengelernt habe, bei denen großartige Menschen zusammengeführt werden – ich liebe euch, Leute.

Dr. Carlos – mein zweiter Dad; vielen Dank dafür, dass du mir deine bedingungslose Zuneigung geschenkt und mich gelehrt hast, dass ich in der Tat »genüge«. Du hast mir mein Selbstvertrauen zurückgegeben, und dafür bin ich dir ewig dankbar.

Momma G – ich hätte dieses Buch nicht ohne »Greener Cottage« schreiben können. Ich danke dir dafür, dass du mein »zweites Heim« warst und mich behandelt hast wie eine Tochter und mich in Sonoma all meinen Lieben vorgestellt hast.

Eve Ensler – danke für den Funken, der mein Feuer entfacht hat. Ich tue, was ich tue, weil du mir den Weg gewiesen hast.

»I Am That Girl« – danke, dass du besser bist als alles, was ich mir je hätte vorstellen können. Danke an alle jungen Frauen, die mir dabei geholfen haben, dich aufzubauen (Kate, Morgan, alle Leiterinnen unserer lokalen Initiativen und all unsere Praktikantinnen)! Ich kann mir gar nicht vorstellen, wie viele junge Frauen ihr in der Zukunft inspirieren werdet, und ich bin unendlich dankbar, Teil einer Sache sein zu dürfen, die so viel größer ist als ich.

Ein Dankeschön an alle Frauen, die einen Beitrag geleistet haben – ihr seid meine liebsten Freundinnen. Mann, ihr habt mich von den Socken gehauen, und es wird immer noch besser. Danke für alles.

Großmutter und Großvater – ich weiß, ihr seid immer bei mir, und ich hoffe, dass ihr stolz auf mich seid. Ich vermisse euch beide ganz schrecklich.

Ashleigh – du bist auch weiterhin die Laterne, die mir den Weg leuchtet, und ich kann es kaum erwarten, dich irgendwann wiederzusehen, auf der warmen Steinmauer in Barton Springs zu liegen und über das Leben, die Liebe und all die Abenteuer zu kichern, die wir zusammen erlebt haben.

Adrienne – danke, dass du dafür gesorgt hast, dass dieses Buch einen Sinn ergibt (haha!). Danke für deine zahllosen wunderbaren Redaktionsdurchläufe, die Leidenschaft, mit der du dich diesem Buch gewidmet hast, und alle die zukünftigen Projekte, die wir miteinander realisieren werden.

Karen – danke, dass du mir dein Vertrauen geschenkt hast und meinen Texten Flügel verleihst, die von Herzen kommen.

Ich – du hast es geschafft. Ich bin so stolz auf dich und ich liebe dich.

An alle Frauen, die ich im Verlauf meines Abenteuers kennengelernt habe, und an euch, liebe Leserinnen – ich liebe euch alle. Es lässt sich nicht mit Worten beschreiben, was ihr seid und was ihr in meinem Leben darstellt. Ich weiß nur, dass ich bin, wer ich bin, weil ihr es alle gewagt habt, mich so intensiv zu lieben, mich zu unterstützen und mir eure bedingungslose Zuneigung zu schenken. Dieses Buch ist euch allen gewidmet, denn ein Teil von jeder von euch ist auf diesen Seiten enthalten, so wie ich auch funkelnde Teilchen von euch in mir trage.

EINIGE INFORMATIONEN ÜBER MICH, ALEXIS JONES

Ich habe in den letzten zehn Jahren in der Unterhaltungsindustrie gearbeitet – ich moderierte drei Jahre eine TV-Sendung auf dem Red Carpet, arbeitete bei FOX Sports und ESPN und habe als Kandidatin an der CBS-Realityshow *Survivor* teilgenommen, moderierte eine Interviewsendung mit dem Titel *The Society* und wurde als Confidence Coach für die MTV-Sendung *MADE* ausgewählt. Ich habe an der University of Southern California studiert und die Non-Profit-Organisation »I Am That Girl« gegründet, die junge Frauen dazu anspornt, eigenständig zu denken, ihre Wahrheit auszusprechen und diese Welt ein wenig besser zu hinterlassen, als sie sie vorgefunden haben.

Was du aber wirklich über mich wissen solltest, kannst du nicht googeln: Ich wuchs mit vier älteren Brüdern und einer kleinen Schwester in Austin, Texas, auf. Ich bin ein hoffnungslos romantischer, gutgläubiger Abenteuerjunkie, eine (selbst erklärte) Connaisseurin des guten Essens, ich mache gern Siesta und erinnere andere leidenschaftlich gern daran, wie großartig und beeindruckend sie sind. Ich liebe die italienische Küche, heule bei kitschig-romantischen Komödien und war in einem anderen Leben eine professionelle Hip-Hop-Tänzerin. Dieses Buch ist meine größte berufliche Leistung.

Trotz des großen Drucks, »erwachsen zu werden«, bin ich am meisten darauf stolz, dass es mir gelungen ist, mir ein geradezu kindliches Staunen für den Zauber zu bewahren, der uns alle umgibt. Mein Vater ist der beste Mann, den ich kenne, und meine Mutter ist meine Heldin. Ich träume gerne, bin in Airhockey noch ungeschlagen und habe fürchterliche Probleme mit der Rechtschreibung. Ich glaube daran, dass echte Veränderung möglich ist, man muss dafür nur alles geben. Außerdem habe ein unvorstellbares Karma für das Einparken, habe dreiunddreißig Tage auf einer verlassenen Insel überlebt und halte mich für eine professionelle Umarmerin.

»I Am That Girl« Wenn du dich für »I Am That Girl« engagieren oder in deiner Stadt eine eigene Initiative gründen willst, besuche die Website www. iamthatgirl.com für weitere Informationen und Möglichkeiten, dich unserer Bewegung und Mission anzuschließen.